Dominic Veken

Ab jetzt Begeisterung

DOMINIC VEKEN

Ab jetzt Begeisterung

Die Zukunft gehört den Idealisten

MURMANN

Die Deutsche Bibliothek – CIP-Einheitsaufnahme
Ein Titelsatz für diese Publikation ist bei
der Deutschen Bibliothek erhältlich
ISBN 978-3-86774-063-0

1. Auflage, März 2009

Lektorat: Christian Weller, Hamburg
Umschlaggestaltung: Rothfos & Gabler, Hamburg
Herstellung und Gestaltung: Eberhard Delius, Berlin
Satz: Offizin Götz Gorissen, Berlin
Gesetzt aus der Minion und der Meta
Druck und Bindung: Freiburger Graphische Betriebe, Freiburg
Printed in Germany

Besuchen Sie uns im Internet: www.murmann-verlag.de
Ihre Meinung zu diesem Buch interessiert uns!
Zuschriften bitte an **info@murmann-verlag.de**
Den Newsletter des Murmann Verlages können Sie anfordern unter
newsletter@murmann-verlag.de

Für Kristin und Gwendolin.

Herzlichst, für Frau Morgenstern,

[illegible]

Inhalt

Start

Auf der Welle.

Der Moment des Anfangs.

»Man sagt, dein ganzes Leben läuft vor deinen Augen ab, wenn du stirbst«, meint Lester Burnham am Schluss von Alan Balls Theaterstück »American Beauty«. Er ist gerade erschossen worden und muss wissen, wovon er spricht. »Aber es ist nicht dein ganzes Leben. Es sind nur die besonderen Momente. Und das sind nicht unbedingt die, mit denen du gerechnet hättest. Es sind winzige Augenblicke, über die du vielleicht noch nie bewusst nachgedacht hast. In der letzten Sekunde deines Lebens erinnerst du dich an jeden einzelnen mit erstaunlicher Klarheit.«

Die vier Millionen Besucher der Kinofassung aus dem Jahr 1999 werden sich an die ruhige, mit seinem Schicksal versöhnte Stimme des Protagonisten erinnern, der von seinem inneren Film berichtet, und an die Ausschnitte, die auf der Leinwand gezeigt werden: Lester als Pfadfinder, der nachts im Gras liegt und Sternschnuppen beobachtet. Laub, das von Bäumen fällt. Die Hände der Großmutter, die wie Pergament wirken. Der brandneue Sportwagen. Die Tochter als kleines Mädchen im Halloween-Kostüm mit einer großen, funkensprühenden Wunderkerze. Und seine Frau in der Zeit, als ihre Liebe noch frisch war. Übermütig auf einem Karussell in voller Fahrt.

Die Vorstellung vom rasant zusammengefassten Lebensfilm im Augenblick des Todes stammt aus der Zeit vor der Erfindung des Kinos. Entsprechend ist in den »Notizen über den Tod durch Absturz«, die der Bergsteiger und Geologe Albert Heim 1892 im

Jahrbuch des Schweizer Alpenclubs veröffentlichte, von einer inneren Bühnenaufführung die Rede. Die Berichte der von ihm ausgewerteten 43 Fälle bestätigten sein eigenes Erleben bei einem Bergunfall: »Während des Falls stellte sich die erwähnte Gedankenflut ein. Was ich in fünf bis zehn Sekunden gedacht und gefühlt habe, läßt sich in zehnmal mehr Minuten nicht erzählen. Alle Gedanken und Vorstellungen waren zusammenhängend und sehr klar, keineswegs traumhaft verwischt … Ich sah, wie auf einer Bühne aus einiger Entfernung, mein ganzes vergangenes Leben in zahlreichen Bildern sich abspielen.«

Die Vorstellung von der letzten resümierenden Zusammenschau stellt die Frage nach dem richtigen Leben. Auch wenn es sich, trotz aller Erfahrungsberichte, nur um einen Mythos handelt, kann er uns helfen herauszufinden, was uns wichtig ist. Lassen wir uns auf das Gedankenexperiment ein, leuchtet sofort ein, dass im kurzen Moment des Abschiedes nur Zeit für die Höhepunkte des eigenen Lebens ist, das wirklich Wichtige und Intensive. Man wird sich nicht durch endlose Autofahrten zur Arbeit langweilen, durch quälende Stunden wartend auf Ämtern oder Millionen von Sendeminuten regungslos vor dem Fernsehgerät. Es wird ein Zusammenschnitt kommen von dem, was einen im Leben nachhaltig begeistert hat. Und in dem, was einen wirklich berührt, bewegt, beflügelt hat, erkennt man, wer man war.

Wer nach einem solchen Film weiterleben kann, wird dies vermutlich bewusster tun. Er wird aufmerksamer Ausschau halten nach dem, was ihn wirklich begeistert, und wenn er es gefunden hat, wird er es entschieden und leidenschaftlich verfolgen. Denn erkennbar werden die eigenen Passionen erst, wenn man sie in gelebtes Leben umsetzt.

Jeder hat ein ganzes Leben lang Zeit, seinen unverwechselbar eigenen Film mit Bildern zu füllen. Das Entscheidende ist, auf sich selbst zu hören, wenn einem etwas begegnet, das begeistert. An Gelegenheiten dazu mangelt es in keinem Leben. Mögliche Anfänge gibt es ohne Ende. Jeder trifft auf Menschen, Dinge, Orte, Ideen und Tätigkeiten, bei denen es kurzzeitig »klick« macht. Immer wieder. Es sind Momente wie Zündfunken, in denen eine Idee, eine Möglichkeit mit einem Mal alle Aufmerksamkeit fesselt und alle Energien freisetzt. Steigt man hier ein, lässt sich ergreifen und bleibt am Ball, ist man auf dem besten Wege zu begeisternden und prägenden Erfahrungen, die für den Lebensfilm taugen.

Der Moment des Anfangs ist ein Initiationspunkt, ein Anstoß, der eine derartige Anschubenergie freisetzt, dass man über einen weiten Zeitraum von ihr getragen wird, sich voller Lust vertieft und kaum noch etwas anderes kennt als »das eine«. Besonders anschaulich können Surfer von diesem Erlebnis berichten. Bei ihnen ist es eine reale Welle, die alles in Gang bringt und sie in der Folge in eine eigene Lebensart und Kultur hineinträgt. Von passionierten Wellenreitern hört man immer wieder Geschichten wie: »Dann kommt der Moment, wo du weißt, jetzt ist es so weit. Ein paar kräftige Paddelbewegungen, und du merkst, wie die Welle dein Board anzieht. Du springst auf, von hinten sprüht dir die Gischt um die Ohren, und du spürst, wie sich diese elementare Kraft auf deinen Körper überträgt; du schießt nach vorne, du hebst ab. Wenn du das einmal erlebt hast, ist nichts mehr wie vorher …«

Der Moment des Anfangs hat immer etwas von einer Erweckung oder Erleuchtung, er erfasst einen unvermittelt, verändert die eigene Richtung, eröffnet eine völlig neue Zukunft. Nach unendlich vielen Versuchen findet ein Puzzleteil sein passendes Gegenstück. Mit einem Mal ist klar, was zu tun ist. Alles bekommt in diesem Augenblick einen Sinn! Und mit der eigenen Begeisterung bekommt man ein Instrument in die Hand, das Zaudern und Zögern überspringt, an das glauben lässt, was erreichbar erscheint, und das überwinden hilft, was einem auf dem Weg dahin entgegensteht.

Ich hatte so ein Erlebnis im Spätsommer 1991. Dieser Moment brachte mich zwar nicht zum Wellenreiten, obwohl es darum ging, aber er eröffnete mir eine völlig neue Perspektive – die mich letztlich motiviert hat, dieses Buch zu schreiben. Ich machte mit meinem Freund Martin einen Trip durch Kalifornien. Da wir beide erst 20 Jahre alt waren und man in den USA erst mit 21 einen fahrbaren Untersatz mieten darf, waren wir auf eine Transportmixtur aus Kurzflügen, Bussen und Taxis sowie unsere eigenen Füße angewiesen. Auf umfangreiche Planungen im Voraus hatten wir verzichtet und schlugen uns von Tag zu Tag durch. Da wir als angehende Studenten nicht übermäßig betucht waren, stand vor allem Kompromissbereitschaft auf dem Programm. Freitagmittags in San Diego gelandet, kam Martin auf die formidable Idee, in die bekanntermaßen coole Mission Bay Area zu fahren, sich dort direkt am Strand in einem lässigen Hotel ein Zimmer zu besorgen und der Sonne bei einem ihrer romantischen Untergänge zuzuschauen.

Wir ergatterten ein Taxi und fuhren los, mit vollen Koffern und großen Erwartungen. Nach sieben Absagen war unsere Vorfreude deutlich abgeflaut, während sich das Taxameter unbeirrt zu schwindelerregenden Höhen emporarbeitete. Als auch beim dreizehnten Versuch Freitag nachmittags in einer grandiosen Strandgegend komischerweise nicht einmal eine Bruchbude aufzutreiben war und die Sonne sich schon bereit machte abzutauchen, gaben wir dem Taxifahrer sein üppiges Salär und beschlossen, zu Fuß weiterzumachen. Angesichts unseres 50-Kilodrei-Wochen-Gepäcks war das nicht gerade die beste Idee. Am Strand angekommen, sackten wir entkräftet auf die ausrangierten Koffer unserer Eltern. Umgeben von braun gebrannten Schönheiten und anmutig Frisbee spielenden Muskelmännern, müssen wir ein höchst bedauernswertes Bild abgegeben haben. Zwei schmale, blasse Typen mit Schweißrändern unter den Armen hockten auf prall gefüllten Gepäckstücken und starrten vollkommen entkräftet in die Weite.

Von der Seite näherte sich eine Gruppe von Surfern, vier Typen mit drei Grazien. Alle mit mokkabrauner Haut und sonnengebleichten Haaren, perfekten Körpern, Surferstyle und lässigem Gang. Während die anderen mit sich selbst beschäftigt an uns vorbeizogen, blieb einer von ihnen bei uns stehen und fragte, ob er eine Zigarette haben könnte. Martin zog mürrisch eine Packung aus den Tiefen seines Rucksacks und hielt sie dem Surfer sichtlich genervt vor die Nase. Der ließ sich alle Zeit der Welt, öffnete die Schachtel, nahm eine Zigarette heraus und fragte seelenruhig nach Feuer. Mit zunehmender Wut kramte Martin in seinem Rucksack und reichte dem Mann brüsk die Streichhölzer. Was fiel dem eigentlich ein? Als ob wir nicht gerade anderen Probleme hatten ... Der Surfer steckte sich seine Zigarette an, völlig unbeeindruckt von unserer schlechten Laune, zog genüsslich an ihr, blies den Rauch in die Luft und sagte mit entwaffnend sanfter Stimme: »Welcome to the New World, brothers.« Brothers! Sprach's, schlenderte weiter und ließ uns verdutzt zurück.

Noch heute, fast 20 Jahre später, erzählen wir uns diese Episode, wenn wir uns sehen. Und wir freuen uns immer noch darüber, dass wir unmittelbar danach im ersten Hotel direkt am Strand ein feines, aber günstiges Zimmer bekamen, weil ein Gast wenige Minuten zuvor abgesagt hatte.

Der Surfertyp ging uns beiden nicht aus dem Kopf. Er stand auf eine Weise im Einklang mit sich selbst, wie ich es bis dahin nicht erlebt hatte, und er strahlte das geradezu unwiderstehlich aus. In wenigen Sekunden schaffte er es, unsere Stimmung von Vollkatastrophe auf Gelöstheit zu drehen. Auf uns wirkte er ansteckend beseelt, gleichzeitig sanft und voller Kraft. Er vermittelte den Eindruck, dass er nicht mehr brauchte als sich selbst und sein Surfboard. Er war von seinem Tun erfüllt und begeistert: ein hedonistischer Idealist. Die Frage nach echter, in Lebensart umgesetzter Begeisterung hat mich seitdem nicht mehr losgelassen.

Begeisterung

GLOW.

Das Leuchten in den Augen.

Das eigenwillige Leben, das der Philosoph Ludwig Wittgenstein geführt hat, mag den meisten abstrus erscheinen. Auf den ersten Blick wirken die Facetten seiner Biografie unzusammenhängend, die Sprünge darin unerklärlich. Als Sprössling einer der reichsten österreichischen Familien verschenkte er sein gesamtes Vermögen, musste aber später bei den von ihm Begünstigten seinerseits um Geld bitten. Sein im Ersten Weltkrieg verfasstes Frühwerk sicherte ihm tiefe Verehrung in der damaligen Philosophie-Avantgarde, aber Wittgenstein schlug die akademischen Angebote aus, zog sich aufs Land zurück und lebte einige Jahre als einfacher Dorfschullehrer, bis er dort demütigend aus dem Dienst entlassen wurde. In Wien entwarf er ein modernes Haus für seine Schwester, das in seiner puristischen Moderne Eingang in die Architekturgeschichte gefunden hat. Schließlich entschied er sich doch für eine Professur in Cambridge. Dort hielt er für die meisten völlig unverständliche Vorträge, bei denen er manchmal über Minuten gar nichts sagte. Seine Freizeit verbrachte der Vordenker dagegen bevorzugt im Kino mit einfachsten Westernfilmen. Ungeachtet all dieser Brüche, obwohl er zu Lebzeiten bei weitem nicht die Wirkung erzielte, die sein Denken bis heute hat, und trotz einer leidensvollen Krebserkrankung am Lebensende waren die letzten Worte dieses Mannes, der nichts mehr verabscheute als leere Floskeln: »Sagt ihnen, ich habe ein wundervolles Leben geführt.« Wittgenstein ist gerade wegen seines unbeirrten Eigensinns nicht den allgemeinen Vorstellungen gefolgt, sondern seinen eigenen Idealen. Ohne Rücksicht auf Sicherheiten und Animositäten, ohne Wenn und Aber hat er das gemacht, was ihn begeistert hat. Er hat sein Leben lang seine eigene geistige Heimat bewohnt.

Frühe Naturvölker hatten – dem legendären Religionsforscher Mircea Eliade zufolge – eine sehr klare und einfache Vorstellung von dem, was Heimat ist. In einem symbolträchtigen Akt schlugen sie an einer Stelle, die ihnen gut gefiel, einen Pflock in die Erde, der ab diesem Zeitpunkt der Anfang und Mittelpunkt ihres Lebens war. Sie bauten um diesen Pflock herum Hütten und Wege, zeugten Kinder und ehrten die Toten – und das über viele Generationen hinweg. Für sie markierte dieser Pflock das Feste im Wandel, er war der heilige Stamm, der alles um sich herum definierte und zusammenhielt. Er war der Anfang, der alles andere möglich machte.

Für die Menschen von heute besteht diese Heimat, dieser Mittelpunkt, um den alles angeordnet ist, in dem, was sie am tiefgehendsten begeistert und das dadurch ihr gesamtes Leben trägt. Diese Tätigkeit, dieser Wunsch, dieses Ideal oder dieser Gedanke kann einen solchen Sog und Zug entwickeln, dass ihr gesamtes Dasein bewegt wird. Ein eindrucksvolles Beispiel ist der Pianist Glenn Gould, dessen Besessenheit von seiner Tätigkeit sein Klavierspiel auf eine Weise energetisierte, der man sich als Zuschauer oder Zuhörer nicht entziehen konnte. Mit drei Jahren fing Gould an zu spielen und fand hier seine mentale Heimat, bis zu seinem frühen Tod mit 50 Jahren. Als Person ebenfalls eher ein Sonderling, der, stets mit weißen Handschuhen bekleidet, äußerst ungern kommunizierte und ab einem bestimmten Zeitpunkt seiner Karriere nicht einmal mehr willens war, öffentliche Konzerte zu geben, lebte Gould geradezu manisch für das, was ihn antrieb: die Musik. Dabei durchlebte und durchlitt er die Stücke, die er spielte, so intensiv, dass er nicht anders konnte, als mitzusummen – auch während seiner Schallplattenaufnahmen. Die Anwesenden konnten an einem wahren Ausbruch von Energie teilhaben, wenn Gould die Musik zelebrierte, beim Spielen wippte, bebte und summte. Die radikale Konsequenz, in der er altbekannte Meisterwerke darbot, musste die Menschen elektrisieren. Egal ob er tiefe Tristesse oder überbordende Euphorie intonierte, egal ob er schnell oder langsam, leicht oder getragen spielte, seine Intensität hatte eine klare Quelle: Begeisterung. Und wo sie diese nicht auslöste, traf sie auf schroffe Ablehnung. Diese Glut ließ keinen kalt.

Wie Ludwig Wittgenstein ist Glenn Gould ein gutes Beispiel für ein gesteigertes Leben. Beide verschrieben sich voll und ganz dem, was sie begeisterte, gaben damit ihrer Existenz einen höheren Sinn und entkamen so der Beliebigkeit, die ein Leben annehmen kann, wenn es keinerlei Idealen folgt. Sie waren beide Idealisten in dem Sinne, dass sie das, was sie taten, nicht für einen äußeren Zweck wie Ruhm, Reichtum oder Macht unternahmen, sondern in erster Linie aus sich heraus. Ihr Ziel war nicht bloß Zurechtkommen und Zufriedenheit, sondern Erfüllung, weil für sie in dieser Steigerung des Anspruchs die Verheißung eines intensiveren, reicheren und spannenderen Lebens lag. Wittgenstein und Gould durchlebten tiefste Zweifel und bittere Krisen, opferten alles, was sie waren und besaßen, dem, wofür sie lebten. Ihr Glück war das Ausloten des Spektrums, der Höhen und Tiefen, des Superlativs. In einer Mischung aus Verwegenheit und Verzweiflung lebten sie zwischen Abgründen und Gipfelgefühlen. Der Maler Lucian Freud hat diese Lebenseinstellung schlicht und entwaffnend so formuliert: »Ich glaube nicht, dass es Gefühle gibt, die man auslassen sollte.«

Die meisten von uns sind nicht wie Wittgenstein oder Gould von einer herausragenden Begabung getrieben und können nicht die Energie für ein ganzes Leben allein aus sich heraus schöpfen. Man möchte die beiden auch kaum als leuchtende Vorbilder bezeichnen. Der Besessene ist starker Tobak. Aber am Sonderfall wird deutlich, wie die Funken geschlagen werden, die ein inneres Feuer erzeugen – und zwar ähnlich wie bei den Nichtmanischen. Die beiden Beispiele zeigen wie in einem Vergrößerungsglas, wie Euphorie auch im Kreis eines einzelnen Lebens funktionieren kann.

Natürlich trifft man immer wieder Menschen, die von einer Idee bewegt, von einer Überzeugung getragen oder von einem Geist beflügelt sind. Und jeder kennt solche Zustände auch von sich selbst. Doch hat man bei den meisten nicht das Gefühl, dass dieser Zustand wirklich von Dauer ist. Da ist ein Hoch auf der inneren Wetterkarte, das aber nach kurzer Zeit wieder abzieht und von der lapidaren Wirklichkeit abgelöst wird. Muss das so sein? Oder gibt es Möglichkeiten, den beseelten Status bewusst zu bewahren?

Bei dem Surfer, dem wir in San Diego begegnet waren, hatten wir das Gefühl, dass er das tat. Ganz offensichtlich ging er dem Surfen mit einer Leidenschaft nach, die ihn voll und ganz forderte, ihm aber auch immer neue Stufen des Erlebens bescherte. Er schien beneidenswert unabhängig von materiellen Gütern und lebte zusammen mit einem Haufen Gleichgesinnter. Abends beim Lagerfeuer am Strand sitzen, über die Wellen philosophieren, mit dem Leben flirten und den lieben Gott einen guten Mann sein lassen – das hörte sich nicht schlecht an. Muss man also Surfer werden, um das Leuchten in den Augen zu erlangen? Sicher nicht. Aber der Surfer zeigt, wie man es sich langfristig erhält. Er hat gefunden, was ihn wirklich erfüllt, und lebt es aus, in einer Art Geistesgemeinschaft, die die gemeinsame Begeisterung pflegt und kultiviert, auch wenn die Wellen einmal nicht so wollen. Dieses Leuchten findet man nicht nur bei Surfern, sondern auch bei den Mitgliedern von Motorradgangs, Künstlergruppen, Eliteschulen, Sportmannschaften, Aktivistenkreisen und gelegentlich sogar in Wirtschaftsunternehmen.

Mir war schon damals in San Diego klar, dass ich zwar etwas für mich Bedeutsames begriffen hatte, dass ich aber mit Sicherheit nicht zum Surfer geboren war. Dafür wusste ich seit der Schulzeit, was mir ein Leuchten in die Augen zaubern konnte: die Philosophie. Sie war unvermeidlich das Studienfach meiner Wahl, auch wenn Jura, BWL oder Kommunikationswissenschaften im Rahmen einer Ausbildung zum Werbekaufmann naheliegender gewesen wären. Nahezu alle Freunde und Bekannten runzelten die Stirn: Was willst du denn damit werden? Wovon willst du denn da jemals leben? Doch mein Entschluss stand fest, und er war einer der besten, die ich jemals getroffen habe. Denn die philosophische Arbeit beseelte mich tatsächlich. Zum Studienende setzte ich mich drei Monate nach Kapstadt ab, um meine Magisterarbeit vorzubereiten. Ich las, dachte und schrieb tagsüber unter freiem Himmel und genoss in der restlichen Zeit mit meinen Wohnungsgenossen die Erlebnismöglichkeiten vor Ort. Meine damalige Freundin und heutige Frau meinte, sie habe selten jemanden erlebt, der so im Einklang mit sich selbst zu sein schien.

Ein knappes Jahr später fing ich an zu arbeiten. Irgendwann wollte ich ja auch Geld verdienen. Ich wurde strategischer Planer und versuche seitdem, praktische Philosophie mit kommunikativer Strategie zu verbinden. Im Rückblick auf die zehn Jahre, die seitdem vergangen sind, muss ich feststellen, dass ich in dieser Zeit zwar viele Unternehmen kennengelernt habe, aber sehr wenig beseelte Menschen, Menschen mit einem Leuchten in den Augen, die beflügelt sind von ihrer Tätigkeit und nicht in der Hauptsache auf Erfolg und Anerkennung hinarbeiten. Psychologen unterscheiden zwischen »intrinsischer« und »extrinsischer« Motivation: Mache ich etwas als Selbstzweck, weil mir die Sache selber schon so gut gefällt und ich in ihr aufgehe? Oder mache ich etwas aus externen Gründen, um mit Geld, Status oder Sicherheit belohnt und nicht mit Einsamkeit, Liebesentzug oder einem unsicheren Leben bestraft zu werden? Philosophen unterscheiden Mittel und Zweck: Ist das, was ich tue, schon das, wofür ich es tue, oder ist das, was ich tue, in der Hauptsache Mittel für etwas anderes? Diese beiden Fragen kann man sich im Kleinen wie im Großen stellen. Man trägt den Müll hinunter, damit er am nächsten Tag nicht die Wohnung vollstinkt. Da ist die Handlung mehr Mittel. Ebenso, wenn man einen der nervigsten Kunden des Unternehmens übernimmt, weil es die Möglichkeit einer Beförderung erhöhen könnte. Man isst ein leckeres Vanilleeis oder schaut einen spannenden Film. Hier liegt der Zweck der Handlung in der Regel ganz in ihr selbst. Ebenso, wenn man ziellos mit dem Cabrio durch die Gegend fährt.

Warum reicht es dann nicht, den ganzen Tag Vanilleeis zu essen, Filme zu gucken und Cabrio zu fahren, um dauerhaft beseelt zu sein? Weil etwas Entscheidendes hinzutreten muss: Der Zweck, in dem das Handeln sich selbst genügt, sollte möglichst groß und lebensumspannend sein. Erst dann wird ein Mensch zu einem echten Enthusiasten. Liebt jemand das Kino so sehr, dass er ihm sein Leben widmet, dass er Filme dreht, produziert, Drehbücher schreibt und über Jahre mit Gleichgesinnten darüber diskutiert, ob der erste Teil des »Paten« besser ist als der zweite, dann hat er vermutlich ein Leuchten in den Augen. Ist jemand so fasziniert von Speiseeis, dass er nahezu jeden Tag damit verbringt, neue Sorten zu probieren, mit Rezepten zu experimentieren und die Welt nach dem perfekten Eis zu bereisen, dann ist er wirklich elektrisiert.

Statt ihr Dasein um einen für sie bedeutenden großen Selbstzweck aufzubauen, begreifen die meisten Menschen in den Industrieländern das Leben als Mittel, um möglichst viele kleine selbstzweckhafte Handlungen vollziehen zu können. In Bezug auf eine langfristige Begeisterung machen sie einen Doppelfehler: Sie entscheiden sich in den entscheidenden Fragen – Ausbildung, Job und weiten Teilen ihrer Lebensform – für die extrinsische Motivation. Und sie entscheiden sich bei den intrinsisch motivierten Handlungen für die Vielzahl statt für die Wichtigkeit. Sie kämpfen um den Job als Abteilungsleiter, damit sie sich am Feierabend möglicht viel Eis und Fernsehen, am Lebensabend viele Fernreisen erlauben können. Statt der Einheit aus Mittel und Zweck, dem Aufgehen in ihrem Tun wählen sie eine Mittel-Zweck-Beziehung aus Maloche und Konsum. Dabei verpassen sie ein Leben, das keine weiteren Zwecke mehr benötigt, weil es bereits in sich eine Belohnung darstellt. Sie haben sich für Kohle entschieden und gegen ihr inneres Feuer. Was dabei herauskommt, ist zwar oftmals genügend Asche, aber meistens zu wenig Glut.

Bei Kindern kann man noch täglich ihre Begeisterung bewundern. Sie versinken in ihrem Spiel und begeben sich auf immer neue Höhenflüge. Wofür das gut sein soll, ist ihnen wurscht. Die Gedankenkette aus Müssen, um dadurch zu können, wird ihnen mühsam antrainiert. Nimmt das Kind seine direkte Begeisterung noch ganz selbstverständlich als Maßstab von allem und jedem, sind beim erfolgreich sozialisierten Erwachsenen langfristige Bequemlichkeit und Zufriedenheit zur wesentlichen Richtschnur geworden. Der Glücksbegriff, der hier zu Buche schlägt, ist der des Wohlstands. Es geht einem gut, wenn man behaglich lebt. Man hat einiges erreicht, es fehlt einem wenig, man kann zufrieden sein, das Unbehagen vor der Zukunft ist gemildert. Aus dem Blick gerät dabei die unmittelbare Gegenwart.

Der Glücksbegriff der Begeisterung ist ein ganz anderer. Er geht davon aus, dass jede Pflicht auch eine Schuldigkeit an den Augenblick ist, dass jeder Mensch eine Passion hat, die er ausleben soll, und dass er damit nicht nur sich selbst den größten Dienst erweist, sondern auch allen anderen. Ob große Kunst, große Menschlichkeit, große Wissenschaft oder große Weisheit, all das hat seinen Keim in der Tätigkeit als Selbstzweck. Es entsteht nur, wenn Menschen von etwas total elektrisiert sind, wenn sie weder Kosten noch Mühen scheuen, um das zu verwirklichen, was sie mehr antreibt als alles andere auf der Welt.

Der griechische Philosoph Epiktet lehnte die Vorstellung, dass man Ehre, Reichtum, Erfolg oder Gesundheit benötige, um glücklich zu sein, rundheraus ab. Was ich habe, kann mir schnell wieder verloren gehen, Liebhaber, gutes Aussehen, Sportwagen. Was ich aber in mir selbst trage, bleibt mir für immer erhalten, wächst unaufhörlich und hilft mir auch in dunklen Tagen. Das wahre Glück liegt in der Begeisterung, im inneren Feuer. Denn sie euphorisiert einen nicht nur selbst. Sie reißt auch andere mit.

Warum führt eine solche elementare Macht in unseren Breitengraden ein derartiges Schattendasein? Wir leben in einer »Fast-Mood-Gesellschaft«, in der Stimmungen kurzfristig gemanagt werden und in der man verdrängt, was überbordend, zu wenig kalkulierbar und mit möglichen Risiken und Nebenwirkungen behaftet ist. Die Welt ist komplex und schwierig, Planbarkeit und Überschaubarkeit sind gefragt. Die Bandbreite unserer Begeisterungen stammt aus den Bereichen Spaß, Konsum und Erfolg. Fußball, Sex und Rock'n' Roll. Ein eigenes Haus, ein neues Kleid, ein schönes Abendessen, Aufstieg im Job, ein erfolgreiches Geschäft, ein launiges Treffen mit Freunden. Kurze Vergnügen, die unser Stimmungsbarometer einmal kurz in die Höhe schnellen lassen. Wir kaufen etwas, feiern etwas, erreichen etwas und erfreuen uns daran. Wir amüsieren uns und begrenzen uns freiwillig auf den schönen Augenblick. Danach ist dann wie davor. Begeisterung als Sturm ist für uns kein Drang mehr. Die Suche nach der blauen Blume ist uns ebenso fremd geworden wie die Ode an die Freude. Wir bescheiden uns mit der Pflege von Wohlstand und Wohlgefühlen.

Das mag effizient sein. Aber selbst in der Wirtschaft bröckelt mittlerweile das jahrzehntelange Effizienzdiktat, dessen Sinn per Definition nicht darin besteht, große Dinge zu bewegen, sondern darin, feststehende Dinge mit möglichst kleinem Aufwand zu erledigen. Ziel der Effizienz ist, aus dem, was da ist, das meiste herauszupressen. Insofern stellt sie das Bewahren des Bestehenden in den Mittelpunkt. Es liegt nicht in ihrem Wesen, das Schöpferische, das nach vorne und oben Offene zu stärken. Sie fahndet nach Sparpotenzialen, nach Optimierungs- und Reduktionsmöglichkeiten. Der deckelnde Zweck lässt zwar wunderbar den Erfolg messen, lähmt aber komplett die Fantasie. Effizienz ist niemals eine Tugend der Gestalter, sondern immer eine der Verwalter. Poesie und Verschwendung, das Mäzenatentum der Medici oder der Bau von Neuschwanstein sind für diese Denkweise nicht nur unlösbare Mysterien, ihre mittelsparende Kalkulationswut würde solche Fantastereien mit allen Mitteln zu verhindern wissen.

Was bei dieser Grundhaltung herauskommt, kann man in den Foyers vieler Großunternehmen, Banken und Konzerne bestaunen. Hier trifft man fast unausweichlich auf große Tafeln, die die Mission und die Werte der jeweiligen Firma verkünden.

Merkwürdig nur, dass die Inhalte, die einem hier dargeboten werden, einander gleichen wie ein Ei dem anderen. Grundsätzlich steht der Mensch im Mittelpunkt, Innovation ist immer ganz wichtig, und Produktqualität und Leistungsethos dürfen niemals fehlen. Wen das begeistert? Vielleicht diejenigen, die die Deklaration in Auftrag gegeben haben. Mit Sicherheit aber kaum jemanden von denen, für die sie gedacht ist: die Mitarbeiter, die Kunden, die Öffentlichkeit. Eigentlich sollten Werte und Missionen inspirieren und motivieren. Das tun sie aber nicht. Eigentlich müsste das Selbstverständnis eines wirtschaftlichen Unternehmens eine große Anziehungskraft ausstrahlen. Das schafft es aber nicht. Der Grund ist einfach: Bei den Missionstafeln geht es gar nicht darum, Menschen zu begeistern. Man will die Mitarbeiter nicht zu einer gemeinsamen Reise zum Mond mitnehmen und ihnen auf dem Weg die Sterne zeigen. Stattdessen geht es darum, einen breiten, unaufgeregten Konsens innerhalb des Vorhabens »Unternehmenswerte« zu erzielen. Einen Konsens, der nicht verstört, der aber auch niemanden betört. Einen Konsens, mit dem alle gut leben können. Es wird nichts verschwendet, nichts riskiert.

Auch in anderen Bereichen heißt »Fast Mood«: schnell und unkompliziert Bedürfnisse stillen statt tiefe Sehnsüchte wecken. Dem politischen System scheinen Projekte abhandengekommen zu sein, die begeistern, weil sie Probleme grundsätzlich anpacken – auch wenn der Lösungsweg nicht einfach ist. Gandhi hatte mit seiner gewaltlosen Revolution ein klares Ziel, Martin Luther King einen Traum, Gorbatschow mit der Perestroika eine durchschlagende Strategie. Diese Politiker standen für ihr Projekt langfristig ein, deshalb konnten sie viele Menschen einnehmen. Wer begeistern will, muss mit Widerstand rechnen, Dissens in Kauf nehmen und sich selbst in die Waagschale werfen.

Wer mitreißen will, braucht Mut, den eigenen Posten zu riskieren. Durch die Hypostasierung des schnellen Konsens haben sich Wirtschaft und Politik auf das Ausgleichen von Partikularinteressen eingeschwungen. Sie wurden zu Systemen, die sich in der Hauptsache selbst am Laufen halten. Dabei haben sie sich von ihrem eigentlichen Zweck, die Welt zu gestalten und das Glück der Menschen voranzutreiben, weitgehend abgekoppelt. Ihre Akteure klammern sich an Macht, Status, Wohlstand und Erfolg, sie begeistern sich immer weniger an den Dingen selbst, an den Inhalten, den großen Ideen, den strahlenden Augen ihrer Bürger, Kunden und Mitarbeiter.

Flächendeckend hat die gesellschaftliche Ausrichtung auf berechenbare Zwecke und kurze Vergnügen unser Begeisterungspotenzial auf das Format einer handlichen Liste von Luxusaktivitäten reduziert. Begeisterung als Antrieb, als Glück und Erfüllung – das trifft man selbst im Privatleben immer seltener. Wer heute einen Sport ausübt, macht das nur noch selten als Selbstzweck. Hobbys firmieren häufig irgendwo zwischen Anerkennungsfabrikation und Zerstreuungshandwerk. Richard Layard, der sich seit Jahrzehnten mit dem Thema der Glücksverbreitung beschäftigt, kommt zu desillusionierenden Ergebnissen: Seit Jahrzehnten wächst unser gesellschaftliches Glück trotz eines permanent wachsenden Wohlstands um keinen Deut. Wir strampeln uns ab, und heraus kommt dabei: wenig, jedenfalls kein Glück.

Doch eine Gegenbewegung formiert sich längst. Das zeigt die anschwellende Fülle von Glücksliteratur, das enorme Wachstum an Bürgerinitiativen und Stiftungen ebenso wie die konfessionsunabhängige Rückkehr des Religiösen. Musiker steigen aus ihren hochdotierten Verträgen mit großen Plattenfirmen aus, um wahrhaftiger musizieren zu können. Millionen von Internetnutzern schreiben völlig unentgeltlich die tollsten Programme und die wichtigsten Lexika. Geldmagnaten verschenken einen Großteil ihres Vermögens an wohltätige Projekte.

Hier wird ein zweiter Weg sichtbar, neben dem dominanten Streben nach Macht, Wohlstand und Erfolg: Die Begeisterung für Inhalte schlägt die Orientierung am Status. Warum nicht ein gutes Stück von sich selbst in die Waagschale werfen, es einfach einmal darauf ankommen lassen? Warum nicht die Menschen zu einer gemeinsamen Reise zum Mond animieren, ihnen die Sterne zeigen und sie auf dem Weg dorthin mitnehmen? Was uns begeistert, nimmt uns ganzheitlich ein, gibt uns neue Perspektiven, verleiht den Dingen einen Sinn – und lässt uns Gleichgesinnte finden.

Darum geht es in diesem Buch: Wie man einen solchen gemeinsamen Geist wecken kann, wie Geistesverwandte zusammenfinden, wie sich Bewegungen bilden, wie sie ihre Anhänger elektrisieren und damit bereits heute breite Wirkung entfalten. Wie Surfer, Hippies und Punks Millionen von Menschen in ihren Bann gezogen haben, womit Marken wie Apple, Dove und Bionade begeistern und was die Anziehungskraft von Freimaurern, Hell's Angels und Eliteuniversitäten eigentlich ausmacht. Bei all diesen Beispielen handelt es sich um eine bestimmte Art sozialer Gebilde, denen es irgendwie gelingt, Menschen langfristig an sich zu binden und zu begeistern. Und diesem »Irgendwie« versuchen die nachfolgenden Kapitel schrittweise auf die Spur zu kommen. Dabei werden zunächst die »Wirkstoffe« nachhaltiger Begeisterung vorgestellt: Rausch, Sehnsucht, Idole, Spirit, Gemeinschaft …

Denn eines zeichnet sich immer klarer ab: Ohne den großen Aufbruch, ohne zugkräftige Ziele, ohne eine Vielzahl von hochmotivierten, engagierten Menschen, ohne eine lebendige und tragfähige Infrastruktur der Begeisterung werden wir die anstehenden Herausforderungen nicht meistern. Die Wohlstandsspirale hat uns nicht nur in einen Zustand der rastlosen Bewegungslosigkeit geführt, mit dem immer mehr Menschen unzufrieden sind. Es ist auch abzusehen, dass sie ihre Hauptfunktion nicht länger erfüllen wird: uns halbwegs sicher und angenehm über alle möglichen Zweifel und Weltwiderstände zu tragen. Von Terrorismus und zunehmender Ressourcenknappheit über Klimawandel, Kriege und Lebensmittelskandale bis zu Überalterung und negativen Globalisierungsfolgen wird die drängende Last an Gegenwartsproblemen zunehmend offensichtlicher. Widerwillig begreifen wir, dass uns das reine Zweckdenken nicht weiterbringt, sondern massive Anomalien erzeugt, die es nicht zu lösen vermag. Das hochriskante Schlingern des gesamten Finanzsystems bringt diese Krisensituation unübersehbar auf den Punkt. Der Fortfall von Sicherheiten konfrontiert uns alle abrupt und schmerzhaft mit den lange verschleppten und verschleierten Problemen. Darin liegt auch eine Chance zu tiefgreifendem, konstruktivem Wandel.

Richard Layard hat aus seinen Forschungen das Fazit gezogen: »Das größte Glück kommt aus der Vertiefung in Beschäftigungen, die uns über uns selbst hinausführen.« Begeisterung ist unsere Chance, unser Leben und die Welt besser zu machen. Nichts kann Menschen so beflügeln wie Begeisterung. Und genau diese Antriebskraft ist es, die Verhältnisse nachhaltig wandeln kann. Begeisterung schweißt zusammen. Sie lässt einen über sich hinauswachsen. Wahre Begeisterung begleitet einen durch Freud und Leid wie ein Freund, sie lässt alles intensiver erleben und verheißt ein erfülltes Leben. Sie macht aus Mannschaften Meister. Sie hält die Welt in Atem. Sie gewinnt Herzen im Sturm und treibt die Menschen zu neuen Ufern.

La Ola!

Im Rausch der Masse.

Menschenmengen wirken wie ein enormes Gravitationsfeld, manchmal wie ein schwarzes Loch. Angezogen von den vielen Menschen, kommen immer mehr, drängen sich immer dichter aneinander. Der Einzelne verschmilzt zunehmend mit der großen Gruppe, Raum und Zeit erhalten eine andere Qualität, und das Gesamtszenario verliert mit dem Zulauf stetig an Berechenbarkeit. Sehr gut erleben kann man dieses Geschehen beim Palio von Siena. Auf der riesigen Piazza del Campo treten die Stadtteile des toskanischen Ortes zweimal im Jahr in einem Pferderennen gegeneinander an, das es in sich hat. Nach monatelangen Vorbereitungen herrscht an diesen Tagen der absolute Ausnahmezustand. Die ganze Innenstadt ist geschmückt mit den Wappen der Konkurrenten, und man atmet förmlich die Spannung. Hier geht es an die Ehre, es geht um Ruhm oder Schande, um die einmalige Gelegenheit, etwas gut zu machen oder in den Sand zu setzen. Alle in Siena strahlen an diesem Tag Festlichkeit und Erwartung aus, aber auch erbitterte Rivalität.

Ich war zufällig in die Stadt gekommen, ohne zu wissen, dass an dem Tag der Palio stattfand. Von der feierlich schwebenden Stimmung wurde ich augenblicklich gefangen genommen. Und so gesellte ich mich viele Stunden vor Beginn des Spektakels zu den Tausenden von Menschen, die sich auf dem Platz zusammenfanden. Trotz vieler Touristen stellten die Sieneser offenbar die Mehrheit, und das erklärte die Ausgelassenheit und den Übermut des Publikums. Jeder redete mit jedem, gestenreich schienen die Chancen der einzelnen Teilnehmer abgewogen zu werden. So hatte ich viel zu beobachten und konnte die wachsende Unruhe spüren, die sich in der inzwischen dicht gequetschten Menschenmasse breitmachte. Endlich ertönten Fanfaren, und die Stadtteil-Jockeys samt Equipe und Pferden liefen auf die Piazza ein. Nach diversen Ritualen folgte die Startzeremonie, die angesichts der aufgeputschten Pferde und ohne Sattel reitenden Jockeys nicht gerade problemlos verlief. Dann aber, nach zwei, drei Fehlstarts, ging es los.

Ein unfassbar lauter Kanonendonner fuhr allen durch Mark und Bein, der Startschuss zum völligen Loslassen jedweder Hemmungen und anderer Zivilisationserscheinungen. Die Pferde rasten mit aufgerissenen Augen wie um ihr Leben, die Reiter peitschten sie erbarmungslos an, die Zuschauerschar war vollkommen außer Rand und Band. Vermutlich saßen diese Menschen gestern noch friedliebend in einem Schuhgeschäft, hatten geduldig auf den Bus gewartet oder entspannt in einem Café in einer Zeitschrift geblättert. Jetzt waren sie wie von Sinnen. Unisono folgten die Blicke, Körper und Schreie wie der Sekundenzeiger einer Uhr den am äußeren Rand des Platzes galoppierenden Pferden. Hier ging es ums Ganze. Das war klar. Wütende Anfeuerungen schwappten wie eine Welle um das Rund. Die Reiter stießen und schlugen einander, einer fiel vom Pferd, und es sah kurzzeitig so aus, als würde er von den anderen totgetrampelt. Ein archaisches Spektakel, bei dem vom Publikum vehement das blanke Recht des Stärkeren eingefordert wurde. Später ließ ich mir erzählen, dass das Rennen in der Tat nicht ohne Knochenbrüche und massive Blessuren abging, Tote hatte es auch schon gegeben. Hier waren bestimmte Regeln außer Kraft gesetzt und alle Anwesenden in eine panische Euphorie versetzt, in einen kollektiven Rausch, der wie ein Flächenbrand kaum kontrollierbare Energieentladungen in Reihe schaltete: der helle Wahnsinn. Als die Stadtteil-Pferde die Zielkordel durchliefen, ebbte das Orgiastische schlagartig ab. Ein kleiner Teil der Publikumsschar feierte, einige waren enttäuscht, bei den meisten kehrte schnell wieder Nüchternheit ein.

Die Dramaturgie des anwachsenden Gefühlssturms, die ich hier hautnah erleben konnte, verläuft bei anderen Gelegenheiten ganz ähnlich. In einer Spirale aus Ereignissen steigert sich die Euphorie in eine Eigendynamik, die alle mitreißt und zu einem Exzess der Glückseligkeit treibt. Aus einem Funken entsteht ein Feuer und entwickelt sich blitzartig zu einem Flächenbrand der Leidenschaft. Kraftvoll, ungebändigt und extrovertiert geschieht das auf grandiosen Rockkonzerten, bei kämpferischen Kundgebungen oder einmal jährlich in Pamplona, wenn sich weiß gekleidete Einheimische von einer Herde wild gewordener Stiere auf Leben und Tod jagen lassen. Eher unmerklich und kontrollierter vollzieht sich das bei einer hervorragenden politischen Rede, bei einer Jamsession oder bei einer gemeinsamen Weinverkostung.

Die Welle kommt, und sie erfasst einen. Sie schaukelt sich in einer immer wieder ähnlichen Anschwellungslogik hoch zum gemeinsamen Rauschgefühl. Schon als ich mich in Siena nichts ahnend der inneren Stadt näherte, fühlte ich, dass hier etwas in der Luft lag. Bereits in diesem Moment ließ ich deshalb etwas hinter mir: das Alltägliche, das Erwartbare. Als ich die Stadt erreichte, trat ich ein Stück aus mir heraus. Ich wusste nicht, was mich erwartete, spürte aber schon Vorfreude, die beste Voraussetzung, mich vom Augenblick beherrschen zu lassen, mich dem zu öffnen, was da kommen mochte. Genau diese Stimmung kann man mit gutem Grund als Grundlage der Ekstase bezeichnen. Das lässt sich beim Tanzen und Musikspielen genauso erleben wie beim Stabhochspringen oder beim Lesen. Aus der Erwartungsspannung heraus gibt man sich der Faszination des Gegenwärtigen hin. Vieles scheint jetzt möglich. Man ist bereit.

Doch der Bereitschaft folgt nicht automatisch die Erfüllung. Oft gelingt die Begeisterung nicht, man »kommt nicht rein« und zieht sich enttäuscht wieder zurück. Aber wenn man auf Resonanz stößt, dann treibt es einen weiter. Es hätte durchaus sein können, dass mir das Gewimmel auf der Piazza del Campo schnell zu viel geworden wäre, dass ich es nicht für wert gehalten hätte, die lange Warterei auf mich zu nehmen. Dann hätte ich mit Sicherheit den Ort fluchtartig verlassen. Stattdessen geschah das Gegenteil. Ich tauchte ein. Ich versuchte, die andere Wirklichkeit in mich aufzunehmen, ein Teil von ihr zu werden. Denn das lernen wir alle sehr früh und sehr schnell: Um eine Welle der Begeisterung mitzunehmen und auszukosten, muss man Teil von ihr werden, muss man sich ihren Regeln unterwerfen. Solche Regeln sind meist sehr einfach, nämlich dichotomisch: Sieg oder Niederlage, Schwarz oder Rot, bejubelt oder ausgebuht. Sie reduzieren die gesamte komplexe Umwelt auf etwas absolut Simples. Deshalb haben diese Wellen etwas derart Befreiendes für die Teilnehmenden. Sie führen den Menschen in einen Zustand zurück, in dem seine Grundinstinkte massiv aktiviert sind, und entfalten hierdurch eine archaische Kraft. Beim Stierkampf siegt entweder der Stier oder der Torero. Entweder meine Mannschaft schießt die Tore und gewinnt, oder sie schießt nicht genug und verliert. Darum geht es, um nichts anderes. Darauf kann ich mich voll und ganz und sofort einstimmen – oder ich verzichte auf das Miterleben.

Mit dem Heraustreten aus mir selbst ist auch immer etwas wie der Eintritt in eine Welt und Zeit verbunden, in der andere Gesetze herrschen, in der es viel einfacher zugeht, in der ich jemand anderes sein kann, als ich normalerweise bin. Schon die Urvölker haben solche Phasen für sich institutionalisiert, um sie periodisch abrufen zu können und sich auf diese Weise immer wieder in die Ekstase einzuklinken. Einfache Rituale markierten und kontrollierten eine solche »Traumzeit«, eine klar definierte Zeit, in der das Bewusstsein wie beim Träumen in einen anderen Aggregatzustand übergeht. Bis heute gibt es bei Naturvölkern eigene Auffassungen und Techniken, wie man für eine bestimmte Zeitspanne »auf die andere Seite« gelangt, die Seite des Rausches, der anderen Regeln, einer verkehrten Welt, die einen aus sich heraushebt und in die irrationale Einheit mit dem Weltganzen bringt. Tänze, Zeremonien und Substanzen bereiten den Ekstasewilligen vor und überführen ihn in die andere Sphäre. Man kommt zusammen, setzt sich Masken auf, spielt »verrückt« und ist nicht mehr man selbst. Man gerät in Ekstase und ist manchmal über Tage nicht mehr bei Sinnen.

Indem man seine Alltagsidentität außer Kraft setzt und sich dem Spiel hingibt, erlebt man etwas, das einen begeistert und beflügelt, das einen elektrisiert und euphorisiert. Vergleichbares geschieht dem Mitteleuropäer während der »fünften Jahreszeit« Karneval, die aus dem normalen Zeitenlauf ausbricht und eine Etappe markiert, in der die normalen Abläufe auf den Kopf gestellt werden, in der gewissermaßen der Unsinn regiert. Aber auch die Ereignisse um einen Papstbesuch, der Shoppingrausch zur Weihnachtszeit oder der gemeinsame Schulausflug weisen im Grunde genommen verwandte Züge auf.

Mit einem Mal tut man Dinge, die man sich sonst nie erlauben würde. Man darf sich von den bedächtigeren Teilen seiner selbst verabschieden und fieberhaft hineinschmeißen in das andere, in die Verzückung. Als ich inmitten der dicht an dicht gedrängten Menschen eingekeilt war und mit dem Donnerschlag der Kanone die Hysterie des sienesischen Pferderennens erst richtig losging, konnte ich überhaupt nicht anders, als einzustimmen in den gemeinschaftlichen Gefühlsausbruch. Das starke Gefühl, Teil von etwas Großem, Besonderem zu sein, hatte mich schlicht übermannt. Ich fieberte mit und spürte, welche Kraft, welche Stärke in dieser Gemeinschaft am Werk war. Die ungezügelte Energie der Anwesenden peitschte nicht nur die Pferde nach vorne, sie machte auch deutlich, was Menschen zusammen erreichen können, wenn sie in eine Richtung denken und handeln.

Eine solche Dynamik konnte man in Deutschland anlässlich der Fußballweltmeisterschaft 2006 erleben. Die spröde Bundesrepublik geriet im viel zitierten »Sommermärchen« in einen kollektiven Freudentaumel. Mannschaft und Bevölkerung gewannen im symbiotischen Zusammenspiel gegen die Gruppengegner und erhöhten auf diese Weise ihr Selbstbewusstsein. Hier wuchs tatsächlich etwas zusammen. Das Land wurde für Wochen getragen von einer rauschhaften Welle, auch noch nachdem die Nationalmannschaft im Halbfinale gegen Italien ausschied und nach einem fulminanten Sieg im »Finale der Verlierer« noch Dritter wurde. Die Deutschen gingen auf in diesem Event, die bestehende Ordnung verkehrte sich in etwas Neues, nie für möglich Gehaltenes. Beherzt setzte man sich über jahrzehntelange Tabus hinweg: An Millionen von Autos flatterte mit einem Mal die schwarz-rot-goldene Flagge im Wind, und die Medien feierten in millionenfacher Verbreitung das öffentliche Bekenntnis zum Land.

Diese Weltmeisterschaft zeigte aber nicht nur, wie ein ganzes

Land in einen kollektiven Rausch gerät. Sie macht auch klar, warum die Begeisterung von vielen eine ganz andere Dynamik erreichen kann als die Begeisterung eines Einzelnen. Die Einzelperson, die vor einem Buch sitzt und sich am Lesen erfreut, ist für die Freude auf diese Tätigkeit angewiesen, sie kann sich zwar immer tiefer in diese hineinversenken, ihr stehen aber keine Verstärker zur Verfügung, die zu dem Erleben eine völlig neue Dimension addieren. Im »Rausch der Masse« dagegen baut sich die wellenartige Steigerung gerade durch Rückkopplung auf. Die Menschen bestätigen sich in ihrem Enthusiasmus gegenseitig, und das eigene Energie- und Selbstbewusstsein steigt in einer beseelten Gruppe unweigerlich weiter und weiter. Im Sommer 2006 erzählte man sich gegenseitig von den Taten seiner Fußballhelden, man sah das im Fernsehen, man las darüber in den Zeitungen, man hörte praktisch nichts anderes mehr. Das putschte auf. Man bekam live mit, wie die Wechselwirkungen zwischen Menschen, Medien und Mannschaften einen magischen Strom produzierten. Man sah, dass es funktionierte, und genau das bestärkte einen umso mehr. Man wurde selbst Teil des magischen Gelingens.

Begeisterung in der Gemeinschaft hat eine besondere Kraft, weil sie durch vielfältige Feedback-Mechanismen permanent angefacht und potenziert wird. Sie ist wesentlich stärker und wirkmächtiger als die Begeisterung einer einzelnen Person, weil sich hier wie in einem Spiegelkabinett Euphorie multipliziert. Die gemeinsame Begeisterung gibt Selbstbewusstsein, Energie und Zuversicht. Sie macht frei, indem man sich einfachen Regeln unterwirft, und gibt Sicherheit, da man dabei nicht der Einzige ist. Wie ein Schlüssel zu einem großen Tor, das man alleine nicht einmal einen Millimeter weit öffnen könnte, macht sie sichtbar, was möglich ist. Und das beflügelt.

Bei der La-Ola-Welle in einem großen Stadion muss ich einfach nur zu einem bestimmten Zeitpunkt von meinem Sitz aufstehen und die Arme hochwerfen. Der richtige Moment ist kinderleicht zu finden, die Bewegung rollt Sitz für Sitz auf mich zu, bis ich dran bin. Tatsächlich würde es mehr Mühe kosten, das Ganze nicht mitzumachen. Die Einzelaktion ist ausgesprochen simpel, der Gesamteffekt aber ist verblüffend und euphorisierend. An dieser Gemeinschaftsaktion wird der Feedback-Mechanismus kollektiver Begeisterung besonders deutlich. Indem ich mich als Teil der Welle verstehe und meinen Einsatz entsprechend abpasse, mache ich das Gesamtgelingen der Freudensäußerung möglich. Und indem ich sehe, dass das Ganze gelingt und ich Teil davon bin, werde ich motiviert weiterzumachen. Da es allen so geht, schwappt die Welle mit einem großen Hallo durch das weite Rund: Die gegenseitige Verstärkung hat sichtbar funktioniert und macht einen Riesenspaß.

So kann aus einem kleinen Impuls eine große Bewegung entstehen, nicht nur im Stadion. Ohne die gegenseitige Verstärkung, ohne das Aufgehobensein in einer größeren Einheit hätte es die Montagsdemonstrationen in Leipzig nicht gegeben. Wir sind das Volk! Der einfache Slogan hat für viele überhaupt erst die Möglichkeit geschaffen, sich anzuschließen und jene Spirale friedlichen Protests in Gang zu bringen, die maßgeblich zum Fall der Mauer beigetragen hat. Es steht außer Frage, dass die gemeinschaftliche Steigerungsdynamik starke und durchaus positive Ergebnisse erzielen kann, die ohne sie niemals möglich wären.

Natürlich liegen in dieser einfachen, aber hochwirksamen Steigerungsdynamik auch Gefahren. Das beseelte Aufgehen in etwas Größerem kann eben auch zu einer rückhaltlosen Vereinnahmung durch dieses Größere genutzt werden. Das »Dritte

Reich« wäre ohne die Mobilisierung solcher Prozesse nicht möglich gewesen. Indem man sich hingibt, nicht mehr ganz man selbst ist, verliert man den distanzierten, kritischen Blick. Man erlebt sich als Element eines mächtigen Organismus, nicht mehr als dessen Korrektiv. Und dagegen wird bei einem Rockkonzert auch niemand etwas einzuwenden haben. Der Preis für den gemeinsamen Rausch ist der Verlust von Kontrolle. Als Teil einer Masse kann man nach oben getragen werden, ganz schnell aber auch in eine Richtung, die man als Individuum niemals eingeschlagen hätte. Die Kraft einer Welle kann einen erheben und antreiben, sie kann einen aber auch aus der Spur bringen oder unter Wasser drücken. Und dann bekommt die Stimmung im Stadion nach Sieg der einen und Niederlage der anderen Mannschaft schnell eine Dynamik, die nicht mehr so konstruktiv heiter ist wie bei der La-Ola-Welle.

Der Rausch der Masse befriedigt eine der tiefsten Sehnsüchte des Menschen, er entlastet ihn von sich selbst und führt ihn zugleich über sich hinaus. Aber wegen seiner irrationalen Züge ist er leicht zu missbrauchen. In seiner nur schwer kontrollierbaren Steigerungsdynamik kann er zu Realitätsverlust und Größenwahn führen. Er kann Menschen erheben und beglücken, er kann aber auch die erniedrigen und zerstören, die ihm im Weg stehen. Es gibt wenig, das so anziehend ist wie ein geglückter kollektiver Rausch, es gibt aber auch weniges, dessen Wirkungen so abstoßend sein können. Ihn zu verteufeln ist deshalb ebenso unangemessen, wie ihn zu verherrlichen.

Die Naturvölker haben Symbole, Rituale und Mythen geschaffen, um den Rausch der Masse zu zelebrieren und gleichzeitig zu bändigen. Diese Aufgabe bleibt auch in unserer Gesellschaft bestehen. Denn aus einem erfüllten Leben ist die gemeinschaftliche Ekstase nicht wegzudenken. Sie ist ein Eckpfeiler des persönlichen Glücks wie einer Kultur des Zusammenlebens. Das wussten die alten Römer, als sie ihren Circus Maximus bauten und den Bürgern Brot und Spiele offerierten. Das wussten die Christen, als sie ihr komplexes System aus Kirchen und Messen, aus Sakramenten und Festen schufen. Und wir gehen heute auf Jahrmärkte und Stadtfeste, in Fußballstadien und Event-Arenen, auf Rave-Partys und Schlager-Moves. Wir trinken Alkohol, nehmen Drogen, gehen feiern und freuen uns am Spektakel.

Der Mensch wird magnetisch angezogen von Ansammlungen seinesgleichen und dem, was dort passieren kann. Er sucht die Steigerungsspirale, die dramatische Drehung zwischen Faszination und Kapitulation, zwischen Aufstieg und Untergang. Dort spielt das Leben und zeigt sich von seiner intensivsten Seite. Deshalb hat der Palio in Siena seit Jahrhunderten nichts von seiner Faszination verloren, und deshalb wird er sehr wahrscheinlich auch noch in 100 Jahren nach den gleichen primitiven Regeln ablaufen, zukünftige Besucher in dieselbe Verkehrung der Ordnung entführen und atemlos in seinen Bann ziehen.

Sehnsucht.

Die Kraft des Defizits.

Als der damalige amerikanische Präsident Franklin D. Roosevelt 1942 sein Domizil in den Bergen bezog, taufte er es auf den geheimnisvollen Namen »Shangri-La«. Das heute als »Camp David« bekannte Refugium der US-Präsidenten war inmitten des Zweiten Weltkriegs in abgeschiedener Lage zum Schutz gegen japanische Bomber und deutsche U-Boote errichtet worden. Gewissermaßen abgeschirmt von den Stürmen der Zeit, verband der Ort Prominenz und Zurückgezogenheit auf eigentümliche Weise. Hier kreuzten sich Macht und Muße. Hier sollte sich in aller Ruhe Entschlossenheit formieren. Genau diese Sehnsucht bringt Roosevelts Namensgebung mit ihrer Anspielung auf den alten Mythos vom Orte der Orte perfekt auf den Punkt.

Shangri-La – das ist der Legende zufolge ein verborgenes Lama-Kloster im Himalaya, eine Art gelobtes Land, in dem alles so ist, wie es sein könnte. Menschen aus verschiedenen Kulturkreisen bilden eine autarke Gemeinschaft und entkommen in dieser Gegenwelt der leeren Betriebsamkeit ihres früheren Alltags. Inmitten eines fruchtbaren Tals, das niemand in dem unwegsamen Gebirge erwarten würde, leben die Shangri-La-Bewohner ungestört ihre Interessen, Neigungen und Ideale. Heimlich mit einer Vielfalt ausgesuchter Güter versorgt, aber abgeschnitten von aktuellen Informationen, vertiefen sie sich in Studien, Kunst, Musik und philosophische Gespräche. Hunderte Kilometer von jeglicher Zivilisation entfernt, leben die

Bewohner wie auf einer Insel der Seligen. Kommt tatsächlich jemand einmal zufällig an diesen entlegenen Ort, will er niemals von dort wieder fort.

Die Utopie von Shangri-La machte der Schriftsteller James Hilton durch sein 1933 erschienenes Buch *Der verlorene Horizont* der westlichen Kulturhemisphäre zugänglich. Er griff dabei auf den tibetischen Mythos vom Königreich Shambala zurück. Und der abseitige Stoff wurde ein beispielloser Erfolg. Die Stahlgewitter und Bombenhagel des aufkommenden Zweiten Weltkrieges bereiteten der Sehnsucht nach einem sicheren Ort voller Frieden und Fantasie einen goldenen Boden. Shangri-La wurde zu einem Wunschbild, mit dem jeder etwas anfangen konnte. Gerade die Missstände in der realen Welt, die eklatanten und im Laufe der Jahre maßlos anwachsenden Defizite an Sicherheit, Freiheit, Besinnung und Gerechtigkeit erzeugten das unabweisbare Bedürfnis nach einer anderen Welt.

Ob das Wunschbild von Shangri-La oder die Träume vom gelobten Land – Utopien sind immer auch eine Zuflucht vor den Unzulänglichkeiten der Gegenwart. Je schärfer die Defizite hervortreten, desto größer und tiefer werden die Sehnsüchte der Menschen. In Zeiten, wo es nicht läuft, wo etwas fehlt oder irgendwie alles zu viel ist, wächst das Begehren nach dem anderen, dem Besseren oder gar dem Traumhaften. Da wird man empfänglicher für Versprechen, für Poesie und das Mythische. Man sucht nach neuen Ideen und Entwürfen, lässt sich von seinen Sehnsüchten antreiben. Und gerät in Sicht, was man sucht, ist man begeistert. So ging es offenbar vielen Menschen, die in den 30er und 40er Jahren Hiltons Buch lasen.

Shangri-La wird darin als idyllischer Ort voller Bücher und Kulturgüter aus aller Welt geschildert, der seinen Bewohnern auch in der Abgeschiedenheit ein elitäres Geistes- und Genussleben ermöglicht. Politik spielt hier keine Rolle. Machtkämpfe, Konkurrenz und Krieg haben keinen Platz. An deren Stelle ist das Ideal der »inneren Ruhe ohne Askese« getreten, eine freiwillige Mäßigung in allen Lebensbereichen, die den Bewohnern Ausgeglichenheit sowie Einklang mit sich selbst und der Umwelt beschert, ohne auf die Annehmlichkeiten des Lebens verzichten zu müssen. In weitgehender Unabhängigkeit von der Um- und Außenwelt kann jeder an der stetigen Kultivierung seiner selbst und der Gemeinschaft arbeiten. Während auf den Schlachtfeldern und in den zerbombten Städten Millionen sterben, lassen die fiktiven Shangri-Lanier die natürlichen Alterserscheinungen hinter sich. Durch die sorgsame Mäßigung ihres friedlichen Daseins verlängern und verlangsamen sie die Zeit. Was für ein Gegenbild zu den gnadenlosen Methoden der Faschisten, der Unmäßigkeit ihrer Ziele und den Wirren des Krieges!

Das Buch hat seine Popularität über die extreme Krisenzeit hinaus bewahrt. Bis heute bietet es Menschen ein mentales Refugium, um den Defiziten der Gegenwart zu entfliehen und über ganz andere Daseinsformen nachzusinnen. Dutzende von Künstlern und Musikern, von Mark Knopfler über AC/DC bis zu Costa Cordalis, haben den Mythos immer wieder aufgegriffen. Eine Hotelkette schmückt sich mit dem Namen ebenso wie Tausende privater Feriendomizile, ganz zu schweigen von Spas und Cremes. Im Laufe der Jahrzehnte ist eine Vielzahl von Abenteurern und Kulturschatzsuchern aufgebrochen, um den fiktiven Schauplatz in der Realität zu finden. Wie Atlantis erschien ihnen Shangri-La zu schön, um nicht wahr zu sein.

Sehnsucht bewegt Menschen. Sie bewegt sie dorthin, wo sie die Auflösung bestehender Defizite vermuten, und je näher sie dieser Auflösung kommen, desto größer wird ihr Enthusiasmus. Das kann ein geistiges Erleben sein, wie beim Lesen des *Verlore-*

nen Horizonts, es kann sich aber genauso um eine reale Aktion handeln, wie bei der Suche nach einem Schatz.

Die Gefühle der Seemänner zur Zeit der Entdeckungsreisen, mit harter Decksarbeit, kargen Mahlzeiten und Lagerkoller auf engstem Raum, können wir uns heute nur schwer vorstellen. War der Aufbruch ins Ungewisse anfangs sicher noch geprägt von Spannung und Abenteuer, geriet die Fahrt nach quälenden Wochen und Monaten zu einer einzigen Tortur. Der Vorrat wurde knapper, die Stimmung gereizter und die Sehnsucht, endlich anzukommen, von Tag zu Tag größer. Jeden Morgen, an dem wieder nur der unendliche Ozean das Schiff säumte, wuchsen Wehmut und Verlangen. Bis es dann irgendwann so weit war. Nach allen durchlebten Mühen und durchlittenen Nöten kam endlich der befreiende Ruf: »Land in Sicht!« Und selbst wenn es noch eine ganze Zeit dauerte, bis man gelandet war, hier war sie: die totale Begeisterung. Was für eine Befreiung, was für eine Freude...

Genau so funktioniert es, von etwas beseelt zu sein. Man erkennt, dass etwas fehlt oder falsch ist, dass etwas anders sein soll oder jedenfalls nicht so, wie es ist. Und man spürt einen unabweisbaren Drang, das zu ändern. Der innere Blick fokussiert sich, bleibt dran, richtet sich auf das, wonach man sich sehnt, und kennt kaum noch etwas daneben. Die wachsende Sehnsucht treibt vorwärts, sie spornt an und hilft, weiterzumachen, immer weiterzumachen. Alle Seefahrer, alle Entdecker stießen so vor in unentdeckte Welten, auch wenn sie nicht wissen konnten, ob sie von dort jemals wieder zurückkommen würden. Alle bedeutenden Wissenschaftler mussten so vorgehen, wollten sie sich von den zahllosen notwendigen Rückschlägen nicht entmutigen lassen. Alle Gipfelstürmer und Siedler, alle Künstler und Revolutionäre arbeiteten sich auf diese Weise an ihren Sehnsüchten und denen ihrer Zeitgenossen ab. Sie alle hatten die große Hoffnung im Gepäck, irgendwann zu verkünden: »Land in Sicht!«

Aber nicht nur Einzelne brechen zur Berg- und Talfahrt auf, um neue Gipfel zu erklimmen. Auch im größeren Maßstab führen wachsende Defizite zu treibender Sehnsucht nach Veränderung. In einer als überzivilisiert empfundenen Gesellschaft wächst der Wunsch, zur Natur zurückzukehren, in einem beengten geistigen Klima erwachen Sturm und Drang. Eine aufblühende Tauschwirtschaft erfindet das Geld, um über immer weitere Strecken und Zeiten mit Waren zu handeln. Auf das ablassgetränkte Spätmittelalter antwortet die Reformation, auf den Absolutismus die Revolution. Und all das ist nicht zu verstehen ohne die Sehnsucht der Akteure, ohne die Begeisterung, die deren mögliche Erfüllung entfachte.

Damit Begeisterung freigesetzt wird, muss immer auch ein Missstand spürbar sein, vom einfachen Bedürfnis, dem Abhilfe geschaffen werden soll, bis zur umfassenden Sehnsucht, die alles in Bewegung setzt, um Erfüllung zu finden. Je bedrückender der Missstand und je größer die Zuversicht seiner Behebung, desto mächtiger die Euphorie, die entsteht. Wer gerne kocht, der freut sich, eine neue Quelle für spannende Zutaten aufgetan zu haben. Ein leidenschaftlicher Fußballfan ist völlig aus dem Häuschen, wenn seine Mannschaft nach einem harten Kampf gewinnt und doch noch den erhofften Tabellenplatz ergattert. Wer die Liebe seines Lebens lange entbehren musste, wird außer sich vor Freude sein über ein Lebenszeichen, vor allem, wenn ein baldiges Wiedersehen in Aussicht steht.

Begeisterung bemisst sich also immer an Mangel und Missstand, die ihr vorausgehen. Und so muss jeder, der begeistern will, erst einmal wissen, was denen fehlt, die er erreichen will.

Finden viele Menschen in ihrer Sehnsucht zueinander, kann sogar eine wirkungsmächtige Bewegung entstehen. Alle Anstrengungen, ein Problem zu lösen, folgen dabei derselben Erregungslogik: Bei der ersten Suche nach dem fehlenden Puzzleteil ist noch ein einfaches Bedürfnis am Werk. Beim siebzehnten Versuch ist aus dem Bedürfnis eine unabweisbare Sehnsucht geworden, die bei jedem weiteren Versuch mit kräftigen Schüben aus Hoffnung ausgebaut wird. An solchen emotional aufgeladenen Nahtstellen findet sich ein besonders großes Begeisterungspotenzial, und wenn dort dann plötzlich etwas passt, ergibt sich mit einem Mal jener Moment des Anfangs, der einen unwiderstehlichen Schub und Sog erzeugen kann. Manchmal reicht dann ein kurzer Blick, um eine lebenslange Liebe zu entzünden. Manchmal genügt ein kurzer Satz, und man wird zu etwas bekehrt, das man zuvor kaum kannte.

Der Viersprung vom Defizit über Sehnsucht und Begeisterung zur begeisterten Gemeinschaft lässt sich in allen Bereichen der Gesellschaft nachzeichnen. So unterschiedliche Euphorie-Auslöser wie ein bestimmter Musikstil, eine politische Kampagne, eine philosophische Theorie oder eine große Religion lassen sich mit der Puzzle-Metaphorik beschreiben. Es bedarf jeweils zweier Gegenstücke, die einander sinnstiftend ergänzen: auf der einen Seite das Faktum der Kampagne, des Stils oder der Theorie; auf der anderen Seite eine Mangelsituation, die genau das erfordert, was die Gegenseite bietet. Ist diese Konstellation nicht gegeben, kann die Kampagne, der Stil oder die Theorie noch so schlau, brillant und schön sein, sie wird keinerlei Verzückung erzeugen. Das ist der Grund, warum Künstler und Schriftsteller oft erst lange nach ihrem Tod den zeitlebens erträumten Applaus erhalten; warum über 90 Prozent aller Produktinnovationen auf unseren Märkten floppen; warum man politische

Kampagnen kaum kopieren oder wiederholen kann. Trifft aber ein Geist den richtigen Nerv, gibt er die richtige Entgegnung auf ein bestehendes Manko, dann wird er sich wie ein Virus verbreiten. Der Geist, der in seiner Zeit begeistert, wird dann ganz einfach zum Zeitgeist.

Mitunter muss man viel Geduld haben, wenn man selbst etwas gefunden hat, das einen elektrisiert, und man möchte, dass es diese Wirkung auch anderswo erzielt. Bei vielen Begeisterten ist der Funke erst nach vielen Jahren übergesprungen, bei zahllosen klappt es niemals. Man könnte deshalb mit gutem Grund die Frage stellen, ob es überhaupt lohnt, sich dem zu verschreiben, was einem das Leuchten in die Augen zaubert. Wie die Erfahrung zeigt, ist nicht unbedingt davon auszugehen, dass einen jemand in der eigenen Wallung versteht, dass man im gerade gefundenen Spleen Unterstützung findet. Ein Leben als Surfer? Eine Frau als Bundeskanzler? Ein Ehepartner, der 20 Jahre jünger ist als man selbst?

Man muss schon ein ziemlicher Idealist sein, um sich zu einer Sache wirklich zu bekennen, um sich auf das ganz zu konzentrieren, was einen elektrisiert. Dazu braucht man eine tiefe Überzeugung, man braucht Mut und ein großes Durchhaltevermögen. Trifft all dies zu, kann aus dem Moment des Anfangs ein Aufbruch ohne Ende werden, eine intensive Euphorie, die auch Dürreperioden durchsteht und dem eigenen Leben den roten Faden verleiht. Das Gegenmodell dazu ist eine lose Reihe von Anfangsmomenten, denen niemals eine Fortsetzung folgt, eine aufgeklärte Desillusioniertheit, die niemals so unvorsichtig ist, nur auf ein Pferd zu setzen. In einer solchen Abwesenheit von Illusionen lässt sich die Wirklichkeit kalkulieren und das direkt Machbare durchsetzen. Das erzeugt zwar keinen Enthusiasmus, aber es funktioniert. Und im Normalfall erzeugt es auch Zufriedenheit, jene Zufriedenheit, die einen auf die Frage, wie glücklich man sich auf einer Skala von 1 bis 10 einschätzt, zuverlässig und zu jeder Zeit eine gute 8 und manchmal auch eine 9 ankreuzen lässt.

In einem solchen saturierten und nüchternen Klima fehlt es meist an einem grundlegenden Bewusstsein der Defizite. In der Orientierung an Sachverhalten werden weder die Sehnsüchte noch die Menschen ernst genommen. Meine eigene Erfahrung mit bislang Hunderten von Unternehmen und Marken ist, dass hier fast nie die Frage gestellt wird, was begeistert, sondern immer nur die, was funktioniert. Das ist einerseits verständlich, da es sich kaum ein Unternehmen leisten kann, nur auf ein Pferd zu setzen. Andererseits erscheint es zunehmend fragwürdig, alle Risiken so stark zu minimieren, alles durch Gremien- und Marktforschungsrunden so weit abzusichern, dass die Ergebnisse zwar gut kalkuliert viele zufriedenstellen, aber eben überhaupt niemanden mehr betören. Es ist mittelfristig für eine Gesellschaft nicht tragbar, wenn keiner mehr bereit ist, andere zu faszinieren, sondern sich alle darauf beschränken, andere zu konditionieren.

Desillusioniertheit wird zum Problem, wenn über die Wirtschaft hinaus in der Wissenschaftsbürokratie, mit Wahlkampfmaschinen und in der Kulturindustrie das Berechnende konkurrenzlos die Geschicke bestimmt. Dann entsteht eine Kultur der schnellen Freuden, die das Grundlegende, Besondere und das Neue unwahrscheinlich macht, eine Kultur der Abgeklärtheit, die Idealisten im Keim erstickt. Wenn es nur noch um Kohle und Asche und immer weniger um inneres Feuer und innere Glut geht, ist der gesellschaftliche Burn-out vorprogrammiert. Niemand wird dann mehr ermutigt, dem Moment des Anfangs zu folgen und einen Weg zu gehen, der ihn selbst erfüllt und den anderen eines Tages vielleicht die Lösung eines Problems beschert, von dem heute noch niemand etwas ahnt.

Die Haltung der Desillusionierung und Abgeklärtheit kann nicht grundlegend etwas verändern, sie kann nichts wirklich Neues schaffen, sie kann nicht ergreifen, sie kann keine Herzen gewinnen. Leonardo da Vinci hatte diese Haltung sicher nicht, ebenso wenig Martin Luther, Richard Wagner oder Albert Einstein. Vermutlich hätte keiner der Genannten zeit seines Lebens kontinuierlich die 8 oder die 9 auf der 10er-Glücks-Skala angekreuzt. Zu bestimmten Zeiten wäre höchstens eine 1 oder 2 herausgekommen. Dennoch waren sie unverbesserliche Idealisten. Sie und viele andere, deren Namen wir noch lange nach ihrem Ende in Ehren halten, haben sich nicht mit der Zufriedenheit zufriedengegeben, nicht auf das sofort Durchsetzbare beschränkt. Sie haben die vermeintliche Illusion gewählt, das eine Pferd, das Unwahrscheinliche – und damit das Leuchten in ihren Augen. Sie haben sich für das gewisse Etwas entschieden, das einen über das Faktische und Berechenbare hinaushebt und das allein der Welt etwas Essenzielles hinzufügen kann. Sie haben die Wahl getroffen, die 1 oder 2 in Kauf zu nehmen, um für sich selbst, und möglichst auch für andere, immer mal wieder die 10 ankreuzen zu können.

Gemeinschaften brauchen die Begeisterung. Sie bringt Dinge in Gang und Menschen ans Ziel. Mit dem Glauben an das eigene Können und mit dem Rückhalt von Mitstreitern gelingen Dinge, die man vorher nicht für möglich gehalten hat. Ohne Enthusiasmus kann man vorgegebene Felder bewirtschaften und festgelegte Routinen befolgen. Auch das kann effektiv sein und Ertrag bringen. Aber ohne Euphorie hätte man nie den großen Traum vom Fliegen Realität werden lassen. Ohne sie hätten die Menschen niemals Schiffe gebaut, die Meere besegelt und die Welt erforscht. Ohne sie hätten wir heute keine Symphonien, keine Demokratie und keine Fortschritte in der Medizin. Auf den Flügeln der Begeisterung wird das Realität, was wünschenswert, aber unwahrscheinlich ist. Um den entscheidenden Schritt zu gehen, über sich selbst hinauszuwachsen, bedarf es einer Kraft, die nicht im Moment des Anfangs zögert oder beim ersten Widerstand schlappmacht, einer Kraft, die über alle Unumgänglichkeiten, Unwegsamkeiten und Unmöglichkeiten trägt, als wenn nichts wäre.

Tatsächlich gibt es nichts, das einen so sehr einnehmen, so sehr entflammen und so stark in eine neue Richtung katapultieren kann wie die Kraft der Begeisterung. Sie lässt dort etwas entstehen, wo vorher nichts war. Sie produziert jenen Überschuss an Energie, der es möglich macht, ganz klein anzufangen und etwas Großes zu erzeugen. Sie ist es, die die Sehnsüchte der Menschen wahr werden lassen kann: Eine Fahrt zum Mond? Ein künstliches Herz? Eine Reise um die Welt? Eine Mona Lisa? Ein Marshall-Plan? Ein Rechtsstaat? Immer gab es etwas, das fehlte, das gebraucht wurde. Immer existierten große Sehnsüchte, Probleme und Herausforderungen. Und immer setzten überzeugte Enthusiasten alles daran, diese Herausforderungen zu meistern, diese Missstände zu beseitigen. Oft waren sie dabei zu unser aller Wohl erfolgreich. Begeisterung ist die Kraft zur Bewegung der Gesellschaft.

Join the movement!

Überzeugende Idole.

Mitten im Rededuell wandte sich der republikanische Präsidentschaftsanwärter John McCain direkt an das Fernsehpublikum. Um die eigene Position gegen die seines Kontrahenten Barack Obama abzuheben, titulierte er diesen als »that one«, als »der da«. Die Szene eignete sich hervorragend zur unablässigen Wiederholung auf allen Nachrichtenkanälen, da der Republikaner gleichzeitig abschätzig mit dem Finger auf seinen demokratischen Gegner zeigte. Der ungewöhnlich herablassende Ton wäre auch in einem normalen Wahlkampf als Ausrutscher gewertet worden, aber in dieser Kampagne war alles ein wenig anders. Die beiden Worte traten eine rational kaum mehr nachzuvollziehende Welle der Erregung los.

Nicht nur, dass über den Fauxpas an allen Ecken und Enden der realen wie der virtuellen Welt unermüdlich diskutiert wurde – die Besonderheit dieses Wettrennens um die Präsidentschaft wird vor allem durch eine spontane Aktion findiger Obamanianer schlaglichtartig beleuchtet: Über Nacht bauten sie unter der Domain www.thatone08.com eine eigene Website, auf der es alles Mögliche, von T-Shirts bis zu Stickern, mit der Aufschrift »That One 08« zu kaufen gab. Im Handumdrehen hatten sie eine demonstrative Abfälligkeit zu einem Schlachtruf für Fanartikel umgemünzt.

Einmal mehr schuf sich die Obama-Bewegung aus einer Nebensächlichkeit ein neues Symbol ihrer Begeisterung, ein Symbol des Zusammenhaltens, des Weitermachens, des bevorstehenden Wahlsieges.

Selten wurde in den letzten Jahrzehnten so flächendeckend und ausführlich über ein Politikerphänomen berichtet wie über Barack Obama. Selten ist es aber auch einem Volksvertreter gelungen, in einer solchen Weise die Gemüter zu erregen und die Menschen für sich einzunehmen. Die »Obamamania« ist ein echtes Begeisterungsphänomen, an dem sich geradezu paradigmatisch ablesen lässt, wie der logische Viersprung von Missstand über Sehnsucht zu Begeisterung und Gemeinschaftsbildung funktioniert. Hier zeigt sich deutlich, welche Sehnsüchte – zumindest in der westlichen Welt – virulent sind und welche Kraft sie entfalten können.

Als Farbiger aus einfachen Verhältnissen, bis dahin ohne großartige politische Meriten, war Obama der unwahrscheinlichste US-Präsident aller Zeiten. Sein Erfolgsrezept: eine gemeinschaftliche Eigendynamik zu erzeugen, die es für die meisten völlig gleichgültig erscheinen ließ, woher der Mann kam und welche Erfahrung er mitbrachte. Was zählte, war: Mit ihm konnte man sich endlich wieder begeistern. Mit ihm erhielten die drängenden Sehnsüchte einer verfahrenen Situation von globalem Ausmaß wieder Hoffnung auf Erfüllung. Das Idol Obama bediente eine Erregungslogik, die über die herkömmlichen Versuche von Problemlösung und Bedürfnisbefriedigung weit hinausging. Seine Umdeutung der allgemein als schwierig wahrgenommenen Realität bot eine völlig neue, optimistische Perspektive, die er als begnadeter Redner und Charismatiker sendungsbewusst zu verbreiten verstand.

Die anstehenden Aufgaben – vom Klimawandel über Terrorismus, Globalisierung, Einkommensschere und Rassismus bis hin zum Irak-Krieg – waren offensichtlich und oftmals benannt.

Da gab es nichts Neues. Obama lenkte die Aufmerksamkeit auf die Gründe für das Fortbestehen der Probleme. Sein Tenor war, dass die politischen Herausforderungen jedem klar waren, die Lösung aber nicht wegen fehlender Ideen ausbliebe, sondern wegen der Kleinkariertheit und Selbstbefangenheit der politischen Klasse. Immer wieder richtete sich Obama in seinen Reden gegen ein »altes« Denken und Handeln, gegen die eingefahrene Art, Probleme wahrzunehmen und anzugehen. Den eigentlichen Missstand machte er nicht so sehr in den bestehenden Weltproblemen aus, sondern in der Art, wie mit diesen umgegangen wurde. Sein Credo: »It is time to turn the page« – Es ist Zeit, eine neue Seite aufzuschlagen.

Mit diesem Slogan sprach Obama die Sehnsüchte der Menschen direkt an und lieferte gleich die Hoffnung auf Erfüllung mit: einen grundsätzlichen Wandel in der Art, mit den Problemen umzugehen, weg von einer Politik des Lobbyismus und der Partikularinteressen, hin zu einer gemeinsamen kraftvollen Bewegung des Aufbruchs. Er gab zu verstehen, dass er nicht mit kleinen Änderungen, Reformen und Flickwerk antrat. Er erhob den Anspruch, alles auf ein Pferd zu setzen und nichts anderes in seinem Leben anzustreben, als diese grundlegende Überzeugung in die Tat umzusetzen. Obama ging aufs Ganze und konnte damit etwas in die Waagschale werfen, was etablierte Konkurrenten wie Hillary Clinton oder John McCain nicht zu bieten hatten: das Leuchten in den Augen, den Moment des Anfangs.

Seine Deutung eröffnete einen Weg, die komplexen, unübersichtlichen und praktisch unlösbaren Defizite der Jetztzeit anzugehen. Man musste nicht bei ihnen anfangen, sondern bei sich selbst. Diese Botschaft des »Change« erzeugte eine unglaubliche Mobilisierungsenergie. Sie griff die gewachsene Sehnsucht nach einem Ausweg aus der verfahrenen Gegenwart auf und kanalisierte sie zu einer Welle der Begeisterung. Auf der Website des Wahlkämpfers wurde man ganz selbstverständlich mit der Aufforderung konfrontiert, »der Bewegung« beizutreten: »Join the movement«. Die Glut der Fans wurde nach ihrem Beitritt permanent angefacht, mit persönlichen Obama-Mails, Internetforen, Devotionalien sowie mit Aufrufen zu Minispenden, die wiederum halfen, das Feuer der »Obamamania« am Leben zu halten.

Die unermüdlichen Reden und Auftritte versorgten seine Anhänger mit dem berauschenden Gefühl, dabei zu sein bei etwas Großem, bei einem Projekt, das die Dinge in eine neue Ordnung zu bringen vermochte. Von Anfang des Wahlkampfes an klangen Obamas Verlautbarungen wie Manifeste. Der Journalist Markus Günther erkennt darin die Beschwörung eines »gemeinsamen Unterwegsseins, in den Beiklängen manchmal religiös angehaucht, aber im Kern zutiefst säkular, aufklärerisch, revolutionär, als solle hier und heute der Sturm auf die Bastille organisiert werden oder die Befreiung von Sklavenhaltern, als sollte die Menge, die Masse, die Bewegung auf den langen Kampf mit allen verfügbaren Mitteln eingeschworen werden.« Obama selbst grenzte die eigene Vorgehensweise von der herrschenden Gegenwartspolitik nicht nur durch ihre Tonalität und ihren Anspruch ab, er legitimierte sie auch auf einer sachlichen Ebene durch historische Bezüge auf die Tradition politischer Bewegungen und die Begeisterung für das Gemeinsame in den Vereinigten Staaten. Entsprechend enthusiastisch fielen die Reaktionen der Zuhörer aus: »Ich war am Ende seiner Rede wie elektrisiert, und ich bin eigentlich eher ein skeptischer Typ.«

Begeisterung ist ansteckend. Wenn jemand von etwas im Tiefsten überzeugt ist, wird er es eher schaffen, andere davon zu überzeugen. In aller Regel wird er die anderen auch begeistern.

Inbrunst ist fast nie ein Alleingang. Inneres Feuer hat die Tendenz auszuschlagen, manchmal verbreitet es sich wie ein Lauffeuer. Wer für etwas brennt, erwärmt schnell auch andere dafür: Man sieht die leuchtenden Augen eines anderen und wünscht sich dieses Leuchten selbst. Hat man selbst das Strahlen in den Augen, will man es auch anderen vermitteln. Was erst einen und dann ein paar andere wirklich mitreißt, entfaltet schnell ein exponentielles Wachstum. Eine Dynamik, die sich derart verstärkt, kommt ohne weitere Einwirkung von außen aus. Wie der berühmte Schneeball, der, einmal ins Rollen geraten, zu einer Lawine wird. So ist es bei charismatischen Missionaren und ihren Religionen, bei großen Unternehmern und ihren Visionen, bei bahnbrechenden Künstlern und ihren Werken. Ein beflügelter Geist verschafft sich Ausdruck, der aus der Kraft der eigenen Begeisterung die Begeisterung anderer nach sich zieht. Nun hat man etwas gemeinsam, man teilt bestimmte Träume, bestimmte Ansichten und Absichten. Das schweißt zusammen, scheint alle zusammen und jeden Einzelnen stärker zu machen. Eine solche Stimmung hat Barack Obama mit seiner »Yes, we can«-Kampagne erzeugt.

Begeisterung manifestiert sich bestens an Idolen. Sie bündeln die Sehnsüchte einer Zeit, verkörpern bestimmte Werte und Wünsche und bieten ihren Mitmenschen die entsprechende Projektionsfläche. Jim Morrison und Janis Joplin stehen bis heute für die kompromisslose Lebenshaltung des Rock 'n' Roll: »Live fast, die young«. Albert Einstein ist der Inbegriff des unabhängigen, querdenkenden klugen Kopfes, Albert Schweitzer der Prototyp des humanitär Engagierten. Mahatma Gandhi stand mit seinem vom Fasten gezeichneten Körper und dem einfachen Lendenschurz stellvertretend für Millionen einfache Inder, die auf ein Ende von Unterdrückung und Ausbeutung hofften – obwohl er ursprünglich aus der indischen Oberschicht stammte und in London studiert hatte. Bis heute ist Gandhi das Symbol des gewaltfreien Widerstands. Martin Luther verkörpert die systemstürzende Macht des Gewissens, auch fast 500 Jahre nachdem er vor den versammelten Würdenträgern seiner Zeit bekannte: »Hier stehe ich. Ich kann nicht anders.«

Teenager hängen sich Poster von Popstars in ihre Zimmer. Diese erscheinen ihnen wie die Verwirklichung ihrer unerreichbaren Träume, begehrt, betucht und mit einer beneidenswerten Gabe ausgestattet, der Fähigkeit zu begeistern. Ungebrochen kleiden sich Revolutionsaffine in T-Shirts mit dem Che-Guevara-Schattenriss, um sich zum Rebellentum und zum Aufbegehren gegen die bestehenden Verhältnisse zu bekennen. Für die Gegenfraktion wurde der Immobilienmagnat und selbsternannte Lebemann Donald Trump zum glamourösen Vorbild, verband sich mit ihm doch der ungehemmte und dünkellose Weg zum Kapital. Trump hat auf bühnenreife Weise die Erreichbarkeit des amerikanischen Traumes vorgelebt, mit Pomp, großen Dramen und spektakulären Comebacks. Wenn man so will, ist er fleischgewordenes Entertainment und damit die Inkarnation amerikanischer Größenfantasien.

Wie in einem Brennspiegel nimmt ein Idol auf, wonach es die Menschen wie in der Wüste dürstet. Und im Gegenzug bietet es ihnen das Wunschbild einer stillenden Oase. Das funktioniert und entfaltet eine enorme Kraft, auch wenn sich das begehrte Oasenbild in der Geschichte oft genug als Fata Morgana entpuppt hat. Idole sind Vorreiter einer Richtung und zeigen, wohin der Weg gehen könnte. Sie machen ein klares Angebot. Man kann ihnen folgen oder sich ihnen verweigern. Man kann sich zu ihnen bekennen oder sie ablehnen. Ihre besondere Eigenart besteht darin, dass man sich irgendwie zu ihnen stellen muss.

Eine indifferente Haltung ist schwierig, ob bei Obama, bei Guevara, bei Trump oder Mutter Teresa.

Idole haben nicht nur Ideale, sie verkörpern sie und stehen für sie. Wenn Menschen beginnen, diese Ideale zu teilen und ihren Idolen zu folgen, kann eine Steigerungsspirale der Gruppendynamik in Gang kommen. Dann bildet sich eine richtige Bewegung, die darangeht, erkannte Missstände und Defizite aufzulösen, ein allgemeines Verlangen zu erfüllen. Es entsteht eine gesellschaftliche Kraft, die Dinge verändert. In Idolen erkennen Gemeinschaften ihren gemeinsamen Geist, ihre gemeinsamen Wünsche und Auffassungen. Deshalb sammeln sich die Menschen um sie. Idole geben Sicherheit, sie schweißen zusammen und setzen Energie frei.

Fast alle Idole sehen diese öffentliche Wertschätzung als Verpflichtung, ihr Leben dem eigenen Image entsprechend zu gestalten, sei es als böser Bube, sanfte Heilige oder als Retter der Unterdrückten. Viele erleben das auch als »Gefängnis«. Gerade Popstars fühlen sich oft überfordert von dem Einfluss, den ihre Lebensäußerungen plötzlich haben. Andere setzen den Kult systematisch zu ihrem eigenen Nutzen ein, wie die legendäre »Evita« Perón, die sich zwar zum Sprachrohr der argentinischen Arbeiter machte, dabei aber vor allem die Macht ihres Mannes sicherte, das gemeinsame Vermögen ausbaute und ihre Gegner zum Schweigen brachte. Aufgrund der enormen Kraft, die alles wirklich Begeisternde freisetzt, steht das Idol in einer besonderen Verantwortung, diese Macht nicht zu missbrauchen.

Bei Barack Obama als amerikanischem Staatsoberhaupt wird man noch sehen müssen, wie er mit dieser Verantwortung umgeht. Ein anderes Idol unserer Zeit zeigt das schon seit Jahrzehnten: Tenzin Gyatso, weltweit bekannt als Dalai Lama und einer der höchsten Würdenträger des Buddhismus. Ebenfalls charismatisch, ebenso Hoffnungsträger, ist der Dalai Lama in gewisser Weise das nach innen gewandte Pendant zum amerikanischen Präsidenten. Hier der jugendlich wirkende Star an der Spitze der mächtigsten Nation, der klar für eine Weltverbesserung angetreten ist und dafür mit seiner »Change«-Kampagne massiv die Werbetrommel rührt. Dort ein älterer asiatischer Herr mit unvorteilhafter Brille, der sich sanft für die Überprüfung des Selbst einsetzt. Der buddhistische Blick richtet sich nicht nach außen auf das gesellschaftliche System und dessen Wandel, sondern nach innen auf das eigene Denken und Empfinden. Der Dalai Lama ist kein Revolutionär und kein Weltumstürzler, für ihn sind die Gegner nicht »da draußen«, er sagt: »Schlechte Gedanken sind unsere wirklichen Feinde.« Seine Botschaft ist innere Achtsamkeit: gewaltlos, sanft und spirituell. Hier geht es um Weltüberwindung.

Mit dieser Botschaft genießt der Dalai Lama nicht nur bei den 400 Millionen Buddhisten seit Jahrzehnten unangefochtenen Respekt, es ist ihm auch gelungen, über seine Person der buddhistischen Lehre und der prekären Lage Tibets weltweit höchste Aufmerksamkeit und große Anteilnahme zu sichern. Sein Aufruf zur Achtsamkeit scheint eine tiefe Sehnsucht gerade der westlichen Menschen zu treffen. Nach buddhistischer Auffassung muss sich jeder Mensch dem Grundproblem des Labilen, Flatterhaften, Nervösen stellen: »Der Geist springt ununterbrochen und rastlos, wie ein Affe im Käfig.« Deshalb geht es im Buddhismus vor allem um die Kunst, den Geist zur Ruhe zu bringen, ihn frei zu machen von Ablenkungen, ihn zu zentrieren und so in gewisser Weise seiner Herr zu werden. Mit Hilfe von Meditationstechniken wird der Geist verlangsamt, es entsteht eine enorme Sensibilisierung für die unmittelbare Gegenwart.

Diesen Effekt kennt man auch außerhalb spiritueller Zentren, aus eher profanen Situationen, beispielsweise bei einer Weinprobe. Wichtig ist vor allem die veränderte Aufmerksamkeit. Üblicherweise trinkt man ein Glas, unterhält sich dabei, feiert oder guckt Fernsehen. Das schmeckt dann ganz gut oder auch nicht. Die feinen Unterschiede werden vom Nichtkenner überhaupt nicht wahrgenommen. Ändert sich der Kontext und man beschäftigt sich einen Abend nur mit Wein, verändert sich das Bild grundlegend. Wenn jemand in Ruhe erklärt, wie man einen edlen Tropfen einschenkt und sein Bouquet erforscht, wie man ihn schmeckt und welche Nuancen hierbei zu entdecken sind, schmeckt derselbe Wein mit einem Mal ganz anders, viel intensiver, feiner, besonderer. Man schenkt seine gesamte Aufmerksamkeit der roten duftenden Flüssigkeit und erfreut sich an ihr mit größter Geistesgegenwart.

Einen solchen Zustand unvoreingenommener Geistesgegenwart versucht der Buddhist gegenüber dem gesamten Strom der Ereignisse zu gewinnen: ihn nicht zu instrumentalisieren und zu bewerten, sondern ihn vorurteilslos wahrzunehmen und so stark in ihm aufzugehen, dass er sich dabei selbst verliert. Letztlich geht es darum, das eigene Begehren mit seinen Folgeproblemen zu überwinden und nur noch sanft auf das Angebot des Augenblicks zu reagieren. Dann ist man im Fluss, man surft auf der Weltwelle, statt sie dem eigenen Willen unterwerfen zu wollen.

Für diese sanfte Kraft steht der Dalai Lama in einer äußerst glaubwürdigen Weise. Stets milde, stets lächelnd, lebt er die Gewaltlosigkeit und Gutmütigkeit, die er predigt. Zugleich ist er in der westlichen Welt zu einem Idol und Popstar geworden. Sein Deutschlandbesuch im Jahr 2007 löste eine wahrhafte Lama-Mania aus. Seine mediale Präsenz ist enorm, und seine Bücher verkaufen sich oft in Bestseller-Auflagen, obwohl er sie nicht einmal selbst schreibt. In seinem fast 50-jährigen Exil und seiner unbeugsamen Anstrengung zur Rückkehr nach Tibet symbolisiert sich die verbreitete Hoffnung nach Heimat und einer friedvolleren Welt. Deshalb ist der Slogan »Free Tibet« weltweit fast schon zu einer Generalformel für Freiheit, Gerechtigkeit und Minderheitenschutz geworden. Kein Wunder, dass der Dalai Lama 1989 mit dem Friedensnobelpreis ausgezeichnet wurde. In seiner unmissionarischen, gewaltlosen Religion manifestiert sich, darauf hat Erich Follath im *Spiegel* hingewiesen, ein konkretes Gegenmodell zum blutigen »Kampf der Kulturen«. Im Jahrtausendvergleich hat sich der Buddhismus eine praktisch blütenreine Weste bewahrt und steht für »weitgehende Friedfertigkeit statt grausamer Inquisition, stets heiter wirkende Mönche statt präpotenter Kirchenfürsten, Nirwana-Hoffnung statt Dschihad-Drohung, meditative Überzeugungsarbeit statt missionarischer Bekehrung«.

Der Club der toten Dichter.

Wie sich Geistesgemeinschaften bilden.

Größer könnte der Kontrast kaum sein. Zu Beginn des Films haben sich die Schüler des Internats in der kirchenartigen Aula versammelt und tuscheln heimlich. Über ihren Köpfen werden die Standarten mit den Leitsprüchen der altehrwürdigen Anstalt feierlich nach vorne getragen. »Leistung«, »Disziplin«, »Ehre« und »Tradition« prangt auf den verstaubt wirkenden Brokatbannern. Von der Kanzel herab hämmert der ergraute Direktor diese ehernen Maximen der geduckten Menge ein. Sollte hier jemals ein lebendiger Geist geherrscht haben, so ist er im Laufe der Jahre verloren gegangen. An seine Stelle sind Drohung und Dogma, Gehorsam und Lustlosigkeit getreten.

In der berühmten Schlussszene wird das Gegenbild zum Anfangsszenario geliefert: Wieder steht der Direktor vorne, diesmal am Pult. Mr. Keating, der charismatische neue Lehrer, der die Jungen zur Bildung des »Clubs der toten Dichter« anregte, hat seinen Job verloren. Tradition, Disziplin und Unterdrückung scheinen gesiegt zu haben. Doch als Keating noch einmal in die Klasse kommt, um seine restlichen Sachen zu holen, zeigt sich die Bindungskraft der Geistesgemeinschaft. Ein Schüler nach dem anderen steigt auf seinen Tisch und stimmt in den Ruf »O Captain, mein Captain« ein, die eingeschworene Ehrenbezeugung in Anspielung auf den »toten Dichter« Walt Whitman. Hier wird nicht mehr hinter vorgehaltener Hand getuschelt. Die Schüler wagen voller Eigensinn, Stolz und Überzeugung die riskante Solidarisierung mit einem, der sich gegen das System gestellt hat. Sie haben – trotz des Rückschlags für die gemeinsame Sache – ihre Lektion gelernt. Das Auf-den-Tisch-Steigen ist ihr Bekenntnis zur eigenen Individualität, zugleich ist es ein Bekenntnis zu ihrer Gemeinschaft und ihrem Idol. Sie werden sich nicht mehr von ihrem Weg, von ihren eigenen Idealen abbringen lassen. Daran ändert auch der Direktor nichts, der ihnen wieder und wieder befiehlt herabzusteigen, vor Wut schäumend zu ihren Füßen herumrennt und hilflos erkennen muss, dass er nichts ausrichtet.

Der Club der toten Dichter – in dem gleichnamigen Film von Peter Weir – ist eine kleine Gemeinschaft, die es sich zum Ziel gesetzt hat, das Leben in seiner gesamten Fülle und Spannbreite auszukosten und damit jetzt und hier anzufangen. Der neue Lehrer, früher selbst Schüler des Internats und Mitglied eines solchen Clubs, regt gleich zu Beginn seiner Tätigkeit eine Neuauflage an und wird damit zum Anstifter einer kleinen Freiheitsbewegung, die den Bruch mit dem Zwang und den Weg zum Spielerischen entdeckt und bei den Jungen ein zuvor nicht gekanntes Gefühl der Lebensbejahung weckt.

Der Streifen aus dem Jahr 1989 ist ein Klassiker des Genres »Coming of Age«, wird gerne zu besinnlichen Feiertagen ins Fernsehprogramm genommen und rührt garantiert. Er zeigt aber auch auf geradezu idealtypische Weise die Dramaturgie, die Geistesgemeinschaften und Gesinnungsgenossenschaften bei ihrer Entstehung und Entwicklung durchlaufen. Geschildert wird nicht nur, wie Geistesverwandte zueinanderfinden und eine eingeschworene Gemeinschaft bilden, erklärt wird auch, wie es zum Leuchten in den Augen ihrer Mitglieder kommt und wie die Gemeinschaft es schafft, dieses Leuchten zu kultivieren und auf Dauer zu stellen. Der Film folgt den Phasen der Steigerungsdynamik jeder »Community« und macht die entscheidende Wechselwirkung zwischen dem Club und seinen Mitgliedern sichtbar.

Am Anfang steht ein Impuls, der bereit macht, sich für etwas Neues zu öffnen – wie Teilnehmer dies von einem Auftritt Obamas schildern und manche nach der Lektüre eines Buchs des Dalai Lama. Oder wie ich es erlebte, als ich in die Festtagstimmung eintauchte, die Siena ergriffen hatte. Im Film ist es der Auftritt des jungen Lehrers, dessen fantasievolle Lehrmethoden ihn als Vertreter einer neuen Generation ausweisen. Er hebelt eingefahrene Erwartungen aus, flüstert poetische Sentenzen im Rücken der verblüfften Schüler, lässt sie vor den Klassenfotos längst verstorbener Ehemaliger über das Leben nachdenken, weckt ihr Interesse und macht sie neugierig. Er führt ein aus dem Curriculum abhandengekommenes Element wieder ein: Begeisterung. Und davon wollen die Jungen mehr und immer mehr. Der Anfang ist gemacht.

Erste Phase und Initiationsakt bei der Bildung einer Geistesgemeinschaft ist die *Abkehr vom Bestehenden*. Auch hierfür hält der Film eine außerordentlich anschauliche Szene bereit. Zucht, Ordnung und vor allem klare Regeln sollen die Absolventen des Eliteinternats auf die vorgezeichnete steile Karriereflugbahn befördern, als Arzt, Anwalt oder Unternehmenslenker. Das lassen sich die ehrgeizigen Eltern einiges kosten. Die Ausbildung ist entsprechend: berechenbar, erfolgsorientiert, ausgerichtet auf die Erfüllung von Erwartungen. Für Wildwuchs ist da kein Platz. Besonders hart getroffen hat es den erklärten Lieblingsstoff des neuen Englischlehrers. Dem wunderbaren Sammelband mit den Meisterwerken der großen Poeten ist eine staubtrockene Einleitung vorgeschaltet, die vorgibt, wie die begeisterungsträchtigen Verse unschädlich zu machen sind: Mit Hilfe einer arithmetischen Formel soll die historische Bedeutung der einzelnen Werke objektiv ermittelt werden. Keating beginnt seinen Unterricht zunächst ordnungsgemäß mit der Aufforderung, Seite 21 des Lehrbuchs aufzuschlagen, doch bereits seine Vorstellung der Einleitung ist irritierend ironisch. Und dann kommt das Unerhörte: Er fordert die Jungen auf, die entsprechenden Seiten aus dem Buch herauszureißen. Natürlich sind die streng Erzogenen dazu erst einmal unfähig, es handelt sich schließlich um Schuleigentum. Also übernimmt Keating die Rolle des Systems und erzeugt massiven Druck, bis der erste Junge darauf einsteigt und die gesamte Einleitung lässig herausreißt. Nach einem atemlosen Moment folgen mit einem Mal alle seinem Beispiel, angespornt durch diesen Akt und zunehmend beflügelt durch die Kraft des Befreiungsschlages. Man ahnt, dass hier eine neue Gemeinschaft im Entstehen begriffen ist, die der Berechenbarkeit der Kunst eine klare Absage erteilt zugunsten der riskanten Poesie des Lebens.

Nichts begeistert so sehr wie ein gemeinsamer Geist: Geistesverwandte finden zusammen, tauschen sich aus, verbessern einander, bestärken sich. Es entsteht eine Gemeinschaft, die zur Basis und Plattform für Aktivitäten, Ideen und die Bildung einer eigenen Kultur wird. Der gemeinsame Geist, die gemeinsamen Vorlieben und Vorstellungen werden zum Impulsgeber der eigenen Begeisterung. Solche Geistesgemeinschaften sind Begeisterungsquellen, die aus sich selbst schöpfen. Neben den Surfern, den Anhängern Gandhis, Obamas und eines freien Tibet gehören dazu so unterschiedliche Gruppen wie die Rotarier, die Yogis, die Punks, die Samurai, die Epikureer, die Hell's Angels – und in gewisser Weise auch der FC Bayern München und seine Fans. Was sie gemeinsam haben, ist, dass sie adressierbare soziale Gebilde sind, die sich gegen ihre Umwelt dauerhaft abgrenzen. Man kann sie mit einem deutlichen Namen benennen, und man kann sehr klar sagen, ob man dazugehört oder nicht.

Die Abgrenzung beziehungsweise das Bekenntnis der Zugehörigkeit äußert sich sehr oft auch in der Gestaltung des Äußeren: Skins, buddhistische Mönche und manche katholische Nonnen rasieren die Haare ab, Hippies und Rocker lassen sie wachsen. Hip-Hopper tragen andere Marken als Punks, Öko-Aktivisten andere als Yuppies. Von Sid Vicious, dem legendären Lead-Sänger der Sex Pistols, kursiert die Geschichte, dass seine Eltern dem 16-Jährigen vom hart Ersparten seinen ersten Anzug kauften. Begeistert rannte der in sein Zimmer im ersten Stock des bescheidenen Arbeiterhäuschens und präsentierte den fassungslosen Leutchen eine Stunde später stolz seine Kreation: Er hatte das wertvolle Stück mit der Schere auseinandergeschnitten und mit ein paar Sicherheitsnadeln notdürftig wieder zusammengebastelt.

Die zweite Phase der Bildung von Geistesgemeinschaften ist der *Einzug in eine neue mentale Heimat*. Hier greift der »Club der toten Dichter« ein eindrucksvolles archetypisches Sinnbild auf: die Höhle. Dieses Bild begleitet die gesamte Menschheitsgeschichte als Metapher für die sicherheitspendende Heimstatt, in der man nach Jagden, Kämpfen und Aufständen heimlichen Unterschlupf findet und wieder Kraft schöpfen kann. Eine Handvoll Schüler hat Feuer gefangen und setzt die eher nebenbei lancierten Anregungen des Lehrers zur Bildung eines Clubs beherzt in die Tat um. Unter Verletzung des strengen Verbots, das Internatsgelände zu verlassen, verabreden sie sich mitten in der Nacht, um eine geheimnisvolle, im Wald liegende Höhle zu suchen. Berauscht von der Gefahr, ziehen sie unter den Kapuzen ihrer Dufflecoats durch die Wildnis und landen mit pulsierendem Herzen in ihrer Fluchtburg, dem neuen Zentrum ihres kleinen Bundes. Hier zelebrieren sie fortan im Namen ihrer neuen Philosophie der Lebenspoesie selbst ersonnene Rituale. Es werden Gedichte von Whitman, Thoreau und anderen Großen vorgetragen, aber auch unter Zusammennehmen allen Mutes eigene Werke. Es wird musiziert und herumgetobt, aufregende Erlebnisse werden berichtet, Körper bemalt, Centerfolds präsentiert und sogar Frauen eingeladen. Kurz: Anders als im Klassenzimmer geht es hier wirklich um das, was die Jungen bewegt. So wird die Höhle im Wald zur sinnlichen Entsprechung der neuen mentalen Heimat des Clubs: der lebensphilosophischen Einstellung des »Carpe diem«. Der Einzug in die Höhle entspricht dem Einzug in eine andere Auffassung der Dinge.

Keine Jugendgruppe hat Bestand ohne einen eigenen Treffpunkt: das Clubhaus des Kleingartenvereins, eine Wohnung ohne überwachende Erziehungsberechtigte, ein bestimmter Club oder eine Nische im öffentlichen Raum wie der Spielplatz bei Nacht. An diesen Orten gelten eigene Regeln, und indem ich sie aufsuche, passe ich mein Verhalten entsprechend an und richte meine Gedanken auf die heiß ersehnte Gegenwelt aus. Auch für Erwachsene gibt es solche Plätze: Sportvereine und Stadien, Kirchen und Museen, Zirkel und Salons. Ich muss aber nicht unbedingt einen bestimmten Ort aufsuchen, um eine mentale Heimat zu finden. Ich kann auch bei der Lektüre eines Buches beschließen, dass ich Existenzialist oder Epikureer bin und damit zu einer Geistesgemeinschaft gehöre, die sich über einen Zeitraum von Jahrzehnten oder Jahrhunderten erstreckt und deren Mitglieder sich praktisch niemals treffen.

Die dritte Phase der Gemeinschaftsbildung ist die *Einübung in das neue Mindset,* die Aneignung einer anderen Denkwelt, bei der die für eine Zugehörigkeit erforderlichen Handlungskompetenzen erworben werden. Jedes Mitglied des »Clubs der toten

Dichter« findet im Rahmen der neu gewonnenen Nutze-den-Tag-Programmatik sein eigenes Ziel für den anstehenden aufregenden nächsten Schritt ins Leben und durchläuft ein selbstgestelltes Ausbildungsprogramm. Ein eher schlaksiger Junge umwirbt fantasievoll und unbeirrt ein Mädchen, das eigentlich mit einem breitschultrigen Footballspieler liiert ist. Zwei andere tanzen Twist zur Musik eines Radios, das sie nach den Regeln des Internats gar nicht hätten bauen dürfen. Die Jungen fechten im Wald oder fahren auf dem Fahrrad mit Karacho einen Berg hinunter, mitten hinein in eine Wolke auffliegender Vögel. Ein schöngeistiger Junge, dessen autoritärer Vater unnachgiebig einen Lebensweg jenseits seiner Begabungen für ihn vorgesehen hat, übernimmt in einer kleinen Laienspielgruppe eine tragende Rolle in Shakespeares »Sommernachtstraum« – gegen den erklärten Willen seines Vaters.

Mit dieser Abfolge von Mutproben und Selbstüberwindungen im Verfolgen ihrer Leidenschaft eignen sich die Mitglieder des »Clubs der toten Dichter« stufenweise eine neue Denkwelt an – so wie Buddhisten durch Meditationsübungen, Konsultation eines Meisters und Studium der Lehren auf ihrem Weg voranschreiten, so wie sich Sprayer und Writer durch immer kunstvollere, immer riskantere Graffiti Respekt verschaffen.

Die vierte und ultimative Stufe in der Entwicklung einer Geistesgemeinschaft ist erreicht, wenn nach Abkehr vom Bestehenden, Einzug in die neue mentale Heimat und Einüben des entsprechenden Mindsets die Gruppe einen Zustand erreicht hat, der den Einzelnen in ihrem Rahmen ein machtvolles und sicherheitspendendes *Einheitserlebnis* ermöglicht. Natürlich erfahren die Schüler sich bereits mit der Gründung ihres Clubs als besondere und abgesonderte Einheit, ein Gefühl, das durch jedes konspirative Treffen, jede aus dem gemeinsamen Geist hervorgegangene Tat, durch bewiesenes Verständnis und Solidarisierung verstärkt und vertieft wird. Aber das eingangs geschilderte mutige Bekenntnis zu ihrem Lehrer, der wegen der freidenkerischen Umtriebe des Clubs seinen Job verliert, ist ein Erlebnis der besonderen Art. Es befördert ihren Bund im Moment seines offiziellen Verbots noch einmal auf eine andere Stufe. In dem Moment, in dem ihre Welt zusammenzubrechen droht, riskieren die Schüler ihren letzten Rückhalt, stellen ihre Zukunft aufs Spiel – und gewinnen gerade deshalb deutlich an Charakter. Sie geben ein Stück von sich selbst und gehen dadurch in etwas Größerem auf. Die Geste des gemeinsamen Aufstiegs auf ihre Tische stiftet eine neue Einheit. Sie macht den launigen Jungenclub zu einer ernsthaften Geistesgemeinschaft, auch wenn zu vermuten ist, dass es nicht mehr ohne weiteres zu den ungezwungenen Höhlentreffen kommen wird.

Geistesgemeinschaften vermitteln ihren Mitgliedern einen Zusammenhang von Anschauungen und Handlungsweisen, der das Leben interessanter und gehaltvoller macht. Geistesgemeinschaften sind ein Sammelbecken und Kanalisierungssystem, das permanent neue Strömungen aufnimmt, sie ordnet, sortiert und im Sinne des gemeinsamen Geistes in die richtigen Bahnen lenkt. Die Mitglieder haben gemeinsame Ziele und gemeinsame Auffassungen, die sie über die Gemeinschaft besser verwirklichen können. Ob es der Wunsch nach Veränderung der Welt ist, nach Erringung einer Meisterschaft oder einfach nur, gemeinsam die Gegend unsicher zu machen, jeder weiß, dass dieser Wunsch unerfüllbar bleibt, solange man auf sich allein gestellt ist. Man ist auf die anderen angewiesen und profitiert von seinen Mitstreitern. So entsteht ein gegenseitiger Nutzen von Gemeinschaft und Mitgliedern, der maßgeblich zum Aufbau, zur Etablierung und zur Erhaltung des Zusammenspiels beiträgt. Die Mitglieder brauchen die Geistesgemeinschaft, um ihre Anliegen und Neigungen zu verwirklichen. Die Geistesgemeinschaften brauchen ihre Mitglieder, um vorwärtszustreben, sich weiterzuentwickeln. Deshalb sind sie das Gegenteil von Zweckgemeinschaften, bei denen sich Menschen zwangsweise zusammenfinden, um einen außerhalb liegenden Zweck zu erfüllen.

Geistesgemeinschaften zeichnen sich durch ein sehr starkes Wir-Gefühl aus. »Mir san mir«. Alle anderen sind anders. Entweder man gehört dazu, oder man ist draußen. Das Wir vereint und beseelt. Und dieses Empfinden lebt davon, dass »wir« ganz anders sind als »die anderen«. Obwohl die meisten Geistesgemeinschaften nicht über institutionellen Rückhalt und reale Macht verfügen, gelingt es ihnen auf diese Weise, Menschen wirksam für sich zu mobilisieren. Für »uns« trete ich ein, da mache ich mit, da bin ich engagiert. Die Bereitschaft ihrer Mitglieder, sich zu engagieren, macht Geistesgemeinschaften zu kollektiven Akteuren, die in den Lauf der Dinge eingreifen, die etwas bewegen wollen und es zumeist auch tun.

Durch eine eigene Sprache, eine eigene Symbolik, eine eigene Ästhetik gelingt es Geistesgemeinschaften, den gemeinsamen Spirit zu manifestieren, ihn anschaulich zu machen und zu vermitteln. Jeder kann sehen, hören und fühlen, wessen Geistes Kinder die Anhänger einer Geistesgemeinschaft sind – manchmal sehr prägnant, manchmal eher subtil. Eine solche Zugehörigkeit kann auf den ersten Blick an Emblemen, Uniformen und einfachen Argumenten erkennbar sein. In anderen Fällen lässt sich nur anhand sonnengebleichter Haare, der Körperhaltung oder der Nutzung bestimmter Begriffe und Redewendungen darauf schließen. Allen Geistesgemeinschaften gemeinsam ist, dass sie ihren eigenen sinnlich wahrnehmbaren Kosmos brauchen, um sich abzugrenzen, sich ihrer selbst zu vergewissern und die eigene Identität zu stabilisieren.

Ob es sich dabei um straffe Hierarchien oder offene Netzwerke handelt, ist dafür unerheblich. Tatsächlich können sie im Laufe der Zeit sogar ihre Organisationsform ändern, ohne ihre Identität grundlegend zu wandeln. Die subversive Guerilla um Fidel Castro und Che Guevara wurde zum ideologischen Staatsapparat, das Christentum wandelte sich von der Sekte zu einem umfassenden Religionssystem mit mehreren konkurrierenden Organisationen.

FlowerPower.

Bewegung in der Gesellschaft.

Als das Apollo-Programm auf Hochtouren lief und die ersten amerikanischen Kampftruppen in Vietnam landeten, kehrte ein bunter Haufen Aussteiger zurück zu den eigenen Wurzeln. Gleich an der Grenze von Nevada, in Virginia City, hatte eine zusammengewürfelte Truppe aus Künstlern und Sinnsuchern in einer Geisterstadt aus den Zeiten des Silberrausches Zuflucht gefunden – und indianische Mythen und Drogen entdeckt. Das war Anfang der 1960er Jahre, drei Autostunden von San Francisco entfernt. Die Keimzelle der Hippie-Bewegung brütete zunächst ihr Ideal eines ungezügelten Lebens und eines umfassenden Friedensschlusses mit dem Kosmos aus, experimentierte mit sexueller Befreiung, alternativen Formen der Gemeinschaft und neuen künstlerischen Ausdrucksmitteln. Ein heruntergekommenes viktorianisches Gemäuer wurde in Eigenarbeit liebevoll wiederhergerichtet und provokativ knallrot gestrichen. Als im »Red Dog Saloon« die Charlatans in Fantasieuniformen im Wabern einer experimentellen Lightshow auftraten, war der Psychedelic Rock geboren. Der Ort wurde zum Magneten, die Idee war exportfähig und sprang auf San Francisco über.

Zur gleichen Zeit bemalte Ken Kesey einen ausrangierten Schulbus, belud ihn mit ein paar Gesinnungsgenossen und jeder Menge Drogen. Die Truppe, die sich selbst Merry Pranksters – Fröhliche Streichespieler – nannte, tourte einmal quer durch die

Vereinigten Staaten und betrieb aktive Mission im Sinne des Slogans von LSD-Papst Timothy Leary, der zeitweise mit von der Partie war: »Turn on, tune in, drop out!« – Komm drauf, schwing dich ein, oder auch: Erwache, schließ dich an, aber auf jeden Fall: Steig aus!

Kesey hatte ein paar Jahre zuvor als Versuchskaninchen freiwillig an einer Studie der CIA zur Wirkung psychotroper Substanzen teilgenommen und war seitdem von der befreienden Macht der Bewusstseinserweiterung überzeugt. Seine Erfahrungen im Militärkrankenhaus fanden ihren Niederschlag in seinem Roman *Einer flog übers Kuckucksnest*. Mit den Pranksters veranstaltete er landesweit sogenannte »Acid Tests«, Happenings, bei denen es LSD gratis in allen möglichen Darreichungsformen gab. Mitunter war den Teilnehmern gar nicht klar, dass beispielsweise die Bowle mit der damals noch legalen Droge versetzt war. Durch die legendäre Bustour breitete sich das »Hippie-Virus« rasant im ganzen Land aus.

Als der Bus am 14. Juni 1964 losfuhr, saßen 14 Merry Pranksters drin. Fünf Jahre später war aus den vereinzelten Aussteigern eine eigenständige Gegenkultur geworden. Es gab ein flächendeckendes Netz aus Läden, Clubs, Treffpunkten, Lebensgemeinschaften, Kommunen und engagierten Leuten. Eine völlig neue Musikkultur hatte sich herausgebildet. Der Begriff »Underground« wurde zum Gütesiegel. 1969 existierten allein in den Staaten über 500 Underground-Zeitschriften wie *Berkeley Barb*, *East Village Other* oder *Free Press*, dazu kamen noch über 1000 entsprechende Magazine an den Highschools. Das erste Mal war eine breite Gegenöffentlichkeit entstanden, die ihre eigene Begrifflichkeit justierte und es den Anhängern ermöglichte, die Welt mit Hippie-Augen zu sehen.

Im Mai 1969 demonstrierten 25000 in Berkeley dafür, ein

brachliegendes Grundstück für Rockkonzerte und als Treffpunkt zu nutzen. Den 2000 aufgebotenen Nationalgardisten steckten sie Blumen in die Gewehrläufe. Flowerpower in Reinkultur. Als im August das Woodstock Music and Art Festival stattfand, hatten die Veranstalter mit der enormen Zahl von 50 000 Zuschauern gerechnet. Es kamen 400 000. Unter anderem traten auf: Joan Baez, Blood, Sweat & Tears, Canned Heat, Joe Cocker, Creedence Clearwater Revival, Crosby, Stills & Nash, Grateful Dead, Jimmy Hendrix, Janis Joplin, Ravi Shankar, Santana, The Band. Ein Jahr später wurde der erste Earth Day ausgerufen, um das Bewusstsein für die ökologische Bedrohung des Planeten zu wecken. In New York City belagerten 100 000 Menschen den Öko-Jahrmarkt im Central Park, landesweit nahmen rund 20 Millionen Menschen an der Aktion teil.

Wie ist diese enorme Anziehungskraft zu erklären? Und warum waren die Hippies als eigenständige Bewegung Anfang der 1970er Jahre schon wieder weg vom Fenster – auch wenn ihre Nachwirkungen bis heute spürbar sind? Jede Zeit hat ihre eigenen Probleme. Bestimmte Themen sorgen für Wirbel. An den Nahtstellen der Gesellschaft gibt es Bruchstellen. Stimmungslöcher tun sich auf. Der Druck nimmt zu. Plötzlich taucht eine neue Idee auf, die bereitstehenden Gegenströmungen finden einen Weg, die angestauten Energien brechen sich Bahn. Eine Welle der Veränderung wird losgetreten, die die Gesellschaft tiefgreifend bewegt und umgestaltet. Dann scheinen die Probleme erst einmal gelöst – bis langsam wieder neue auftreten.

Die Bewegung der Hippie-Szene ist geradezu die Blaupause einer solchen gesellschaftlichen Veränderung. Wie eine unwiderstehliche Woge hat sie die Menschen damals in ihren Bann gezogen und die Verhältnisse zum Tanzen gebracht. In einer Zeit, als man vergangene Barbarei, explosive Weltlage und sich abzeichnende gesellschaftliche Veränderungen unter einer Decke aus Wohlbehütetheit und Wohlstand verdrängte, kündigten die Hippies den verordneten Scheinkonsens auf und öffneten die Kultur damit radikal für Neues, Fremdes, Ungewohntes. Florale Spiralen, nackte Menschen und ein Meer aus Blumen überschwemmten die Gesellschaft in dieser Zeit mit einer neuen Freizügigkeit, die jedes Festhalten an Konventionen als Verkrampfung erscheinen ließ. Also ließ man los und ließ sich mitreißen.

Am Beispiel der Hippies zeigt sich, wie die Insiderkultur einer kleinen Gruppe von Gleichgesinnten eine derart starke Faszinationskraft entwickeln kann, dass sie die Werte und Anschauungen ganzer Gesellschaften umkrempelt. Der neue Spirit, die gemeinsame Gesinnung, drückt sich in eigenen Begriffen, Symbolen und Ritualen aus und erlaubt es zunächst einem kleinen Kreis, teilzuhaben, mitzumachen und sich zu begeistern. Die Gemeinschaft schließt sich erst einmal ab vom allgemeinen System und baut sich eine Art Gewächshaus für ihre ganz eigene Steigerungsdynamik. Sie beginnt mit der Kulturproduktion und schafft sich ein sinnlich-geistiges Erregungsmuster, das die Community emotionalisiert und immunisiert – und gleichzeitig scharenweise neue Mitglieder anzieht. Der neue Spirit wird fühlbar, sichtbar, hörbar und greifbar. Galionsfiguren verkörpern ihn und bieten Identifikationsflächen. Der neue gemeinsame Geist tritt in die Welt, um sie zu verändern, um ihr einen neuen Anstrich zu geben: im Falle der Hippies einen sehr bunten.

Der gemeinsame Geist der Hippies wurde relativ früh durch einen ihrer Vordenker, Allen Ginsberg, in einer wirkungsmächtigen Formel auf den Punkt gebracht: Flowerpower. Die Menschen, die sich in dieser Szene zusammenfanden, formierten eine Bewegung, die dem grassierenden bürgerlichen Spießertum genauso kraftvoll wie gewaltlos entgegentrat. Auch die Hippies beginnen mit einer extremen Abkehr vom Bestehenden. Ihr Aufruf auszusteigen, ist ein Aufbegehren gegen den Krieg in Vietnam, gegen die allgemeine betonköpfige Naturvergessenheit und gegen die bürgerliche Biederkeit der Vorgängergeneration mit ihren engen Vorstellungen über Geschlechterrollen, Sexualität und Lebenslust. Ausgehend von den eher intellektuellen Beatniks, den Bohemiens des Jazz, zu denen auch Ginsberg gehörte (und deren Anhänger Hipster genannt wurden), entwarfen die Hippies ein anarchisches, lust- und spaßbetontes Gegenbild zur kleinbürgerlichen Kultur der Besitzstandswahrer und Moralapostel und spielten das Hippe, Angesagte gegen das Konservative, Überholte aus. Sie sahen sich selbst als Gegenkultur, der es um ein Aufweichen und Auflösen der verkrusteten Gesellschaftsformation ging. Das persönliche wie das gesellschaftliche Leben sollte nicht länger von kapitalistischem Egoismus, globalen Machtansprüchen und kleinkarierten Anstandsvorschriften beherrscht werden. Das übergreifende Motto musste lauten: »All you need is love!«

Die Hippies verstanden sich in ihrem Flowerpower-Spirit als Befreiungsbewegung. Das erklärt ihre massiven Koventionsbrüche, breit gestreuten Provokationen und ihren bis zur Naivität reichenden, aber für alle großen Neuerungen unentbehrlichen Idealismus. Die Hippies begnügten sich nicht damit, Drogen zu nehmen, zu demonstrieren und das *Kamasutra* praktisch zu erproben, sie proklamierten und sie zelebrierten ihren Lebensstil. Im Grunde taten sie alles, um die Spießergesellschaft auf die Palme zu bringen, ein Stück zurückzudrängen und auf diese Weise eigene Freiräume zu besetzen. In dieser Umdeutung des Negationsaktes lag ihre eigentliche Stärke. Aus der Geborgenheit der neuen mentalen Heimat konnte man gegen Vietnam, gegen Moralzwänge, gegen die atomare Bedrohung, gegen die Unterdrückung der Frauen, gegen Umweltverschmutzung und gegen eine streng reglementierte Sexualität vorgehen. Und das Ganze war ein psychedelisches Fest! Man kann sich die Anziehungskraft vorstellen, die ein solches Reich an Selbsterfahrungsmöglichkeiten ausübte. In den 1960er Jahren war der Hippie-Spirit ein Identifikationsangebot, das die wenigsten ablehnen konnten.

Zwar setzte sich der ursprüngliche Selbstverwirklichungsfokus der Szene schwerpunktmäßig in den USA und England durch. Doch auch die viel politischere Ausprägung der Hippie-Idee in Deutschland und Frankreich ist im Grunde demselben Geist verpflichtet. Hier wie dort identifizierte man sich mit der Ablehnung der alten Gesellschaftsform und der Abkehr vom genormten Leben, hier wie dort sah man in der sanften Blumenseligkeit eine begehrenswerte mentale Heimat und begeisterte sich für die neue erfahrungsintensive Lebenslust.

Der Widerspruch zwischen den Begriffen »Flower« und »Power« sorgt für die Kraft und Einprägsamkeit der Hippie-Formel. Es zeigt sich darin aber auch eine interne Spannung der Geistesgemeinschaft. Auf der einen Seite will die Bewegung so offen, tolerant und sanft sein, wie es das Bild der Blume ausdrückt, auf der anderen Seite muss sie in sich geschlossen, intolerant und offensiv sein, um ihrer Lebensphilosophie überhaupt ein Feld zu bereiten. Schließlich galt es, sich in einer verkrusteten Gesellschaft und gegen eine verklemmte Vorgängergeneration abzugrenzen und durchzusetzen. Um für Frieden und Liebe einzutreten, mussten die Hippies mit Macht gegen das Establishment vorgehen und dabei oft gegen das verstoßen, was sie sich auf die Fahnen geschrieben hatten.

Ein ähnlicher Widerspruch findet sich bei ihrem Mindset.

Natürlich konnte es kein Hippie-Gesetzbuch geben oder irgendwelche formellen Proklamationen von Grundsätzen wie bei Luther, denn man versuchte sich ja gerade von allen Vorschriften und Konventionen zu befreien, predigte das Ungezwungene, Ungebundene und Zügellose. So wurde das Loslassen zum ungeschriebenen Gesetz. Hundertprozentige Hippies fürchteten geringste Anzeichen von Spießigkeit wie der Teufel das Weihwasser und reagierten darauf mit größter Intoleranz. Es waren eher Slogans, die widerspiegelten, wo das Hippietum aufhörte und die Spießigkeit anfing. Der Spruch »Trau keinem über 30« machte deutlich, dass man die Kraft zum Wandel und die notwendige Naivität zum Aufbruch in eine gewaltfreie und bewusstseinserweiterte Gesellschaft ausschließlich in der Jugend sah. Er brachte die grundsätzliche Verdächtigkeit einer mit dem Weltkrieg – und in Deutschland mit dem Nationalsozialismus – infizierten Generation auf den Punkt. Der Slogan »Freiheit statt Eigentum« zog eine klare Grenzlinie zwischen den Besitzenden und den Beflügelten. Die anderen erschienen als Besitzstandswahrer geistig ebenso immobil wie die Häuschen, in denen sie lebten. Sie waren reaktionär und imperialistisch und damit schuld an Krieg, Ausbeutung und Unterdrückung. Man selbst konnte sich völlig frei bewegen, da die eigenen Füße nicht in das Fundament aus Verantwortung und Verpflichtung eingegossen waren, das einen auf den bestehenden geistigen Status festlegte. Sicherheit bot die eigene Gegenkultur mit ihren Regeln, Begriffen, Symbolen, Idolen und Ritualen.

Besonders geeignet, die verkrusteten Moralvorstellungen der prüden 1950er Jahre durcheinanderzuwirbeln, war die Praxis der sogenannten freien Liebe. Dazu muss man sich nur vergegenwärtigen, dass zu jener Zeit in den Familien-Sitcoms der Vereinigten Staaten Schlafzimmer praktisch nicht vorkamen.

Nun wurde plötzlich verdächtig, wer Liebe mit andauernder Zweisamkeit verband: »Wer zweimal mit dem Gleichen pennt, gehört schon zum Establishment.« Im Umkehrschluss wurde der Beischlaf aus ideologischen Gründen zum ehernen Gesetz. Um der Spießigkeit möglicher Monogamie zu entgehen, hieß es, regelmäßig grundlos wechselnd zur Sache zu kommen.

Die Grenzen zum Spießertum waren also durchaus geregelt, und so verhielt es sich auch mit dem Grenzübergang. Um in den Bereich der Kernwerte »Love, Peace & Happiness« vorzudringen, musste der Bruch, die Abkehr erfolgen, erst dann konnte man Mitglied der Szene werden. So kam es, dass bei den Hippies jeder Akt der Liebe zugleich auch einer des Protests war und jedes Peace-Zeichen ein Angriff gegen die Generation der Kriegstreiber. Jeder Zentimeter Haarwuchs bei den zunehmend langhaarigen Männern fühlte sich an wie ein Zuwachs an Meinungsfreiheit. Die Hippies lebten von der Provokation, und vermutlich liegt ein wesentlicher Grund für das Ende ihrer Szene in ihrem weitflächigen Siegeszug: Provokationen, die vertraut werden, sind keine mehr. Schon bald begann das Bürgertum seinen Alltag mit Hippie-Kultur zu verschönern. Die Grenzen wurden unklar, die ungeschriebenen Gesetze waren nicht mehr anwendbar.

Den Titel »Love Generation« erhielten die Hippies von einem ihrer größten Feinde: dem damaligen Polizeichef von San Francisco, Thomas Cahill, der sich in einer Art Verteidigungskrieg gegen die Blumenkinder sah, die regelmäßig aus der ganzen Welt in das Viertel Haight-Ashbury einfielen und zwischen den viktorianischen Häusern alles aus den Fugen brachten. Nach der Lost Generation der 1920er und der Beat Generation der 1950er war eine Generation herangewachsen, die offenbar die globalen Missstände auf einen generellen Zuneigungsmangel zurückführte und Liebe als Universalschlüssel zur Lösung aller persönlichen und Weltprobleme ansah. Damit war durchaus auch die Liebe zu sich selbst gemeint. Die »Freaks« entdeckten das Irrationale und Spirituelle, die Natur und den Instinkt. Als Aussteiger und Alternative experimentierten sie damit, spontan in den Tag zu leben. Zu einer zentralen Vokabel des Hippie-Wortschatzes wurde der Begriff »Selbstverwirklichung«.

Ein wichtiges Mittel, diese zu erreichen, war die »Bewusstseinserweiterung«. Durch Drogen, Psycho- oder Meditationstechniken, ungewohnte Erfahrungen und eine veränderte Lebensweise erkundete man bis dahin unzugängliche Bereiche des eigenen Bewusstseins und im Westen unbekannte Felder auf der großen spirituellen Landkarte. Man konnte mit einem Mal Dinge sehen, für die man vorher nicht empfänglich gewesen war, man erfuhr tiefe Wahrheiten, die außerhalb des Vorstellungsbereichs gelegen hatten, und erlangte auf diese Weise die Freiheit, aus den einengenden Zwängen auszubrechen, gewann die Unabhängigkeit, sich selbst zu finden und auszuleben. Vor allem die Spiritualität bot eine Alternative zu dem ansonsten unhinterfragt herrschenden Weltbild aus Materialismus und Konsumismus. Die begriffliche Verbindung von »Bewusstseinserweiterung«, »Selbstverwirklichung« und »Spiritualität« umreißt die Entwicklungsprogrammatik der Hippies für den Einzelnen und bildet den geistigen Kontrapunkt zur emotionalen Blumenglückseligkeit der Love Generation. Beide Haltungen ließen sich zu einem ganzheitlichen Abwendungsprogramm verbinden, mit dem man weit unter die gesellschaftliche Oberfläche in den befreienden Underground abtauchen konnte.

Dem »Tune-in« dienten diverse Rituale, bei deren Hervorbringung die Hippies einmal mehr die von ihnen gewohnte Kreativität unter Beweis stellten. Die Underground-Zeitschrift

Berkeley Barb wertete die exponentiell wachsende Zahl von Sit-ins, Love-ins und Be-ins als »Wegbereiter und Zeichen der spirituellen Revolution«: »Vereint werden wir das Land mit Wogen der Ekstase und Reinigung überschwemmen, die Angst wegwaschen, die Ignoranz dem hellen Licht der Sonne aussetzen. Profit und Macht werden an einsamen Stränden verscharrt, Gewalt in Rhythmus und Tanz verwandelt.« Die ungezwungenen Zusammenkünfte erhielten eine Bezeichnung in der szeneeigenen Sprache, sie wurden in ein Konzept integriert und so mit Sinn aufgeladen und für die Bewegung vereinnahmt. New-Age-Techniken der »Open Mindedness«, von Yoga, Meditation über alle mögliche Esoterik bis hin zur Gestalttherapie, trieben die Selbstentfaltung voran. Jede dieser Veranstaltungen, jede Party war zugleich eine Demonstration der gemeinsamen Sache: »Love, Peace & Happiness«.

Das Zeitalter der Hippies wimmelte nur so von Idolen. Man konnte sich praktisch nach eigenem Gusto Leitbilder für seinen ganz individuellen Hippie-Weg zusammenstellen. Neben den berühmten Rockgruppen und Filmstars, legendären Kommunen, Dichtern und Vordenkern gab es auch abgedrehte Esoteriker, exzentrische Freaks und selbsternannte Gurus. Eine Mischung aus alledem waren die ersten Hippies in Hollywood, eine Art Varietétruppe aus den Leitfiguren Vito, seiner Frau Zsou und Captain Fuck, dazu ungefähr 35 Tänzern, denen es, Zeitzeugen zufolge, vor allem um »freien Tanz und Sexorgien« ging. Wie bereits die selbstgewählten Namen zeigen, ließ die Gruppe jedwede Regelkonformität vermissen und lebte dem Rest der Community die maximale Ungezügeltheit vor.

Als heller Leitstern des Hippie-Kosmos trug Allen Ginsberg mit seinen Schriften und Kommentaren Wesentliches zu den theoretischen und poetischen Fundamenten der Szene bei. Als

Vordenker war der alte Beatnik praktisch der Gegenpart zur bloßen Befreiung um ihrer selbst willen. Er brachte den Menschen seine Gedanken nahe und legte ihnen die Worte in den Mund, nach denen sie gesucht hatten. Das machte er auf zeittypische Weise auch gerne live und in publikumswirksamer Aktion. Im Sommer 1965 brachte er die Hippie-Bewegung nach London, als er unter dem Motto »Poets of the world, poets of our time« eine Dichterlesung vor 7000 Leuten mitorganisierte. Alle Gäste bekamen am Eingang von Mädchen in langen Omakleidern und mit psychedelisch bemalten Gesichtern Blumen überreicht. Ein Entree, das die neugierigen Gäste an Ort und Stelle für die Bewegung gewann. Der Auftritt des Chefpoeten blieb zwar hinter den Erwartungen zurück – er war betrunken und las erbärmlich –, aber die Zuhörer waren sich selbst genug. Das Idol hatte geladen, und das neue Erregungsmuster hatte funktioniert. Die Gäste trugen ihre Begeisterung nach England hinein, und Ginsberg wurde seiner Rolle wieder gerecht, indem er ein Magazin mit dem programmatischen Titel *Long Hair* herausbrachte.

Timothy Leary, zu dieser Zeit bereits Mitte vierzig, war weniger ein praktisches oder poetisches Vorbild als eine Art prophetischer Geburtshelfer für die Geistesgemeinschaft. Noch als ernsthafter Wissenschaftler und anerkannter Psychologieprofessor in Harvard hatte er sich mit den damals gängigen Therapiemodellen auseinandergesetzt. Seine Bemühungen um effektive Alternativen führten ihn zu einer intensiven Auseinandersetzung mit der Halluzinogen-Forschung, und der erste Trip schien die Lösung zu verheißen: »Dieser eine blitzartige, flüchtige Blick in den zellulären Zeittunnel verändert einen vollkommen. Man ist nie mehr derselbe, wenn sich der Schleier gelüftet hat.« Ausgehend von diesem Erlebnis, führte er noch an seiner Universität einen systematischen Test mit 400 sorgfältig ausgewählten Probanden durch. Die Ergebnisse der Studie: 90 Prozent der Teilnehmer wollten das Trip-Erlebnis gerne wiederholen, 83 Prozent gaben an, tiefere Einblicke gewonnen zu haben, und 62 Prozent meinten, ihr Leben habe sich durch die Erfahrung zum Besseren verändert – eine Art Erweckungsergebnis, das den gesamten Kreis um Leary in eine Art Gründerzeitrausch versetzte. Quasi als Weltveränderungszentrum wurde die IF-IF (Internationale Förderation für innere Freiheit) gegründet, was zwangsläufig und ziemlich unmittelbar zu Learys Rausschmiss führte. Doch der Stein war ins Rollen gebracht und ließ sich nicht mehr aufhalten. 1965 hatte LSD weltweit über 4 Millionen Konsumenten. Leary, der seine Drogenstudien unbeirrt privat weiterbetrieb, erhielt den endgültigen Nimbus als streitbares Idol, als massive staatliche Verfolgung einsetzte und er wiederholt wegen Drogenbesitzes inhaftiert wurde. Richard Nixon bezeichnete ihn als Staatsfeind Nummer eins. Noch bei seinem Tod 1996 wurde Leary dem eigenen Image gerecht: Er verfasste eine Anleitung zum Sterben als Selbsterfahrung und ließ seine Asche mit einer Rakete ins All schießen.

Um sich vom spießbürgerlichen Rest der Gesellschaft abzugrenzen, legten die Hippies großen Wert auf ihren symbolischen Kosmos. Im gleichen Maße, in dem alles als Ausdruck von Protest und Spiritualität erschien, wurde auch alles eine Frage des Stils. Die langen Haare der Männer waren nicht nur Symbol der Unangepasstheit, sie waren auch Teil einer großen Modewelle, die die ganze Welt in neue Farben, Formen und Schnitte tauchte. Trug man zuvor, nicht nur in England, nach seinem letzten Schultag einfachen Anzug, Hemd und eine dünne Krawatte, dazu einen konventionellen Haarschnitt, machte sich als Gegenwehr zu den einspurigen Konventionen zunächst einmal modischer Anarchismus breit. Man konnte tragen, was man wollte. Es wurde wild kombiniert, tollkühn experimentiert und mutig zur Schau gestellt.

Auf Hippie-Märkten und in den Hippie-High-Streets belieferte man sich gegenseitig mit Selbstproduziertem von Holzperlenketten bis zu Batik-Shirts und sorgte auf diese Weise für ein kleines Grundeinkommen. Zur wichtigen Bezugsquelle wurden Secondhandshops, je nostalgischer und theatralischer, desto besser. Die Diktatur der großen Modehäuser war gebrochen. Die ließen sich jetzt eher vom Wandel der Szene bestimmen als umgekehrt. Zum modischen Mekka avancierte die Kings Road in London, wo man konsequent fortsetzte, was sich stilistisch von San Francisco aus verbreitet hatte: lange Omakleider, Batik, selbstgemachte Klamotten, psychedelische Muster, Ethno-Einflüsse, Regenbogenfarben, dazu Blumen im Haar und barfuß gehen.

In dem neuen Stil-Cocktail fand der gemeinsame Geist der Flowerpower modisch den passenden Ausdruck. Es fällt nicht schwer, aus ihm eine ganze Reihe symbolischer Bezüge herauszulesen: das Selbstgemachte, das Barfüßige und der Rückgriff auf schon Getragenes betonte die Unabhängigkeit von den Konsumvorgaben der Gesellschaft, die Ethno-Einflüsse und die Blumen im Haar unterstrichen die friedvolle Offenheit und das vollständige Anerkennen fremder Kulturen, die psychedelischen Muster, das Batiken und die Regenbogenfarben veranschaulichten die neue Lebensfreude und das erweiterte Bewusstsein.

In der Musik führte der gesellschaftliche Wandel unter Beimischung bewusstseinserweiternder Substanzen zu einer avantgardistischen Experimentierfreude, die Pop und Entertainment zur neuen Kunstform erhob. Immer abgedrehtere Sounds, poetische, persönliche, kämpferische Texte, hochartifizelle Bühnenshows und eine gewachsene Lust an der Inszenierung spiegeln das Spiel mit der eigenen Identität und dem eigenen Bewusstsein. Ob Dylan, die Stones oder die Byrds, die Protagonisten wussten auf der Haltungsklaviatur der Hippies von der Friedensbewegtheit bis zur Lustbefreitheit alle Tonlagen zu treffen – und zu verstärken. Bands wie Jefferson Airplane, die Doors, die Mothers of Invention mit Frank Zappa oder Pink Floyd erweiterten den Vorstellungsrahmen dessen, was Pop sein und wie er sich anhören konnte, durch das Zerschlagen klassischer Songstrukturen, das Einführen bis dahin nicht bekannter Instrumentierungen und durch die mehr oder minder unverhüllte musikalische Übersetzung von Drogen- und Sexerfahrungen. Auch in diesem Fall spielte die Musik die Rolle des Soundtracks der Szene, wurden Emotionen, Erlebnisse und Sehnsüchte in Töne und Texte gefasst und konnten bei jedem Auflegen der entsprechenden Platte zum Leben erweckt werden.

Das erste Mal in der Popgeschichte wurden Poster zum Leitmedium. Kaum etwas verbreitete, neben Plattencovern, die Hippie-Ästhetik so sehr wie die Ankündigungsplakate und -karten von Konzerten, Clubs und Festivals. Aus einer abstrusen Mixtur von Stilelementen wie den aufkommenden psychedelischen Lightshows, fliegenden Untertassen und Jugendstilgemälden entstand eine kosmische Bildlichkeit, die in völlig neue Sphären entführte. Underground-Zeitschriften, die Comics von Mr. Natural oder den Freak Brothers und zahlreiche Filme wie »The Trip« mit Peter Fonda, »Head« oder »Psych Out« komplettierten das Reservoir der stilprägenden Kulturmittel.

Mit dieser Vielfalt an Symbolen der Szene ist zugleich ein Problem bezeichnet, das neben dem Stumpfwerden ihrer Provokationen und dem Wandel von den Halluzinogenen zum Heroin den Untergang der Hippie-Kultur besiegelt hat. Indem die

Symbole inflationär auftraten, verloren sie ihren Wert für die Gemeinschaft. Der unglaubliche kommerzielle Erfolg brachte Nachahmer, Mitmacher und Trittbrettfahrer auf den Plan.

Zugleich sicherte er ihre Nachwirkung. Der Geist, die Musik und die ästhetische Mixtur der Blumenkinder sind bis heute anregend geblieben. Immer noch gibt es einzelne bekennende Hippies, auch wenn die Bewegung sich im Laufe der 1970er Jahre aufgelöst hat. Eine ganze Reihe von Geistesgemeinschaften hat die Love Generation beerbt, von den hedonistischen Bhagwan-Anhängern und den melancholischen Gothics bis zu den bunten Massen der Love-Parade. Vor allem sind die westlichen Gesellschaften, in denen die Hippie-Bewegung machtvoll war, nicht mehr dieselben wie vor dem »summer of love«. Der Underground, die Gemengelage der Subkulturen, ist ganz selbstverständlich zum Sinn- und Kreativitätspool der allgemeinen Kultur geworden. Die Sehnsucht, den eigenen Lebensstil zu finden und zum Ausdruck zu bringen, ist nicht wieder aus der Welt zu schaffen. Die langhaarigen Träumer waren die erste Jugendkultur, die sich nicht auf den Feierabend vertrösten lassen wollte. Sie haben sich ihren ganztägigen Freiraum erobert – und dabei die Gesellschaft verändert.

Die Reihen fest geschlossen.

Gefährliche Begeisterung.

Der Berliner Sportpalast war bis auf den letzten Platz vollgepackt, vornehmlich mit Gesinnungsgenossen. In den letzten 20 Minuten seiner fast zweistündigen brachialen Ansprache ging der Redner zu einer Abfolge von zehn rhetorischen Fragen über, und die Arena begann zu kochen. Stellenweise kam es zu Tumulten. Und als Goebbels die Frage stellte: »Wollt ihr den totalen Krieg?«, war ein einziges frenetisches »Ja!« die Antwort der versammelten Zehntausend. Was als Medienereignis inszeniert war, hat sich tief in unser kollektives Gedächtnis gegraben. Wenn auch sicherlich anders, als die Nationalsozialisten sich das gedacht hatten: nämlich als ein Moment der höchsten Begeisterung für etwas zutiefst Verabscheuungswürdiges.

Wie in einer Schreckreaktion kommen den meisten Deutschen automatisch Bilder wie diese in den Sinn, wenn es um Begeisterung im großen Stil geht. Hitler, wie er die Massen durch seine schneidenden Reden zu einem Sturm der Ekstase aufpeitscht, Tausende im Gleichschritt marschierende Soldaten, Fackelzüge und Lichtdome, die emotional aufgeladenen Szenen der »Wochenschau«. Und, gleich danach, zur Deportation zusammengetriebene Menschen, brennende Synagogen, Städte in Schutt und Asche. Spätestens seit der Sportpalastrede ist den Deutschen die Begeisterung grundsätzlich suspekt und zutiefst verdächtig. Ihr wird die Schuld gegeben, dass so viele sich damals verführen ließen. Begeisterung wird mit dem Rattenfänger von Hameln gleichgesetzt. Einer spielt die Flöte, und die anderen tanzen und folgen verblendet – natürlich in ihren Untergang, wohin auch sonst.

Begeisterung weckt archaische Instinkte, sie ist oft irrational und manchmal unkontrollierbar. Mitunter macht sie blind, man gerät in einen Sog und tut Dinge, die man mit wachem Verstand niemals vertreten könnte. Diese Gefahr ist nicht wegzudiskutieren. Das zeigt sich an fanatischen Selbstmordattentätern, die sich in der Gewissheit eines nachfolgenden Paradieses in Stücke reißen lassen und denen es völlig gleichgültig ist, dass sie unbeteiligte Passanten mit in den Tod ziehen. Das zeigt sich an gehirngewaschenen Sektenmitgliedern, die sich durch Abgabe ihres Egos in die selbstgewählte Sklaverei begeben und im Extremfall kollektiv in den Freitod gehen. Begeisterung erscheint in all diesen Fällen als das Gegenteil der Vernunft, als Verlust jedes Maßes, als freiwillige Aufgabe der eigenen Freiheit.

In Deutschland gilt deshalb seit sechs Jahrzehnten das Diktum der gemäßigten Begeisterung: Sie sollte, wenn, dann nur in homöopathischen Dosen verabreicht werden. Vor allem geht es darum, nicht von einem neuartigen Begeisterungsvirus befallen zu werden, das sich womöglich ungehindert ausbreiten könnte. Der logische Fehler dieser Betrachtungsweise besteht darin, nicht zwischen dem Faktum und dem Wofür der Begeisterung zu unterscheiden. Der Umstand der Verzückung, der Ekstase, des freudvollen Rausches wird unter moralischen Generalverdacht gestellt, obwohl er zunächst einmal unschuldig und neutral ist. Kinder begeistern sich am Türmchenbauen, Malen und Weihnachtsgeschenke auspacken. Menschen werden elektrisiert von Feuerwerken, Opern und Charity-Projekten. Die moralische Bedenklichkeit kann also kaum im bloßen Faktum der Begeisterung liegen. Eine ethische Bewertung muss bei dem ansetzen, wofür sich die Menschen entzücken und dann auch voller Vehemenz engagieren. Bei der Begeisterung für den Nationalsozialismus ist ja nicht die Begeisterung per se das Problem, sondern ihr Gegenstand. Hätten sich mehr Menschen damals für den Weltfrieden statt für den Faschismus begeistert, wären sie nicht für Hitler und Mussolini, sondern für die Idee einer Weltregierung zu Millionen auf die Straße gegangen, würde die Welt heute anders aussehen – und wir hätten vermutlich ein vollkommen anderes Verhältnis zu massenhafter Euphorie.

Niemand wird ernsthaft bezweifeln, dass Begeisterung eine enorme Macht entfalten kann, eine Macht, durch die Menschen auf einmal die merkwürdigsten Dinge tun. Natürlich kann Begeisterung so wie jede andere Macht missbraucht werden. Selbstverständlich kann sie desaströse Folgen haben und wie eine Waffe eingesetzt werden, deren ganze Programmierung auf Verführung, Vertuschung und Vernichtung eingestellt ist. Wenn sie in die falschen Hände gerät und für bedenkliche Zwecke angewandt wird, kann sie Verheerendes anrichten. Wenn sie primär der Zerstörung, Ausgrenzung und Verdammung gewidmet wird, potenziert sie die negativen Auswirkungen. Denn dann entlädt sie sich im Gegeneinander, in der Hetze, dem Hass, dem puren Machtmissbrauch. Dann heizen sich die Anhänger an der Niedrigkeit, Unterlegenheit und Verdammungswürdigkeit der anderen erst so richtig auf. Dann empfinden sie die größte Lust am Ressentiment, an der eigenen Überlegenheit durch Herabwürdigen des Widerparts. Begeistern kann man sich an der Zerstörung und am Morden genauso wie am Krieg und am grausamen Untergang. Tatsächlich scheint sogar das Bedrohliche, das Mysteriöse und Verderbliche eine besondere Faszinationskraft auszulösen. Der Begeisterung kann man also mit vollem Recht eine sehr dunkle Seite unterstellen.

Wie kaum ein anderer hat der Schriftsteller Ernst Jünger die Grenzgebiete der Begeisterung erkundet – und sich damit erbitterte Ablehnung eingehandelt: in der Weimarer Republik mit seiner emphatischen Schilderung der »Stahlgewitter« des Ersten Weltkriegs, in der Nazizeit mit seiner rebellischen Untergangsparabel *Auf den Marmorklippen*. Ein Muster zog sich wie ein roter Faden durch sein Leben: Für oder gegen was auch immer Ernst Jünger sich begeisterte, seine Begeisterung wurde zumeist als bedenklich eingestuft. Ob für den Krieg, für die Elite, für die Freiheit oder für Drogen wie LSD – es war fast immer das Gegenteil von dem, wofür sich die anderen gerade erwärmen konnten. Vor allem die Erlebnisintensität des Krieges hat kaum jemand so ausdrucksstark und gleichzeitig provokativ wertfrei gefasst wie Jünger. Seine Kriegstexte zeigen »jenseits von Gut und Böse«, wie die Konfrontation mit dem Tod einen Erlebensrausch auslösen kann, der dem Leben eine völlig neue, tiefe und mitreißende Qualität gibt. In *Der Kampf als inneres Erlebnis* verquicken sich Begeisterung und Untergang zu einem expressionistischen Einheitserlebnis: »Da reißt die Begeisterung die Männlichkeit so über sich hinaus, daß das Blut kochend gegen die Adern springt und glühend das Herz durchschäumt. Das ist ein Rausch über allen Räuschen, Entfesselung, die alle Bande sprengt. Es ist eine Raserei ohne Rücksicht und Grenzen, nur den Gewalten der Natur vergleichbar. Da ist der Mensch wie der brausende Sturm, das tosende Meer und der brüllende Donner. Dann ist er verschmolzen ins All, er rast den dunklen Toren des Todes zu wie ein Geschoß dem Ziel. Und schlagen die Wellen purpurn über ihm zusammen, so fehlt ihm längst das Gefühl des Übergangs. Es ist, als gleite eine Woge ins flutende Meer zurück.«

Mit solchen Texten hat Ernst Jünger die Urgewalt der Begeisterung hervorragend ausgedrückt, die ozeanischen Gefühle, die

Intensität, die ihrer Steigerungsdynamik geschuldet ist und einen bis ans Äußerste trägt. Aber ist er deshalb ein Apologet des Bösen? Die Ehrbegriffe von damals sind uns fremd geworden, die Kriegsbegeisterung ist uns heute unverständlich, und wir interpretieren sie als Manipulation. Aber nicht nur die Literatur von Homer bis Shakespeare behandelt ganz wesentlich Heroen und ihre Kämpfe – bis heute faszinieren Comics, Computerspiele und Spielfilme mit diesen Grundmotiven. Hier wird eine wichtige Seite der menschlichen Antriebskraft und Leidenschaft abgebildet. Die Gefährlichkeit, die Jüngers Text und der Kontext, in dem er entstanden ist, deutlich machen, ist die prinzipielle Blindheit der Begeisterung. Das ist ein Faktum und durchaus nicht immer von Nachteil: Gerade weil aufwogende Euphorie blind macht, lässt sie einen im Moment des Anfangs nicht all die Hindernisse und Probleme sehen, die auf dem Weg zu etwas lauern könnten. Manchmal braucht es einfach den Rausch der Emotionen, der einen Dinge mit uneingeschränkter Kraft verfolgen lässt. Hier liegt unbestreitbar ein Risiko, aber die Grenze zwischen der hellen und der dunklen Seite der Begeisterung verläuft anderswo.

Bei Gruppierungen des politischen Extremismus wie den Neonazis und rechten Skinheads herrscht ein breiter Konsens über ihre fehlende Tragbarkeit für die Gesamtgesellschaft, ebenso bei den Triaden, der Camorra und der Mafia im Bereich der organisierten Kriminalität. Im Bereich der spirituellen Sekten stuft man radikale Satanisten, Sonnentempler und die Colonia Dignidad als bedenklich ein, so wie im Bereich der terroristischen Netzwerke die RAF, al-Qaida oder die IRA. Und diese Einschätzung erscheint vernünftig. Es wird sich allerdings noch zeigen, dass eine rationale Begründung für die Grenzziehung zwischen akzeptablen und nicht akzeptablen Geistesgemeinschaften nicht so leicht zu ziehen ist, wie uns schnell aufwallende Emotionen nahelegen. Deshalb zunächst eine Klärung der Frage: Wie kommt es, dass einzelne Gruppen wie die genannten, sich einer Mission verschreiben, die die Grenzen der Mitmenschlichkeit so eindeutig, drastisch und offensichtlich überschreitet?

Der vielfach zitierte und verfilmte Roman *Die Welle* zeigt das Überschreiten dieser Grenze wie in einer Versuchsanordnung. Morton Rhue greift in seinem Buch 1981 auf den damals 15 Jahre zurückliegenden Unterrichtsversuch eines kalifornischen Geschichtslehrers zurück, der seinen Schülern die Wirkungsweise des Nationalsozialismus eindringlich vor Augen führen wollte – und damit erschreckenden Erfolg hatte. Zunächst beginnt alles wie beim »Club der toten Dichter«: Der charismatische Lehrer gründet einen Bund, der von den begeisterten Mitgliedern den Namen »Die Welle« erhält. Aber von Anfang an herrscht hier ein anderer Geist: Nicht das Individuum steht im Mittelpunkt, sondern das Kollektiv, nicht Entfaltung, sondern Macht. Rituale werden nicht selbst entwickelt, sondern vorgeschrieben und gedrillt. Die neue Gruppe bietet nicht einen geschützten Freiraum, sondern setzt die Anforderungen der Lehranstalt äußerst effektiv um. Anders als die drangsalierten britischen Internatsschüler sehen die in einem liberalen, konsumorientierten Klima aufgewachsenen amerikanischen Jugendlichen offenbar gerade darin eine verlockende Alternative zum Alltagstrott.

Ansonsten entwickelt sich auch hier das Geschehen nach den vertrauten Erregungsmustern und Steigerungsdynamiken. Durch die Grundprinzipien »Macht durch Disziplin!«, »Macht durch Gemeinschaft!« und »Macht durch Handeln!« etabliert der Lehrer einen gemeinsamen Geist, den er durch die Einführung von Ritualen und Symbolen ausbaut. Die Schüler müssen etwa bestimmte Haltungen einnehmen, besonderen Sprachgebräuchen folgen oder das Welle-Symbol nutzen. Innerhalb weniger Tage breitet sich das Experiment in einer großen Gemeinschaftseuphorie auf die ganze Schule aus. Fühlten sich zunächst viele Schüler durch die klar geregelte Gemeinschaft beflügelt und motiviert, tritt in einer zunehmenden Eigendynamik bald etwas anderes in Erscheinung: Ausgrenzung, Diskriminierung und Hass gegen Außenstehende und Kritiker. Die lichte Begeisterung an der neuen Energie schlägt um in die dunkle Begeisterung an der blinden Erniedrigung von definierten Gegnern. Das Aufgehen im Größeren fällt zusammen mit der Entwertung alles Außenstehenden.

Genau das haben die Gruppierungen des politischen Extremismus und der organisierten Kriminalität, spirituelle Sekten und terroristische Netzwerke gemeinsam: Die kollektive Abkehr vom Bestehenden mündet in totale Degradierung und Diffamierung der Außenwelt. Die eigene Gemeinschaft wird absolut gesetzt. Alles, was nicht dazugehört, ist für Kollateralschäden freigegeben. Außenstehende werden in der Wahrnehmung auf die Stufe von Tieren oder Dingen zurückgesetzt und ihrer Menschenrechte beraubt. Gewalt wird zum unbedenklichen Mittel, die eigene Machtausübung verliert jegliche Hemmung. Verstärkt wird auch diese Entwicklung durch den entstehenden Rückkopplungseffekt. Durch jede Abwertung der Außenwelt erhebt sich die Gruppierung über sie. Das Auskosten der gefühlten Überlegenheit glorifiziert das eigene Sein. Je mehr man vorführt, dass das Gegenüber ein Niemand ist, desto mehr beweist man sich selbst, dass man jemand ist. Jede Herabwürdigung der anderen wird so zu einer Verherrlichung der eigenen Gruppe – bis hin zum Größenwahn. Jeder Einwand oder Angriff von außen erscheint als Störfaktor des gemeinsamen Höhenflugs und lässt unmissverständlich gegen den Feind zusammenrücken. Die zunehmende Verabsolutierung der eigenen Gemeinschaft führt zur vollkommenen Entkopplung von der Allgemeinheit – von der größten aller Gemeinschaften, der der Menschen.

Die Begeisterung in einer Geistesgemeinschaft wird dann bedenklich, wenn diese sich nicht mehr als eine Gruppierung innerhalb der großen Gemeinschaft der Menschen sieht, sondern sich darüber stellt. Dann gehören alle anderen nicht mehr in den Kreis der Erwählten, und man kann sich an ihrer Diskriminierung delektieren, durch ihre Erniedrigung selbst erhöhen und ihre Exekutierung in Kauf nehmen. Ermuntert die Binnenmoral einer Geistesgemeinschaft eine solche Steigerungsdynamik, werden der Lust an Gewalt und Zerstörung Tür und Tor geöffnet. Die dunkle Seite der Begeisterung bricht sich Bahn. Dann kommt es zu Gewaltexzessen, Diktaturen und Massenhinrichtungen.

Alle Geistesgemeinschaften konstituieren sich durch ihre Abkehr vom Bestehenden, ob gute oder schlechte, unproblematische oder bedenkliche: der Club der toten Dichter in Auflehnung gegen die Autorität des Internats, die Arbeiterbewegung aus Protest gegen die herrschenden Arbeitsbedingungen und der Faschismus wie jede Law-and-Order-Bewegung in der Ablehnung eines angeblich bestehenden Chaos. Durch das Abschließen der neu entstehenden sozialen Gebilde gegen ihre Umwelt entsteht ein eigener Denkkosmos. Der bietet seinen Anhängern eine neue mentale Heimat, impliziert aber zugleich eine veränderte Perspektive, die von der allgemein anerkannten Sicht der Dinge grundsätzlich abweicht.

Die eigenen Wahrheiten bilden die Existenzgrundlage der neuen sozialen Gruppierungen. Sie definieren sich ja gerade dadurch, dass sie Dinge anprangern, die sonst gebilligt werden, dass sie ermöglichen, was sonst unüblich ist, dass sie Regeln aufstellen, die gegen die der Allgemeinheit verstoßen. Geistesgemeinschaften entstehen aus dem bewussten Konventionsbruch, und mit dieser Abkehr von den herrschenden Vorstellungen sind sie auf ihre eigenen Gesetze angewiesen. Deshalb wird die Begeisterung der Anhänger in der Regel durch Missachtung und Kritik von außen nicht gemindert, sondern durch Ablehnung noch angestachelt. Das ist bei Sekten und Syndikaten genauso wie bei Surfern und Sufisten. Jedes Mitglied einer Geistesgemeinschaft grenzt sich bewusst ab von dem, was alle machen. Es lebt nicht nach den Gesetzen der anderen, der Normalen, sondern nach denen seiner Community und wird damit jemand Besonderes, versteht sich eventuell sogar als Auserwählter.

Diese Eigengesetzlichkeit der sozialen, gegen eine Umwelt abgeschlossenen Systeme führt zum Phänomen einer Binnenmoral. Zur Aneignung der neuen Denkwelt gehört für den Anhänger einer Geisteshaltung das Annehmen neuer Moralvorstellungen. Die gewohnte, herrschende Moral wird gleichzeitig suspendiert. Das, was gemeinhin für gut oder böse gehalten wird, spielt keine Rolle mehr für den, der eine für ihn attraktivere neue mentale Heimat gefunden hat. Für ihn ist jetzt die Binnenmoral seiner Bewegung oder seiner Szene maßgebend. Lautet deren Credo »Macht kaputt, was euch kaputtmacht«, erzeugt das Werfen von Pflastersteinen plötzlich unbändige Begeisterung. Solche Begeisterung verstärkt sich, je mehr das entsprechende Verhalten von außerhalb der Szene oder Bewegung missbilligt wird. Denn je mehr sich die Öffentlichkeit gegen die Gesinnungsgenossen stellt, desto deutlicher macht sie aus Sicht der Anhänger die Notwendigkeit zur Abkehr vom Bestehenden. Die Abgrenzung vom Allgemeinen wird hautnah erlebbar. Gerade die Spannung mit der Gesellschaft verstärkt das Begeisterungsvermögen der Anhänger.

Man kann auch andersherum ansetzen. Geistesgemeinschaften versorgen die Geistesverwandten mit einer Vielzahl von Benefits: mit einem eigenen Statussystem, in dem die Mitglieder unabhängig von der Gesellschaft aufsteigen können, mit umfangreichen Möglichkeiten der Mitgestaltung, etwas zu bewegen, mit einem beflügelnden Zugehörigkeitsgefühl zu etwas Größerem und einem deutlichen Angebot an Lebensinhalt. In einem solchen klar abgesteckten Rahmen wird es im besten Falle einfacher, die eigene Identität zu finden und auszuleben sowie eigene Ziele zu erreichen. Der Preis, der für diese Vorteile fällig wird, ist – abhängig von der Gruppierung und in unterschiedlichem Maß – die Abnabelung von der Welt außerhalb, mental, emotional und eben auch moralisch. Je mehr sich das Mitglied mit der Gemeinschaft identifiziert und je umfassender deren Anspruch ist, desto weniger glaubt es Außenstehenden in ihrer Weltsicht, desto weniger wird es berührt von dem, was außerhalb der Gruppe passiert, und desto weniger ist es daran interessiert, was dort für gut und für schlecht gehalten wird. Dies kann bis zum totalen Abschluss von der Außenwelt führen.

In der idealen Welt von Shangri-La etwa verkehrt man nur noch unter seinesgleichen, und die Konflikte »von draußen« dringen nicht einmal mehr als Information in das abgelegene Refugium. Die Menschen in der fiktiven Enklave haben ihre eigene Weltsicht. Ihr Denken und Fühlen ergibt sich ausschließlich aus ihrem Zusammenleben, und ihre Lebensregeln haben nichts mehr mit den Gesetzen der Staaten zu tun, aus denen sie ursprünglich stammen. Jedes Kloster, jede Kaste, jeder Geheimbund und jede politische Gruppierung funktioniert da mehr oder weniger ähnlich. Sie alle definieren bis zu einem gewissen Grad ihre eigene Wirklichkeit, pflegen ihr eigenes Erregungsmuster und folgen ihrer spezifischen Binnenmoral. Auch die eingefleischten Surfer scheren sich wenig um das normale Leben. Sie leben in ihrer eigenen Welt und folgen ihren eigenen Gesetzen. Und daran ist auch nichts auszusetzen. Die einzelnen Gemeinschaften schaffen auf diese Weise kollektive Freiräume und individuelle Ausweichmöglichkeiten und tragen maßgeblich zur sozialen Hygiene in jeder Gesellschaft bei. Jeder soll seine Nische nach seinem Gusto und seinen Präferenzen in einem gewissen Rahmen ausleben können.

Der springende Punkt ist, wo dieser Rahmen überschritten wird. Wann gerät ein Kollektiv derart mit der Allgemeinheit über Kreuz, dass deren Toleranzschwelle überschritten ist? War das in der frühen Bundesrepublik schon bei den Achtundsechzigern und den von ihnen initiierten Unruhen der Fall oder erst bei der Roten Armee Fraktion? Ab wann waren die Nationalsozialisten als nicht mehr tolerabel erkennbar? Ab wann muss man gegen eine Sekte vorgehen? Die Grenze ist nicht einfach zu ziehen. Auch die Freimaurer in der Zeit der Aufklärung, die Hippies in den 1960er Jahren und die demonstrierenden chinesischen Studenten vom Platz des Himmlischen Friedens haben sich massiv gegen die umgebende Allgemeinheit gestellt. Die Kämpfer der Résistance und die Hitler-Attentäter waren eindeutig in der Minderheit und suchten doch ihren Moralbegriff gegen die Mehrheit durchzusetzen. Und der Club der toten Dichter, dem unsere ganze Sympathie gehört, wird gnadenlos abgestraft, weil er gegen die Regeln des Internats verstoßen hat. Wie soll man also entscheiden, welche Moral die richtige ist und wann Begeisterung für etwas fragwürdig und problematisch wird?

Zunächst einmal brauchen wir eine hohe Toleranzschwelle und eine prinzipielle Bereitschaft für Begeisterungen der unterschiedlichsten Art. Da haben wir in unseren kühl temperierten

Breitengraden durchaus Nachholbedarf. Die Bindungskraft einer Gesellschaft zeigt sich auch an dem Maß, in dem sie sich von ihren Bürgern herausfordern und in Frage stellen lässt. Ihre Stärke beweist sie, indem sie soziale Bewegung nicht unterbindet, sondern für Innovation und Weiterentwicklung fruchtbar macht. Viele Geistesgemeinschaften versuchen, ihre Binnenmoral über die der Gesellschaft, in der sie leben, zu stellen und sie in ihrem Sinne zu verändern und neu zu gestalten. Ihre Anhänger begeistern sich gerade am Anderssein und wollen am liebsten die ganze Welt dazu bekehren. Soziale Bewegungen definieren sich dadurch, dass sie die Durchsetzung einer anderen Gesellschaftsform anstreben. Das mag zwar manchmal fragwürdige Blüten treiben, es ist jedoch die notwendige Bedingung für gesellschaftlichen Fortschritt und soziale Anpassung.

Gleichzeitig brauchen wir eine offene gesellschaftliche Verständigung darüber, wo gegebenenfalls auch einmal Grenzen zu ziehen sind. Eine solche Diskussion muss aber auf einer grundlegenden Akzeptanz der schwer kontrollierbaren, teilweise blinden und vielleicht spleenigen Ausformungen der Begeisterung beruhen. Das einzige harte Ausschlusskriterium, das universell auf Begeisterungsphänomene und die sich um sie gruppierenden Gemeinschaften anwendbar erscheint, ist der Verstoß gegen die grundlegenden Menschenrechte. Der andere, auch wenn er zu einer anderen Gruppe gehört, muss als jemand anerkannt werden, der prinzipiell so ist wie man selbst, als jemand, der trotz aller Unterschiede in Geist und Haltung der gleichen Gemeinschaft angehört, nämlich der Gemeinschaft der Menschen.

Was wir nicht länger brauchen, ist eine fortgesetzte Sedierung jeder Form von Engagement und Euphorie. Gerade weil Skepsis stark ausbremst, kann sie nicht an jeder Stelle und zu jeder Zeit das Allheilmittel zur Lösung von Problemen sein. Wer wäre denn freiwillig in völlig unbekannte Gebiete vorgestoßen, wenn er nicht von der Entdeckung neuer Orte und Möglichkeiten beseelt gewesen wäre? Wer würde denn für den Kampf um Freiheit sein Leben riskieren, wenn er von dieser Idee nicht vollkommen besessen wäre? Die Rücksichtslosigkeit, die in der Begeisterung steckt, birgt nicht nur Risiken. In ihrer Fokussierung aller Energien liegt auch die enorme Fruchtbarkeit der Begeisterung und ihre große gestalterische Kraft.

Rückblickend kann man die Bilanz der Begeisterung zumindest als ausgeglichen betrachten: Sie hat Schlimmes noch schlimmer gemacht, mit ihr wurde viel Schindluder getrieben, umgekehrt hat sie Großes ermöglicht und bedeutende Beiträge zur Bildung einer lebenswerten Gesellschaft geleistet. Der Glaube, durch Bekämpfung der Begeisterung könne man sich vor Übertreibungen, Entgleisungen und Verführungen schützen, ist verfehlt. Denn er führt zwar zu einer grundsätzlichen Abkühlung aller Emotionen und Ideale. Er führt aber in der Konsequenz auch zu Antriebslosigkeit, Lethargie und Stillstand. Das Einzige, was dann bleibt, ist Wohlstand und Unterhaltung. Der Elan zur Bewältigung von Krisen bleibt auf der Strecke. Eine Haltung, die wir uns nicht mehr leisten können.

Vielleicht würden ohne fehlgeleiteten Enthusiasmus weniger Diktaturen entstehen, ganz sicher gäbe es ohne Begeisterung aber auch nicht die Revolutionen, die die Diktatoren stürzen. Ohne sie gäbe es keinen Fanatismus, keine Sekten, keine Terrorgruppen und keine Weltbemächtigungsfantasien. Ohne Begeisterung gäbe es aber auch keinen gesellschaftlichen Fortschritt, keine gemeinsame Euphorie und kein nachhaltiges Engagement für gute Zwecke. Wir hätten ohne Gandhi und Gorbatschow auskommen müssen, ohne Kirchen und Rotes Kreuz. Es gäbe weder

Idealisten noch Aktivisten. Ohne Begeisterung zu sein, ist so, wie ohne Macht zu sein. Mit ihr kann man zwar vieles falsch machen, aber ohne sie kann man kaum etwas anfangen.

Idealistenglück.

Der innere Reichtum.

Enthusiastische Menschen sind für eine gewisse Zeit einfach glücklich. Dann brauchen sie weder Reichtum noch Ruhm, sie leben aus vollen Zügen, was sie fasziniert, und sind sich damit selbst genug. Sie erleben jenes Flow-Gefühl, dass der Glücksforscher Mihaly Csikszentmihalyi in seinen vielen Büchern umschrieben hat. Leider hat er es weitgehend versäumt, die Bedingungen für die Möglichkeit dieses Gefühles freizulegen. Flow-Gefühle sind wie die Antworten in Glücksfragebogen eine Momentaufnahme, die nicht erklären, was ein glückliches Leben im Ganzen ausmacht. Die Addition einiger Begeisterungsmomente ergibt eben noch keine begeisternde Biografie.

Aber wie gelangt man zu einem dauerhaften Zustand von Beseeltheit, der Problemzonen und Rückschlagsgebiete überwindet, diesen sogar eine positive Bedeutung im Gesamtkontext der Idee eines gesteigerten Lebens geben kann? Die entscheidende Frage ist, welches Ziel ein Leben insgesamt haben muss, um ein erfülltes, gesteigertes und deshalb geglücktes zu werden. Welches Ziel gibt dem Leben eine Ausrichtung, die einem am Ende einen wunderbaren letzten Film beschert, prall gefüllt mit allem, was einen wirklich begeistert hat?

In der Geschichte der Menschheit lassen sich, wie der Philosph Otfried Höffe in seinem Buch zur Lebenskunst gezeigt hat, vier große Lebensziele ausmachen. Zu allen Zeiten hat die Mehrzahl der Menschen die Frage nach dem Lebensglück beantwortet, indem sie eines oder mehrere dieser Ziele zu erreichen suchte. Diverse interkulturelle Vergleiche zeigen allerdings die mangelnde Glückstauglichkeit dieser herrschenden Ausrichtungen und weisen bei allen vieren gravierende strukturelle Mängel nach. Zweifellos ist jedes für sich genommen anziehend, und ganz ohne sie wäre kein Leben zufriedenstellend. Nimmt man sie aber einzeln oder in Kombination als zentrales Lebensziel, stehen sie dem Glück im Wege. Im Anschluss kommt deshalb ein Minderheitenvotum mit alter Tradition ins Spiel, das als fünftes großes Lebensziel das Dilemma auflösen kann, wenn es an die primäre Stelle gesetzt wird.

Das erste dieser Ziele ist die Lust. Ein Genussleben voller Kulinarik, Erotik und Exzess führt zu einer Achterbahnfahrt. Gipfel wechseln sich notwendig mit herben Rückschlägen ab, nach jedem Rausch folgt der Kater. Die Lust als alles überbietende Grundausrichtung steigert die Abhängigkeit von äußeren Umständen bis zur Sklavenhaftigkeit. Sie fordert eine permanente Befütterung der eigenen Triebe. Darin ist sie zügellos und tendiert zur Sucht.

Beim Wohlstand, dem zweiten Ziel, werden Finanzkraft, Status, Sicherheit angestrebt. Die rein ökonomische Existenz führt zu einem indirekten Leben. Stetig steigert man das, was man tun könnte, vergisst dabei aber, was man tatsächlich tun kann. Die Wirklichkeit zerrinnt zwischen den Fingern. Der Grund: Mittel und Zweck werden vertauscht. Wohlstand soll dazu dienen, sich zu erfüllen, wovon man immer geträumt hat. Wird er zum Lebensinhalt, ist man vollauf beschäftigt, seine Schäfchen ins Trockene zu bringen, um dann voller Furcht darauf zu achten, dass sie dort nicht wieder ausbüxen. Schwund und Verlust erscheinen als Feinde, die man ein Leben lang bekämpfen muss. Auf der anderen Seite steht die bekannte Tatsache, dass mehr Geld ab einem bestimmtem Maß nicht mehr Glück bringt, sondern allenfalls zusätzliche Ansprüche.

Die dritte Orientierungsgröße ist die Macht. Das Ziel eines politischen Lebens besteht darin, sich höchste Positionen und große Gestaltungsmöglichkeiten zu verschaffen. Wie beim Wohlstand liegen auch hier die Faktoren der Zielerreichung nicht in der eigenen Hand. Die Macht verlangt einen mit Haut und Haaren. Sie pumpt das Ego auf wie einen Ballon, kann es aber ebenso schnell wieder platzen lassen. Zukunftsangst wird zum Dauerbegleiter, und man klebt an seinem Stuhl, solange es geht. Denn am Ende ist man vielleicht nicht mehr jemand, sondern nur noch irgendwer.

Ähnlich ist es mit dem letzten über alle Kulturen bekannten Lebensziel: dem Ansehen. Im Verfolgen des Ehrgeizes und der eigenen Eitelkeit kommt das Selbstbewusstsein auf seine Kosten, ein tolles Gefühl, das nach mehr verlangt. Mit jedem Erfolg, jedem Applaus, jedem neidischen Blick steigert sich aber auch die Abhängigkeit von etwas Äußerem, in diesem Fall von der Wertschätzung anderer.

Das strukturelle Problem von Lust, Wohlstand, Macht und Ansehen besteht darin, dass alle diese Lebensziele in hohem Maße auf die äußere Welt angewiesen sind und damit auf das Glück im Sinne glücklicher Umstände. Man braucht willige Sexualobjekte, Goldbarren im Tresor, gehorsame Lakaien und ein applaudierendes Publikum, um in einen angenehmen Gemütszustand zu gleiten. Da kann man schnell zum Spielball der Außenwelt werden. Und weil man um diese Gefahr weiß, wird man von einer ständigen inneren Unruhe geplagt, die man durch weitere Aktivität im Sinne der vier Ziele zu lindern versucht. »Ich befinde mich in einer Tretmühle, in der ich immer weiter laufen muss, damit mein Glücksempfinden gleich bleibt«, bringt Richard Layard das strukturelle Problem materialistischer Lebensziele auf den Punkt.

Als Materialist ist man auf die äußere Welt geeicht, auf Vermögen, die einem von außen zugeschrieben und nach außen unmittelbar sichtbar werden – die einem von außen aber auch schnell wieder genommen werden können, sei es durch Alter oder Krankheit, einen Börsencrash oder Regierungswechsel, durch Intrigen oder unglückliche Umstände. Man muss also ständig auf der Hut und aktiv sein, um diesen Gefahren zu begegnen und ihnen möglichst vorzubeugen. In der Antike wurde diese Lebensweise mit dem Bild eines Kreisels belegt, der sich ja nicht aus sich heraus dreht, sondern von äußerer Einwirkung in Gang gehalten wird. In rasender Geschwindigkeit kreiselt er herum, um überhaupt aufrecht stehen zu bleiben. Die kleinste Unebenheit bringt ihn zum Taumeln, was sofort ein erneutes Hochdrehen erfordert, um die Stabilität zu wahren.

Das Gegenbild zum Kreisel ist das Kaleidoskop. Von außen eher unscheinbar, entfaltet es seine ganze Pracht im Inneren. Die bunten Muster und Variationen formieren sich immer wieder neu, durch Bewegen des Kaleidoskops, aber auch durch Einflüsse von außen, die wie Inspirationen neue Bilder im Inneren erzeugen. Das Kaleidoskop schöpft dabei aus seinem inneren Reichtum. Es stellt immer neue ungeahnte Verbindungen her, führt zu ungekannten Bildern und Spektren. Es lebt aus sich heraus, seine Begeisterungsfähigkeit kommt von innen. Es existiert für sich, auf die Außenreize ist es nicht angewiesen. Es bleibt stabil, auch ohne dass es sich drehen und wenden muss.

Die Lösung des Problems kennen die Menschen seit Jahrtausenden. Dem Dilemma, bei der materiellen Fundierung des Lebens auf die äußeren Umstände und damit auf den Zufall angewiesen zu sein, entkommt man durch eine Wendung nach innen. Das fünfte und dem Lebensglück mit Abstand förderlichste Lebensziel ist die Kultivierung des Selbst. Lust, Wohlstand, Macht und Ansehen sind Beigaben zum Leben, Genussmittel, von denen man sich nicht ernähren sollte. Wahre Lebenskunst fängt bei der Sammlung von innerem Reichtum an. Der französische Philosoph Michel Foucault hat in seinem letzten veröffentlichten Band unter Rekurs auf die antiken Lebensschulen eine Rückbesinnung auf die »Selbstsorge« gefordert. Denn eine Investition in das Selbst kann nicht wieder verloren gehen, und der Einfluss, den man über sich selbst gewinnt, ist wertvoller als jede Macht über andere. Schließlich erweist sich die Begeisterung an Ideen und Gedanken schlichtweg als tiefgehender und nachhaltiger als die an Speisen oder Events.

Idealisten beschäftigen sich mit etwas, nicht weil dafür eine Belohnung winkt, sondern weil die Beschäftigung selbst für sie die Belohnung ist. Damit dienen die Idealisten ihrem Selbst. Sie fördern ihren inneren Reichtum, sie leben ihre Ideen und ihre Ideale, ganz unabhängig davon, was die Außenwelt davon hält oder dagegen hat. Auch beim Materialisten gibt es Momente, in denen seine Augen leuchten, etwa wenn er vor einem großen Schatz steht oder einer jubelnden Menge. Er läuft solchen flüchtigen Momenten permanent hinterher, der Idealist trägt sie dauerhaft in sich. Bei ihm kommt das Leuchten von innen, dadurch, dass er aus tiefster Überzeugung etwas lebt, das ihm selbst gerecht wird.

Für Aristoteles war die höchste Lebensform die vollkommene Ausrichtung auf die Gedankenarbeit. In weitestgehender Unabhängigkeit von der Außenwelt braucht man überhaupt nichts anderes mehr als seinen Kopf. Alles dient dazu, den inneren Reichtum zu fördern, sie ist reiner Selbst-Zweck in der doppelten Bedeutung des Wortes. In diesem Sinn waren die damaligen Philosophenschulen Geistesgemeinschaften, in denen man zwar auch Philosophie studierte, in erster Linie aber das erfüllte Leben lernte. Staatstragend oder produktiv im Sinne der Herstellung und des Konsums materieller Güter ist das nicht. Konsequent idealistische Regungen wurden deshalb in der Regel sanktioniert, die materialistischen dagegen weitgehend gefördert und propagiert. Nur in den zyklisch wiederkehrenden Zeiten der Krise kehrt sich das Bild um. Ist man pleite, verlassen, über den Tisch gezogen oder mit Krankheit konfrontiert, wendet man der Außenwelt den Rücken zu und verzieht sich ins Innere. Da stellt man dann oftmals fest, dass man viel zu lange den falschen, nämlich nicht den eigenen Idealen gefolgt ist. Man war so sehr damit beschäftigt, das gerade Anliegende zu erledigen, dass man sich selbst dabei vergessen hat.

Peter Sloterdijk hat dieses verbreitete Phänomen in seiner *Kritik der zynischen Vernunft* als indirektes Leben bezeichnet: »Man hat, bevor man ›eigentlich lebt‹, immer noch etwas anderes zu erledigen, noch eine Voraussetzung zu erfüllen, noch einen vorläufig wichtigeren Wunsch zu befriedigen, noch eine Rechnung zu begleichen. Und mit diesem Noch, Noch und Noch entsteht jene Struktur des Aufschubs und des indirekten Lebens, welche das System der maßlosen Produktion in Gang hält.« Die herrschende Gegenwartskultur ist materialistisch. Martin Heidegger hat gezeigt, wie sie zwischen den Polen der Geschäftigkeit und der Zerstreuung oszilliert und auf diese Weise die Einsicht in das Selbst vermeidet. Man beschäftigt sich mit der Arbeit, dem Fernsehen, dem Shoppen oder dem Verkauf nicht mehr gebrauchter Gegenstände. Alles, was gemacht wird, verfolgt einen Zweck, jeder Vorgang, jede Person wird zum Instrument für etwas, es kommt zur »Verfallenheit an den

Betrieb«. Das Selbst, der Geist, das Eigentliche wird verdängt bis zur Konfrontation mit Kollaps, Krise und Katastrophe. Dann bricht das System des wimmelnden Ameisenhaufens auseinander und hinterlässt einzelne Subjekte, die sich mit einem Mal ihrer selbst bewusst werden.

Idealisten kultivieren ihr Selbst wie ein Bauer sein Feld und ernten dafür Glück. Sie pflegen ihre Ideen, sie arbeiten an ihrem Denken und achten ihre Ideale. Dadurch entwickeln sie sich permanent weiter und stoßen immer weiter zu sich selbst vor. Friedrich Nietzsche nannte diese Strategie: »Werde, der du bist.« Sigmund Freud forderte: »Wo Es war, soll Ich sein.« Wo Triebe herrschten, soll ein souveränes Selbst zwischen Gelüsten und Pflichten vermitteln und auf wechselnde Situationen und Störfälle flexibel reagieren können. Idealist zu sein bedeutet, die Struktur des indirekten Lebens zu überwinden und ein Höchstmaß an Bewusstheit zu erreichen. Ein Idealist weiß, was Zeit, was Muße, was Freunde wert sind und dass er einen inneren Kompass hat, der ihm den eigenen Weg zeigt.

Für die Wendung vom Materialismus zum Idealismus gibt es zwei grundlegende Strategien: Die Materialismusverweigerung kann auf eine lange Tradition und Praxis zurückgreifen. Die »Selbsteroberung« tritt gerade aus dem Schatten philosophischer Zirkel. Die alten Einsichten, neue ökonomische Denkschulen, bahnbrechende Erkenntnisse der neuropsychologischen Disziplin und eine ganze Welle von Geistesgemeinschaften, die sich um das fünfte Lebensziel bilden, lassen auf diesem Gebiet für das nächste Jahrzehnt mit ziemlicher Sicherheit einen Durchbruch auf breiter Linie erwarten.

Die Materialismusverweigerung ist als eine Art regulative Idee zu verstehen, bei der man durchspielt, wie es wäre, wenn man nichts hätte und nichts darstellte. Zumeist kommt dabei heraus, dass man dabei auch nicht grundlegend schlechter fährt. Asketische Übungen gibt es seit Jahrtausenden, als Weg zur Erleuchtung, aber auch als Korrektiv zum Alltag. Wer sich einmal darauf einlässt, wird merken, dass er auf diese Weise einen durchschlagenden Zuwachs an Freiheit gewinnt. Denn er weiß, dass er im Notfall auch mit viel weniger auskommen könnte. Deshalb gab es zu allen Zeiten Bewegungen gegen die Abhängigkeit vom äußeren Reichtum.

Besonders einflussreich war das Verweigerungsexperiment von Henri David Thoreau, der 1845 freiwillig für zwei Jahre in eine einfache Blockhütte in der freien Natur zog. Das aus dieser Erfahrung entstandene Buch *Walden* wird bis heute als Manifest des einfachen Lebens gelesen, als eine Leitschrift der Bescheidenheit zum Glück. Thoreau meinte: »Was Luxus und Bequemlichkeit anbelangt, so haben die Weisesten immer ein einfacheres und ärmlicheres Leben geführt als die Armen. Niemand war ärmer an äußeren Reichtümern als die alten chinesischen, indischen, persischen und griechischen Philosophen, niemand aber auch so reich an inneren.«

Ebenfalls in der Tradition der Materialismusverweigerung stehen jene Lebensleitfäden, die mit Ironie und Gelassenheit das Leben ohne Mittel preisen, vor kurzem etwa *Die Kunst des stilvollen Verarmens* von Alexander von Schönburg. Vor 60 Jahren hat Sándor Márai in seiner *Schule der Armen* das kapitalistische Tätigkeitsdilemma aus Beruf und Berufung lakonisch beschrieben: »In der Praxis führt beinahe alles andere sicherer zum Gelderwerb als die um ihrer selbst willen geleistete Arbeit.«

Mit seinem Buch *Haben oder Sein* wurde der Sozialpsychologe Erich Fromm 1976 zum Stichwortgeber der gerade aufblühenden alternativen Szene aus Konsumverweigerern und Kritikern der Leistungsgesellschaft. Gegen eine materialistische

»Lebensform des Habens« bringt Fromm das »Sein« in Stellung, dessen zentrales Charakteristikum eine Art Lebensrausch ist, der keinen Besitz benötigt, um Mehrwert zu erzeugen: »Es bedeutet, sich selbst zu erneuern, zu wachsen, sich zu verströmen, zu lieben, das Gefängnis des eigenen, isolierten Ichs zu transzendieren, sich zu interessieren, zu lauschen, zu geben.« Wahre Begeisterung ist für Fromm nicht das Strohfeuer, etwas zu bekommen, an das man sich dann doch schnell wieder gewöhnt, sondern das langfristige Glühen, etwas zu sein, das sich immer wieder neu zu entdecken lohnt. Diese philosophische Unterscheidung wird heute von der relativ jungen wirschaftswissenschaftlichen Disziplin der Glücksökonomie empirisch bestätigt. So fasst Professor Bruno Frey zusammen: »Wir wissen, dass Materialisten, die sehr auf das Geld aus sind, weniger glücklich sind als Idealisten, die sich weniger um ihr Einkommen kümmern. Die meisten Menschen erwarten zu viel vom Konsum und überschätzen das zukünftige Glück, das sie aus den materiellen Gütern ziehen. Wie ein neues Auto ist, können Sie sich besser vorstellen, als wie es sein wird, wenn Sie einen neuen Menschen treffen.«

Auch die Strategie der Selbsteroberung kann auf alte Quellen und einige in den letzten Jahrzehnten entwickelte theoretische und praktische Ansätze zurückgreifen. Die Versuche, sich das Selbst zugänglich zu machen, es zu kultivieren, zu erweitern, reichen vom Führen eines Tagebuchs über verschiedene Formen von Exerzitien und Bewusstseinstechniken bis hin zu diversen Körper- und Reinigungsritualen, von Yoga und Tai-Chi über das Mönchtum und die Bekenntnisliteratur eines Augustinus oder Marc Aurel bis zur Autosuggestion. Da kann mittlerweile sogar ein Erfahrungsbericht über eine Pilgerfahrt auf dem Jakobsweg zum Bestseller werden.

Das ist eine neue Entwicklung. Michel Foucault hat gezeigt, dass die Selbstsorge Jahrhunderte in einem schlechten Licht stand. In der Abwendung von der Lebenskunst des hellenistischen Zeitalters machte das Christentum in den westlichen Ländern die Unterwerfung und Zügelung der individuellen Neigungen zur unhinterfragten Selbstverständlichkeit. Die Beschäftigung des Selbst mit sich hat bis heute den Anstrich des Egoistischen und Unredlichen. Daran haben auch die Versuche von Querdenkern wie Stirner, Schopenhauer, Nietzsche oder Baudelaire, die eine Ethik des Selbst wiederherstellen wollten, lange Zeit nichts geändert.

Aktuell ist in der Gesellschaft eine Wendung nach innen zu beobachten – wohin man schaut. Praktisch alle namhaften Trends der letzten zehn Jahre haben das Selbstverhältnis der Menschen zum Thema, die Sorge um sich: Wellness, Selfness, Homing, Cocooning und Downshifting, Vitality, LOHAS und Do-it-yourself, Work-Life-Balance und Corporate Social Responsibility. Allein an der exponentiell anwachsenden Glücksliteratur lässt sich die allgemeine Unzufriedenheit mit den bestehenden Konzepten des Lebenssinns ablesen – und das entsprechende Sehnsuchtspozenzial. Das vergessene und verdrängte Selbst verlangt nach seinem Recht. Zu lange war es zugunsten von Wachstum und Wohlstand aus dem Fokus gerückt.

Eine zentrale Rolle werden dabei in den nächsten Jahrzehnten die Entdeckungen der Gehirnphysiologie und Neuropsychologie spielen. Die rapide fortschreitende Entschlüsselung des Gehirns beweist unsere prinzipielle Unabhängigkeit von der äußeren Umwelt in Gemütsfragen. Vieles von dem, was die neuen Entdecker herausfinden, bestätigt die Idealisten, die ihre Ideale leben und sich von ihnen beseelen lassen. Richard Davidson von der University of Wisconsin hat in einer inzwischen berühmt gewordenen Studie mit buddhistischen Mönchen nachgewiesen, dass »die Meister während der Meditation über das Mitgefühl Gehirnbereiche aktivierten, die für positive Gefühle und die Bereitschaft zum Handeln verantwortlich sind, und zwar in einem Ausmaß, das noch nie zuvor beobachtet wurde«. Ergebnisse wie dieses legen die Affassung nahe, dass Glück bewusst generierbar ist.

Das erste Mal in der Geschichte eröffnet sich der Wissenschaft hier ein Kosmos, der zuvor nur durch vage Beobachtungen und Beschreibungen fassbar schien: die innere Natur des Menschen. Es ist wie in der Gründerzeit der Weltentdecker, nur dass heute tausend Columbusse unterwegs sind, den inneren Kontinent zu erkunden. Der bekannte Neurologe Vilayanur Ramachandran sieht die Menschheit an einer Epochenwelle. Die kopernikanische Revolution versetzte den Menschen aus dem Mittelpunkt des Universums an seine Peripherie. Darwin machte ihn zum Nachkommen der Amöbe und zum Verwandten des Affen. Und Freud degradierte ihn zum Ausführungsorgan des Unbewussten. Bei den neuen neurophysiologischen Theorien geht es das erste Mal wieder darum, das Selbst zurückzuerobern.

Der gemeinsame Geist unserer Zeit entdeckt zunehmend das Selbst als Objekt, in das es sich zu investieren lohnt. Wo das Streben nach äußerem Reichtum sichtbar Probleme anhäuft, ohne das Glücksempfinden nach vorne zu bringen, verbreiten sich die Strategien, Gemeinschaften und Techniken zum Mehren des inneren Reichtums. Viele dieser Aktivitäten laufen unter dem Dach von Kultur und Religion. Man beginnt wieder zu glauben, sucht nach dem Authentischen und engagiert sich für eine bessere Welt. Andere Trends sind ganz praktisch und pragmatisch. Man entdeckt das eigene Heim, den Garten als Ort der Selbstbesinnung, die Möglichkeiten neuer Geschlechterrollen. Manches ist auch bereits im Alltag der Gesellschaft angekommen: Man versucht, sich bewusster zu ernähren, lässt sich coachen, sucht Entspannung und innere Sammlung, beschäftigt sich mit psychologischen und Beziehungsfragen.

Längst ist der Humus vorhanden, auf dem sich Bewegungen mit größerer Gestaltungskraft bilden können. Die gegenwärtige globale Materialismuskrise wird dieser Entwicklung einen massiven Impuls geben. Der eigentliche Boom der Wendung zu nichtmateriellen Werten steht erst noch bevor. Es wird spannend zu beobachten, was findige und verschrobene, tiefsinnige und tollkühne Geistesgemeinschaften noch alles daraus machen werden. Eines jedenfalls ist klar: Die Zukunft gehört den Idealisten.

Brüder im Geiste

SPIRIT.

Der Geist, der begeistert.

Zwei wildfremde Menschen treffen aufeinander. Jetzt kann alles Mögliche passieren. Oder nichts. Das ist die Ursituation der Kommunikation. Beide Personen sind füreinander ein völlig unbeschriebenes Blatt. Keiner weiß, was er von dem anderen zu erwarten hat und was der andere selbst von ihm erwartet. Ein erster Anhaltspunkt ist die Situation, in der man sich trifft. Wo ist man gerade? Wie guckt der andere? Wie ist er angezogen? Im Laufe der Jahre hat man gelernt: Das kann auch täuschen. Will der andere etwas von mir? Oder will er im Gegenteil nicht gestört werden? Und was, wenn er sich gerade die gleichen Fragen über mich stellt? Der deutsche Soziologe und Systemtheoretiker Niklas Luhmann nennt diese Situation »doppelte Kontingenz«. Jede Seite hat eine Idee von der anderen, ist sich aber darüber bewusst, dass alles genauso gut vollkommen anders sein kann. Was tut man da?

Man könnte kommunizieren. Denn jede Aussage, jeder Beitrag lässt die Unsicherheit ein Stück weit abschmelzen. Egal, was gesagt wird. Man sagt damit auch immer etwas über sich selbst, und das macht die Situation für beide Seiten komfortabler. Denn wenn man den anderen besser einschätzen kann, fühlt man sich wohler, fühlt man sich freier. Man gibt dann mehr von sich preis, was die Unsicherheit abermals senkt. Oder man lässt es bleiben, wenn man feststellt, dass es keine Gemeinsamkeiten gibt. Dann bricht man die Kommunikation ab. In jedem Fall weiß man besser, was passieren könnte und was man selber möchte, und kann sich darauf einstellen.

So entstehen nach Luhmann »soziale Systeme«. Da kommt es zu einer permanenten Fortentwicklung der Kommunikation. Ein Wort gibt das andere. Ein breiter Kommunikationszusammenhang spannt sich auf. Es entstehen Gespräche, Gemeinschaften, Gesellschaften. Mit eigenen Regeln, eigenen Zielen, eigenen Sprachen. Es kommt zum One-Night-Stand, zum Segelclub oder auch zum Bildungssystem. Im Falle einer geteilten Affinität steigert sich das Ganze in das Gefühl einer großen Verbundenheit. Die Kommunikation untereinander nimmt eine andere Form an. Mit Worten, Bildern, Gestik und Mimik erinnert man sich permanent an das Gemeinsame. Im kleinen Kreis pflegt man seine eigene »Steigerungskultur« der Begeisterung. Man kann sich hochziehen an dem, was man liebt, indem man auf unterschiedlichste Weisen immer wieder darauf verweist. So wird die Begeisterung ganzheitlich, vertieft sich und wird immer wieder abrufbar.

Geistesgemeinschaften sind soziale Systeme, in denen jeder weiß, wofür das Herz des anderen schlägt, weil es das Gleiche ist wie bei einem selber. Wie eine gemeinsame DNA haben alle in einem Punkt den gemeinsamen Spirit, der aus den vielen Individuen eine Geistesverwandtschaft macht. Man ist Bruder und Schwester im Geist. So kennt und erkennt man sich. Die Verbundenheit ist groß und die Unsicherheit so klein, dass man sofort man selbst sein kann. Man gehört dazu, man ist enthemmt und kann der eigenen Begeisterung einfach ihren Lauf lassen.

Ob Yale oder Attac, Manchester United, der Blaue Reiter oder die Rolling Stones, ob Okkultisten, Porsche, American Apparel oder der Lions Club, soziale Gebilde leben durch den gemeinsamen Geist. Er ist der Gravitationspunkt jeder wirklichen

Gemeinschaft. Leuchtend strahlt er aus in die Welt und zieht die Menschen magisch an, die in der Begegnung eine Affinität für ihn entdecken. So hält er die sozialen Gebilde, die sich um ihn herum gruppieren, als Kern im Innersten zusammen. Seine Zeitgemäßheit und seine Kraft entscheiden darüber, wie viele sich wie lange für ihn begeistern, ihn zelebrieren, ihn weitertragen. Schon Egon Fridell zog in seiner *Kulturgeschichte der Neuzeit* das Fazit: »Die Erfolge der großen Eroberer und Könige sind nichts gegen die Wirkung, die ein einziger großer Gedanke ausübt.«

Dieser eine große Gedanke ist das Identifikationsinstrument jeder Geistesgemeinschaft. Er ist das, woran die Anhänger glauben, wofür sie sich begeistern, womit sie sich identifizieren. Er wird Teil ihrer Weltanschauung, Element ihrer Persönlichkeit, ist Sehnsuchtsaufgreifer, Hoffnungsgeber und wirkungsstarkes Dopingmittel. Menschen verändern für ihn ihr Leben, sie finden durch ihn zusammen und über ihn oftmals besser zu sich selbst. Der gemeinsame Geist definiert sinnliche Erregungsmuster, fassbare Formen, die ihn zur Geltung bringen: Er ist das, was durch Bibeln, Flaggen, Feste und Vorträge weitergetragen wird. Er ist das, was durch Manifeste, Musikstücke, Zeremonien und Idole wirksam ins Leben gebracht wird. Alles das setzt auf unterschiedlichen sinnlichen, geistigen und zeitlichen Ebenen um, was den jeweiligen gemeinsamen Geist ausmacht. Alles das drückt die gleiche Idee immer wieder neu und anders aus, macht sie so zu jeder Zeit, zu jeder Gelegenheit, für jeden auf verschiedene Weisen zugänglich.

In der Regel lässt sich der Spirit einer Gemeinschaft griffig in eine Formel oder einen Satz fassen. Bei den Hippies war das vor allem der Begriff der Flowerpower. Beim Club der toten Dichter ist es das Motto »Carpe diem – Nutze den Tag«. Die Lebenswelt und der Wertekosmos der Surfer kommen in dem von ihnen geliebten Adjektiv »stoked« zum Ausdruck, das den adrenalinerfüllten Seligkeitszustand nach einem sportlichen Einheitserlebnis mit dem Wellengang beschreibt. Bei Google lässt sich die Firmenphilosophie schon aus der Erstverwendung ihrer Produkte ableiten. Ob beim Eintippen in die Suchmaschine oder beim Landeanflug in Google Earth, die neugierige Anwendung soll kindliche Verblüffung erzeugen. Die Parole lautet »Neugier und Staunen«.

Im Aufnehmen dieser Formel wird der Gemeinschaftsgeist beim Anhänger zum Leben erweckt, egal ob dies bewusst oder unbewusst geschieht. Identifiziert er sich erst einmal wirklich mit dem Spirit, fühlt er sich unweigerlich beseelt. Plötzlich wächst seine Entschlossenheit, die Leidenschaft für die Sache, der Mut und die Zielstrebigkeit zur Durchsetzung des gemeinsamen Geistes. In der Gruppe breitet sich Einigkeit aus, der Zusammenhalt wird gestärkt, Harmonie und Respekt werden auf der Grundlage eines gemeinsamen Spirits wichtiger und auch deutlicher untereinander eingefordert. Für den Einzelnen bekommt das, was er tut, einen ganz anderen Sinn, er erhält Halt und Orientierung, mehr Selbstbewusstsein und Unabhängigkeit von den Blicken der Öffentlichkeit, die üblicherweise seine individuelle Existenz auf die Probe stellen.

Jede Fußballmannschaft, jede Universität, jede Musikgruppe und jedes Unternehmen müsste um die essenzielle Bedeutung des gemeinsamen Geistes wissen und ihn als ein entscheidendes Instrument zur Führung und Koordinierung pflegen und nutzen. Dass dies selten geschieht, lässt sich nur darauf zurückführen, dass der gemeinsame Geist auch funktioniert, wenn man sich seiner nicht bewusst ist, wenn man ihn nicht in Worte kleidet oder auf eine Formel bringt. Verschenkt wird dabei allerdings die Möglichkeit einer fruchtbaren Modellierung, einer bewussten Gestaltung seines Inhaltes und seiner Ausdrucksformen.

Soziale Gebilde werden durch einen gemeinsamen Spirit orientiert, motiviert und koordiniert. Erst durch ihn werden sie überhaupt zu Geistesgemeinschaften, zu einem zusammenhaltenden Haufen gemeinsam von etwas beseelter Menschen. Als Herzstück jeder Geistesgemeinschaft verzahnt der Spirit das persönliche Glück der Mitglieder mit dem sozialen Erfolg der Gemeinschaft. Er verbindet die Möglichkeit des inneren Reichtums mit der Bewegungskraft realer Communities. Das ist nicht nur beim FC Bayern oder den Grünen so, das ist auch beim Christentum so, bei Eliteuniversitäten, beim Jazz und beim Hip-Hop. Der gemeinsame Geist beglückt und verbindet, er versöhnt das Individuum mit dem Kollektiv. Auf ihn einigt man sich gerne und fühlt sich zugleich selbst hervorgehoben.

Ein Geist, der so begeistert, schlägt Wellen, die jeder nehmen und nutzen kann, der sich davon angesprochen fühlt. Wer an die Heilige Dreifaltigkeit glaubt, kann Christ werden, und wer sich als Öko versteht, kann den Grünen beitreten. Aus der Möglichkeit seiner Verbreitung generiert der entsprechende Spirit die Kraft, Teile der Gesellschaft zu verändern – und im Extremfall sogar die ganze Welt. Er kann Energien hinter sich versammeln und sie in eine Richtung weisen. Im Kleinen wird der FC Bayern dadurch immer wieder Meister, im Großen rückt beispielsweise der Klimaschutz auf einen Top-Platz der gesellschaftlichen Agenda. Mit der Begeisterung, die ein bestimmter Spirit mobilisiert, lässt sich vieles bewerkstelligen, vielleicht kann sie heute sogar mehr bewirken als alles andere. In unserer veränderten Welt ist sie der Schlüssel zur Zukunft. Tatsächlich lässt sich die Dynamik einer Gesellschaft recht gut an der inhaltlichen Entwicklung ihrer Geistesgemeinschaften ablesen. Die von ihnen behandelten Themen und Inhalte zeigen an, was die Menschen einer Zeit bewegt und in welche Richtung sie sich orientieren.

Geistesgemeinschaften sind die Begeisterungszentren der Gesellschaft. Sie greifen bestehende und gefühlte Defizite auf und verwandeln sie in erfüllbare Sehnsüchte. Sie führen Menschen zusammen, die etwas gemeinsam haben, und eröffnen ihnen einen großen Rahmen für immer wiederkehrende Begeisterungserlebnisse. Sie reduzieren Komplexität und Kontingenz und vermitteln auf diese Weise das wohlige Zugehörigkeitsgefühl der mentalen Heimat. Sie schließen sich ab gegen die Alltäglichkeit und konstruieren hierdurch ihre eigene Wirklichkeit, ihre ganz eigene Kultur mit ihren ganz eigenen Kommunikations- und Lebensregeln.

In der Soziologie beobachtet man schon seit längerer Zeit, dass die bisherigen Gesellschaftsstrukturen erodieren. Klassische Gemeinschaftsformen wie die Familie, Gewerkschaften, Kirchengemeinden werden nur noch als »Etiketten von dem, was sie einmal waren« bezeichnet. Schon lange erfüllen sie ihre Funktion der sozialen Integration und Sinnstiftung nicht mehr wie früher. Aus diesem Grund erleben heute Geistesgemeinschaften eine Hochkonjunktur. Sie sind für die Menschen das notwendige und adäquate Substitut der verloren gegangenen Einheiten. Die Erforschung »posttraditionaler Gemeinschaften« zeigt, dass sich vermehrt neue Vergesellschaftungsformen bilden, die nicht mehr aufgrund ähnlicher sozialer Lagen entstehen, sondern auf ähnlichen Lebenszielen und ästhetischen Ausdrucksformen beruhen. Da das Vertrauen in die althergebrachten »Gemeinden« verloren gegangen ist, werden eben neue geschaffen. Die Bindungsmittel dieser neuen Formen können dabei aufgrund der Freiwilligkeit der Mitgliedschaft nicht mehr Zwang und Verpflichtung sein, die »neuen« Gemeinschaften müssen zunehmend auf Verführung, also Begeisterung, setzen, um Anhänger zu gewinnen und bei der Stange zu halten. Genau das schaffen Geistesgemeinschaften durch den gemeinsamen Geist und seine Versinnlichungen.

In einer zunehmend komplexen Welt haben sie das Potenzial, zu Rundumversorgern für die meisten Menschen zu werden. Denn sie bieten den Menschen eine Art Schutzhöhle vor den Unwägbarkeiten des Lebens. Sie eröffnen ihnen eine passende soziale Schnittfläche, auf der sie immer wieder andere Menschen mit der gleichen Gesinnung kennenlernen können. Dazu gewähren sie ihnen einen Erlebnisraum voller Möglichkeiten der begeisternden Erfahrungen und des persönlichen Wachstums. Zu guter Letzt versorgen die Geistesgemeinschaften die Menschen auch noch permanent mit Sinn, der ihnen hilft, die Welt zu deuten und sich in ihr zurechtzufinden. Ein Gangsta-Rapper hat einen genauso klaren inneren Kompass wie ein Freimaurer. Beide profitieren sie in vielfacher Weise von ihrer Zugehörigkeit, und beide nutzen ihre jeweilige Nische, um ihre Einstellungen möglichst ungestört mit anderen zu kultivieren und zu forcieren.

Das Phänomen der Geistesgemeinschaften ist aber nicht nur für jeden Einzelnen von großem Nutzen, sondern auch für die Gesellschaft insgesamt. Denn in einer Zeit, in der sie weitgehend in funktionale Bereiche zerfällt, die voneinander abgekoppelt hauptsächlich ihren eigenen Gesetzen folgen, fehlt es an Elementen, die die gewohnten Routinen durchbrechen und vehement für neue Impulse sorgen. Geistesgemeinschaften dagegen können durch ihre Steigerungsdynamik eine außerordentliche Bewegungskraft entfalten. Sie funktionieren wie ein Defizitseismograf, der, wenn er anschlägt, sofort eine Welle von Sehnsüchten lostreten kann, die die Menschen auf die Barrikaden oder an die Arbeit treibt. Auf diese Weise werden diese Vereinigungen von Enthusiasten zu Katalysatoren des Fortschritts, weil sie nicht nur anzeigen, wo der Schuh drückt, sondern weil sie zudem auch die Entwicklung neuer Schuhe vorantreiben und damit letztlich die Veränderung der Gesellschaft insgesamt. Insofern ist nicht unwahrscheinlich, dass sich immer mehr Unternehmen, Verbände, Thinktanks, Marken, Parteien, Szenen und Schulen als Geistesgemeinschaften begreifen, deren Spirit zusammenhält, was zusammengehört, Begeisterung und Erfolge schafft und auf diese Weise ihre Anhänger und Mitglieder dahin treibt, wo die Zukunft sitzt.

Geistesgemeinschaften gibt es in den unterschiedlichsten Formen: neben den gerade genannten als soziale Bewegungen, als Bünde, als Theorien, aber auch als Clubs, als Glaubensrichtungen, als Disziplinen, als Fraktionen und sogar als Marken. Sie sind denkbar unterschiedlich organisiert: hierarchisch oder basisdemokratisch, formal oder spontan, straff, locker oder gar nicht. Und sie dienen den unterschiedlichsten Zielen: der Rettung des Planeten, der Abwicklung krimineller Geschäfte, der Völkerfreundschaft, dem Gruppensex, dem Studium der Klassiker oder dem Wellenreiten. Die folgenden Kapitel sollen einen ersten Einblick in diese Unterschiedlichkeit vermitteln.

Jede Geistesgemeinschaft schafft eine gesonderte Parallelwelt, in der man sich nur zurechtfindet, wenn man in sie hineinsozialisiert wurde, wenn man in ihr angekommen ist. Ansonsten steht man da wie der Ochs vorm Berg, man versteht nicht, was da eigentlich abläuft. So ist es für Außenstehende bei den Punks, bei den Mormonen, bei den Anthroposophen, bei Siemens und auch bei der CDU. Ob man eine Affinität zu einer dieser Parallelwelten hat, in denen sich die Menschen für etwas begeistern, an etwas glauben und das auch leben, ob man von einer angezogen wird, das muss man selbst entscheiden. Jeder ist in seinem Leben mit Hunderten von Geistesgemeinschaften konfrontiert, die einem permanent wie kommende und gehende Wellen programmatische Angebote zur inneren Bereicherung unterbreiten. Welches man davon zu welchem Zeitpunkt annimmt, ist einer der entscheidenden Punkte für das Aufkommen von ozeanischen Gefühlen im eigenen Werden und Vergehen.

Wer wissen will, was ihn glücklich macht und was ihn begeistert, welche Ideale ihm nahekommen und wo er sich am besten zu sich selbst entwickeln kann, der sollte sich in einer Art »Community-Hopping« einmal in die unterschiedlichsten Parallelwelten einklinken und die jeweiligen Wirklichkeiten dort kennenlernen. Wie bei Reisen in ferne Länder kann man in solchen Parallelweltexpeditionen die Steigerungskulturen unterschiedlicher Gesinnungsgruppen kennenlernen und eintauchen in die Vielfalt symbolischer Ausdrucksformen, Zeremonien und Ideen, die um den eigentlichen Kern der Begeisterung herum aufgebaut sind.

OZEANISCH.

Surfer zur Sonne zur Freiheit!

»Eine halbe Meile draußen, wo das Riff ist, bäumen sich aus dem ruhigen Türkis jählings die weißköpfigen schäumenden Wellen himmelwärts und rollen dem Strand zu. Eine nach der anderen kommen sie, eine Meile lang, mit gischtenden Kämmen … man sitzt und lauscht dem unaufhörlichen Brüllen und beobachtet die endlose Prozession und fühlt sich winzig und schwach angesichts dieser ungeheuren Kraft … und plötzlich, dort, wo sich ein gewaltiger Brecher zum Himmel emporschwingt, taucht gleich einem Meergott aus dem Wirrwarr von Schaum über der brodelnden und niederstürzenden Krone der Kopf eines Mannes auf … Wo noch einen Augenblick zuvor die weite Öde und das unbesiegbare Brüllen waren, ist jetzt ein Mensch, aufrecht, in voller Größe … von den Knien aufwärts frei im lodernden Sonnenlicht, so fliegt er durch die Luft, fliegt vorwärts, fliegt so rasch wie die Sturzsee, auf der er steht …«

Der Anfang des Kapitels »Ein königlicher Sport« in dem Roman *Die Fahrt der Snark* von Jack London markiert den Beginn des Surfens, wie wir es kennen. Um die Jahrhundertwende hatten die Vereinigten Staaten aus strategischen Gründen Hawaii annektiert. Unter den ersten Touristen war 1907 der berühmte Abenteuerschriftsteller. Zu dieser Zeit war das seit Jahrtausenden auf der Inselkette zelebrierte Wellenreiten akut vom Aussterben bedroht. Das Wirken der Missionare und die Modernisierung des Lebens hatten die Stammestradition zum unzeitgemäßen Relikt werden lassen. Eine Handvoll »Haloes«, Nichthawaiianer, war der Faszination des Surfens jedoch bereits erlegen. Sie wollten das Ruder in letzter Minute herumreißen, gründeten einen Sportclub in Waikiki und gewannen Jack London als prominenten Fürsprecher. Die Rechnung ging auf. Der Outrigger Club wurde zur Keimzelle einer weltweiten Bewegung.

Ein erstes Idol, ganz im Sinne von Londons dunkelhäutigem Meergott, war Duke Kahanamoku. Der waschechte Hawaiianer und Olympiasieger im Freistilschwimmen von 1912 und 1920 war zeit seines Lebens ein begnadeter Surfer – und er war der Erste, der diese Betätigung einem staunenden Publikum in Australien und Kalifornien vorführte. Da er nicht nur ein weltberühmter Schwimmer war, sondern darüber hinaus auch blendend aussah und in mehreren Hollywood-Streifen mitspielte, waren diese Auftritte Großereignisse und Publikumsmagnete. Das Wellenreiten verbreitete sich über die Kontinente.

Bis in die 1950er Jahre blieb das Surfen einer kleinen Minderheit aus Enthusiasten vorbehalten, die ihre 50-Kilo-Bretter aus massivem Holz ins Wassser schleppten. Die meisten von ihnen waren echte Aussteiger, sogenannte »Watermen«, die keiner geregelten Tätigkeit nachgingen, am Strand lebten und deren Denken ganz um das Spiel der Elemente kreiste, denn sie wollten auf keinen Fall den richtigen Wellengang verpasssen. Die Männerbanden, die sich da im Sand zusammengerottet hatten, waren den »ordentlichen Bürgern« ein Dorn im Auge. Sie galten als Schattenseite des amerikanischen Traums, als Landstreicher.

Es war ausgerechnet eines der raren surfenden Mädchen, das die Gemeinschaft aus der Randlage und Schmuddelecke katapultierte. Kathy Kohner kam mit 15 Jahren das erste Mal an den Strand in Malibu. Sie wusste gleich, dass auch sie auf den

Wellen reiten wollte, und überredete die Jungen, ihr ein Board zu leihen – für den Inhalt ihres Picknickkorbes. Das war 1956. Bald gehörte sie zu der kleinen Gruppe, die sich an einer Sandkuhle traf und rund um das Surfen ihren jugendlichen Lebenskult mit Angebereien, Flirts und Parties zelebrierte. Ihre Schwärmereien hielt sie in einem Tagebuch fest, das sie schließlich ihrem Dad zu lesen gab. Der verdiente sein Geld als Drehbuchschreiber und verarbeitete ihre Erfahrungen schon im Jahr darauf in dem Mädchenbuch *Gidget*. Ein noch weit größerer Erfolg als der Roman und seine sieben Fortsetzungen war 1959 die Hollywood-Verfilmung mit viel Tralala und Tanzen im Sand, die es immerhin auf zwei »Sequels« brachte. Ab Mitte der 60er Jahre ging dann auch noch eine TV-Serie gleichen Namens an den Start.

Für die zu dieser Zeit aufkommende Generation der Halbstarken bot sich eine ersehnte Identifikationsfläche: Man konnte aussteigen, rebellieren, sich verweigern und musste dafür kein Desperado und Drop-out werden. Man konnte Spaß und Party haben, sportlich und sexy sein. Das Surfen war von der Stammestradition zur Sportart geworden und in der Popkultur gelandet. Es entstand sogar eine eigene Musikrichtung. Erst Dick Dale und dann die Beach Boys lieferten den Soundtrack für den ersten Boom. Damit war eine neue Stufe der Steigerung gezündet. Das Nischenvergnügen wurde zu einem echten Massenphänomen, als zeitgleich preiswerte und leichte Kunststoffboards die alten Ungetüme aus Holz ablösten.

Die Surfszene kämpft seitdem durchaus mit typischen Problemen der Vermassung: Überfüllung der Strände, Revierverhalten und zunehmende Kommerzialisierung. Sie hat es aber geschafft, auf jeden weiteren Popularisierungsschub mit der Heranbildung einer neuen, Orientierung vermittelnden Elite zu reagieren. Als sich die »Kooks«, die Freizeitsurfer, in Malibu und Waikiki wie die Heringe drängten, begab sich ein kleines Häuflein Besessener auf die Suche nach unberührten Stränden und der perfekten Welle rund um den Globus. Als sich daraus ein weltweiter Tourismus begeisterter Surfer entwickelt hatte, verlegten sich die Besten auf das Gewinnen der frisch aus der Taufe gehobenen Meisterschaften und Profikarrieren oder auf das »Mountainriding«, das Surfen auf immer größeren, immer gefährlicheren Wellen. Gegen das aufkommende Leistungsdenken macht sich eine hochrespektierte Gruppe von Sinnsuchern und Selbstfindern dafür stark, das zentrale Erlebnis des Wellenreitens, das den Anfänger mit den alten Hasen und den Hochleistungssportlern verbindet, dort zu belassen, wo es hingehört: im Zentrum.

Das Surfen löst eine urmenschliche Sehnsucht aus, weil es das grundlegendste Defizit des Menschen angeht. Es kann einem für Momente etwas wiedergeben, das einem ursprünglich genommen wurde. Seit seiner Geburt ist der Mensch mit dem Gefühl konfrontiert, von der Welt getrennt zu sein. Waren im Mutterleib seine Bedürfnisse und ihre Erfüllung noch eins, sind sie seit seinem Erscheinen in der Welt voneinander entkoppelt. Das Empfinden, eins mit der Welt zu sein, ist bei jedem von uns flöten gegangen, und wir versuchen zeit unseres Lebens, etwas Derartiges wiederherzustellen. Solche »ozeanischen Gefühle«, die dem Zustand von einst wieder nahekommen, beschreiben Wellenreiter, wenn sie mit ihrem Surfboard über die Trennlinie von Chaos und Kosmos gleiten. Dann fühlen sie sich eins mit der Natur und sich selbst. Sie erfahren immer wieder von neuem so etwas wie ein mystisches Erweckungserlebnis: Das Ego geht in der Welt auf, man fühlt sich in der höchsten Gefahr komplett geborgen, plötzlich existieren keine Bedürfnisse mehr.

Diese Grunderfahrung prägt den Spirit des Surfens. Die Surfer bezeichnen den Zustand mit dem Adjektiv »stoked«, was so viel bedeutet wie aufgeheizt, glühend oder euphorisch, also tiefgehend begeistert. Ihre große Lebenssehnsucht ist der absolute Gipfel dieser Begeisterung, die Suche nach der perfekten Welle. Diese Begeisterung verbindet, treibt an und gibt die Richtung vor. Über diesen Geist grenzen sich die Surfer von Menschen ab, die ihre Sehnsucht nicht teilen und deshalb nicht wissen, wie es ist, »stoked« zu sein. Der frühere Weltmeister Nat Young bringt es auf den Punkt: »Surfer gehören einfach zu einer anderen Spezies als der Mann von der Straße.« Und sein Mitstreiter Phil Edwards setzt noch einen drauf, wenn er Nichtsurfer als Legionen von »nicht in Schwung Gebrachten« bezeichnet.

Surfen begeistert ganzheitlich. Das sieht man bereits beim Strahlen im Gesicht des Anfängers, der nach unendlich vielen missglückten Versuchen von seinem ersten Ritt auf einer Welle so beglückt ist wie ein Kind, das zum ersten Mal ohne Stützräder die Gegend mit seinem Fahrrad unsicher macht. Entsprechend beschreiben viele Surfer dieses Erlebnis als »Verlust der Jungfräulichkeit«, als eine Initiation. Daniel Duane, der die Welt der Wellenreiter in seinem Roman *Surf* überzeugend an den Leser bringt, schildert seinen Eintritt in diese neue Welt so: »Aber die Surfbretter und Sandwege ... hatten in mir irgendeine riesengroße, perfekte Saite zum Klingen gebracht und machten mich verrückt vor Sehnsucht, so lebendig zu sein, dass ich irgendwie zu diesem Moment selbst werden könnte.«

Der Ritt einer Welle ist ein intensives Erlebnis, das einen die Luft anhalten lässt und Gänsehaut erzeugt, nicht nur, wenn man davon erzählt. Den geglückten Wellenritt kann man als eine jener tiefgehenden und nachhaltigen Erfahrungen sehen, die in ihrer Bedeutung für das Leben weit über sich selbst hinausweisen und die gerade in dieser übergeordneten Bedeutung ihren eigentlichen Kern sichtbar werden lassen. Drew Kampion und Bruce Brown erläutern in ihrem Kultbuch *Stoked* das »Wesen des Surfens« in einem kleinen Text neben dem Bild einer Riesenwoge: »Der Ritt auf der Welle ist der treffende Ausdruck für die Beziehung zwischen dem Menschen und der rhythmischen Kraft der Natur. Es ist die tiefe Unmittelbarkeit dieser Begegnung, die den fast universellen Reiz des Surfens erklärt.«

Die aufkommenden »Surfaris« und Filme wie »Endless Summer« verbreiteten die Idee eines abenteuerlichen Permanentsommers, der genau diese Bedingungslosigkeit der eigenen Sonne im Herzen auf einem populäreren Niveau propagiert. Denn wenn man der Sonne in der Außenwelt um den Globus folgt, verschafft der ewige Sommer andauernde Glückseligkeit. Noch eine Stufe weiter gingen in den 70er Jahren von der Hippie-Bewegung beeinflusste Surfer wie Dick Brewer, die ihre Kultur in Verbindung mit Yoga und bewusstseinserweiternden Drogen setzten und zum pantheistischen Ursprung des Surfens vorstießen. Mit der Vorstellung, das alles eins ist und fließt und immer von selbst die richtige Wendung hervorbringen wird, etablierte sich das bis heute wirkungsreiche Surferleitbild des lässigen Langhaarigen mit exotischem Perlenband und Joint, der das Sein lebt und das Schicksal zulässt.

Über diesen positiven Fatalismus findet das zugrunde liegende Surferlebnis seine Ausprägung in einer adäquaten Lebensweise. Denn auch beim Wellenreiten wird man trotz aller eigenen Geschicklichkeit letztlich von einer größeren Kraft getrieben. Man macht sich selbst zum Spielball der Elemente und nutzt die Energie, die einem die Wasserwälle ans Brett drücken. Sich der schicksalhaften Übermacht des Großen und Ganzen anzuvertrauen, darin besteht die Kunst eingefleischter Surfer, im

Wasser wie an Land. Sie geben nicht selten alles für ihre Leidenschaft auf und leben wie Nomaden, lange Zeit im legendären VW Bully, heute zumindest im entsprechenden Trailer. Ihr tägliches Tun begreifen sie als brüderliches Stammesritual, Gleichgesinnte werden entsprechend mit der Ansprache »brother« eingemeindet. Surfer sind Menschen des Meeres, sie messen Wellen in Stufen der Angst und lassen gerade hierdurch ihr Herz bis zum Hals pulsieren. Sie leben ein Leben bis zur vollständigen Identifikation mit dem, was sie tun. Das macht ihre Begeisterung aus, und das macht sie zu einer großen Gemeinschaft.

Entsprechend sind Surfer nicht nur von ihrem »Sport« begeistert, sondern von allem, was dazugehört, von allem, was sich über Jahrzehnte ideell und ästhetisch um die eigentliche Tätigkeit herum etabliert hat. Surfen begeistert weit mehr als andere Sportarten, weil es ein Lebensstil ist, eine Subkultur, etwas, woran man glauben kann, das dem eigenen Leben Sinn dazuaddiert. Das ist der Grund, warum Surfer sich dem gemeinsamen Geist des Surfens tief verpflichtet fühlen. Das ist der Grund, warum man das Surfen durchaus mit einer sozialen Bewegung vergleichen kann. Es hat nicht nur weltweit über die Zeit eine große Gemeinde an Enthusiasten mobilisiert, es hat auch eine sichtbare Wirkung in Teilen der Gesellschaft entfaltet, die mit diesem Sport überhaupt nichts zu tun haben.

Bei all diesen Entwicklungen und Ergänzungen wird die Urerfahrung des Surfens weitergetragen. Wer surft, muss darüber sprechen, muss den von ihm häufig als unbeschreibbar erlebten Momenten Ausdruck verleihen. Was hieraus über Jahrzehnte entstand, kann man mit Fug und Recht als eigene Kulturform beschreiben. Der gemeinsame Geist der Enthusiasten manifestiert sich in einer neuen, eigenartigen Sprache mit einfachen Wörtern wie »wipe out« (man stürzt, es zerlegt einen) oder

»curl« (brechender Teil der Welle) und komplexen Aussagen wie: »Kennst du die zweite Bowl drinnen im zweiten Peak? Die, wo es dich echt schnell nach draußen zieht? Ich hatte gerade den zweiten Floater da runter.« Wie Eskimos verschiedenste Begriffe für die Farbe Weiß und für Schnee haben, hat sich auch das Surfen eine eigene Begriffswelt zur feinen Differenzierung von Situationen, Manövern und Surftypen zurechtgebaut.

Vor allem hat die Surfszene eigene Medien und Ausdrucksformen, letztlich eine eigene Ästhetik hervorgebracht, die tief in unsere Bilderwelten hinein gewirkt haben. Mit ersten Surfmagazinen wie *Surfer* fiel der Startschuss für eine enorme mediale Begeisterungskultur, die weit über die ozeanischen Wassergrenzen hinausschwappte. Es entstand ein eigenes Filmgenre mit millionenfach gesehenen Streifen wie »Endless Summer«, »Gidget«, »Free and easy« oder »Don't make waves«. Eine besondere Herausforderung bestand darin, das Surfen in Fotografie und Literatur darzustellen. Ein florierender Wirtschaftszweig entwickelte sich vor allem aus der Surfmode. Vom Import der charakteristischen Hemden aus Hawaii in den 1930er Jahren bis zur heutigen Markenvielfalt à la Stüssy, Billabong, Quiksilver und No Fear bewegte das Anziehmaterial nicht nur Geldströme, es transportierte als modischer Ausdruck auch die Weltanschauung der Surfer in weit entfernte, vom Surfen zuvor völlig unberührte Teile der Gesellschaft. Kaum eine Skipiste, Tanzfläche oder Schule, auf der man Anfang der 90er nicht die typische Farbenvielfalt und die klassische Symbolik des Surfertums antraf.

Die so entstandene Surfkultur ist für ihre Mitglieder eine Art Heimat, die es nicht nur weiter auszubauen, sondern auch vor Aushöhlung und Zersetzung zu beschützen gilt. So richtet sich das Engagement der Surfer heute einerseits in vielen Projekten und Initiativen auf die Erhaltung der Natur, andererseits auf die Pflege der eigenen Kultur. Dazu gehört auch die Heldenverehrung, die so unterschiedliche Idole umfassen kann wie Miki Dora, dessen facettenreiche Biografie der Journalist David Rensin nach seinem Tod 2002 verfasste, und Kelly Slater, der sich zur gleichen Zeit, als gerade einmal 30-Jähriger, mit seiner Autobiografie selbst ein Denkmal setzte.

Slater, der neunfache Sieger der ASP-Weltmeisterschaften im Surfen, steht für Leistungsorientierung, Erfolg, Geld – und natürlich bei Quiksilver unter Vertrag. Schon als Teenager hat er es nicht nur auf die Titelseite der *GQ* geschafft, sondern auch als Schauspieler in die Bikini-Serie »Baywatch«, was ihm bittere Häme aus der Surferszene aber auch eine skandalträchtige Liaison mit Pamela Anderson einbrachte. Seinen Ruhm vermarktet er mit einer eigenen Shorts- und Sandalen-Kollektion und einem Computerspiel.

Miki »Da Cat« Dora ist dagegen eine Symbolfigur des Widerstandes gegen Kommerzialisierung und Vorschriften. Er war bereits in den 50ern der geheimnisvolle Außenseiter der kleinen Gruppe um »Gidget« Kohner. Und bis heute wird am Strand von Malibu der Schriftzug »da cat rules« nach jedem Entfernen durch die Behörden von Fans unermüdlich wieder erneuert. Dora war einer der elegantesten und waghalsigsten Surfer, der das Wellenreiten zur Choreografie machte. Zugleich war er eine Art Surfpunk, der »Kooks«, die ihm in die Quere kamen, »abschoss« und öffentlich damit kokettierte, am liebsten eine Brandbombe an dem in seinen Augen überbevölkerten Surferstrand Sanofre zu legen. Surfwettbewerbe verachtete der Stilvirtuose zunehmend als »faschistische Kontrolle« und beendete seine Teilnahme mit einem einprägsamen Schlussakkord. 1967 beim Malibu Invitational Surf Classic glitt er beim letzten Durchgang, den Sieg bereits sicher in der Tasche, elegant an den Punktrichtern vorbei und streckte ihnen seinen nackten Hintern entgegen. Mit der Disqualifikation war sein Übertritt zum »Soul-Surfer« eingeleitet, einem Meister des Boards, der Kommerzialisierung und Wettbewerbe meidet, obwohl alle ihn dabeihaben möchten. Auch wenn sein Widerstand gegen den Ausverkauf nicht besonders erfolgreich war, erwarb Miki Dora eine bis über seinen Tod anhaltende Strahlkraft.

Dafür hat er freiwillig mit einem Nomadenleben bezahlt, das eine Menge Charme und auch etwas Hochstapelei erforderte, um über die Runden zu kommen. Nach monatelanger Recherche fand das Journalistenteam des Dokumentarfilms »Auf der Suche nach ›Da Cat‹« 1996 an der französischen Atlantikküste einen in sich ruhenden Mann, der völlig unbeeindruckt vom Zeitenwandel so elegant wie eh und je auf seinem total überholten Longboard surfte und nahezu jeglichen Kontakt zu irgendwem außerhalb mied. Miki Dora lebte allein vom Rausch, vom Flow, der ihn unabhängig von der Normalwelt der Gegenwart machte. Sein Beispiel zeigt, dass die gleitende Einheit mit der Natur wie eine Droge oder Religion wirken kann, von der man nicht mehr loskommt. Wie Diogenes in der Tonne kann man auch als Surfer autark im Einklang mit sich selbst leben und nur noch den Wunsch hegen, dass einem niemand in die Sonne tritt beziehungsweise in die Wellenquere kommt.

Das Gleiten auf dem Board hat seine Anhänger zu einer wahren Weiterentwicklungsflut inspiriert und eine unstillbare Gier nach mehr, nach anders, nach besser und nach noch gewagter ausgelöst. So wurde und wird nicht nur die eigene Surfkunst durch immer neue Manöver, Drehungen und Wendungen weiterentwickelt. Auch die Optimierung des Equipments steht permanent ganz oben auf der Surf-Agenda. Dass sich beide Entwicklungslinien gegenseitig verstärken, pusht die Dynamik zusätzlich.

Zu einer Revolution, die die Grenzen der Surferszene überschritt, kam es Mitte der 70er Jahre in Venice Beach. In dem trotz seines verheißungsvollen Namens reichlich heruntergekommenen Viertel von Los Angeles surfte man an der Ruine eines Vergnügungspiers der Jahrhundertwende. Gute Wellen gab es nur vormittags, und um die herumlungernden Jugendlichen von der Straße zu holen, reaktivierte der Besitzer des örtlichen Surfboard-Ladens, Jeff Ho, die nach einer kurzen Modewelle ziemlich in Vergessenheit geratenen Skateboards. Er stellte ein Team zusammen, und die Teenager entwickelten Ehrgeiz, ihre Surfkünste auf die kleinen schnellen Bretter zu übertragen. In seinem Dokumentarfilm »Dogtown and Z-Boys« hat Stacy Peralta die Geschichte aus Interviews und Originalmaterial packend und rasant zusammengeschnitten.

Den bis heute in künstlichen Halfpipes betriebenen akrobatischen Style entwickelten die Z-Boys, als während der herrschenden Wasserknappheit viele Pools in L. A. nicht mehr befüllt werden konnten. Überfallartig machten die Jugendlichen unbewachte Grundstücke ausfindig und gaben sich unermüdlich dem endlosen Kreisen in den wellenförmigen leeren Becken hin. Die Protagonisten der kleinen Gruppe stachelten sich gegenseitig zu immer besseren, immer gewagteren Moves an, bis hin zu Luftstunts. In der Folge gewann die Gruppe reihenweise Skaterwettbewerbe, einige von ihnen wurden echte Stars, und viele ihrer neuartigen Bewegungen haben nachhaltig auf das Surfen zurückgewirkt. Für diese Entwicklung steht insbesondere Kelly Slater.

Das Erlebnis des Surfens wollten die Menschen auch dort haben, wo sich keine Wogen brechen. Zwar ist das Skaten auf

Metallbahnen und Betonplatten ruppiger und hektischer als das Gleiten auf einer Ozeanwelle, es wird aber von sehr viel mehr Menschen betrieben, vor allem jüngeren, die sich keinen Strandaufenthalt leisten können. Die Szene, die sich hier etabliert hat, ist weniger meditativ, aber in den ästhetischen Ausdrucksformen, in Medien und Mode durchaus verwandt. Auch andere Sportarten beruhen technisch und gedanklich auf dem gleichen Ursprung, nur dass sie die Benutzung des Boards auf dem Wasser durch Segel oder Fallschirm ergänzen oder das Ganze in andere Elemente verlegen. Mittlerweile nutzen weltweit Menschen das Snowboarden, Wakeboarden, Windsurfen, Kitesurfen und Skysurfen, um sich im Einvernehmen mit den Elementen im Geschwindigkeitsrausch »stoked« zu fühlen.

Cosa Nostra.

Die Macht ungeschriebener Gesetze.

Es war ein unscheinbares Wäschepaket, das die italienische Polizei am 11. April 2006 endlich zum amtierenden Boss der Bosse führte. Wie er aussah, wussten sie schlicht nicht. Das letzte Foto von dem mittlerweile 73-Jährigen zeigte einen bulligen Endzwanziger, der sich als rücksichtsloser Auftragskiller den Beinamen »der Traktor« erworben hatte. Dann war Bernardo Provenzano untergetaucht. Innerhalb der Organisation, die unglaubliche 43 Jahre ihren Deckmantel über ihn gehalten hatte, ohne dass er die Umgebung seiner Heimatstadt verlassen musste, war er aufgestiegen. Als Chef der Corleoneser errichtete er durch eine massive Gewaltwelle im Mafiakrieg Anfang der 80er Jahre eine Art Diktatur. Die erworbene Machtstellung nutzte er, indem er von der Strategie öffentlichkeitswirksamer Massaker abging, Morde an öffentlichen Personen vermied und die für das Kerngeschäft unerhebliche Kleinkriminalität zurückschraubte, um die Aufmerksamkeit der Medien zu reduzieren und das angeschlagene Verbrechersyndikat zu konsolidieren. Aufgrund seiner umsichtigen und straffen Geschäftsführung erhielt der Mann, der die sizilianische Mafia im letzten Jahrhundert geprägt hat wie kaum ein anderer, einen neuen Beinamen: »der Buchhalter«.

Der Boss des vermutlich profitabelsten Unternehmens in Sizilien lebte in einem primitiven Häuschen nur wenige Kilometer von seiner Familie, die immer noch die Wäsche für ihn wusch, obwohl er seit vier Jahrzehnten nicht mehr am gemeinsamen Tisch gesessen hatte. Nicht nur die Einrichtung, auch die Kleidung Provenzanos war die eines Kleinbauern. Nichts deutete darauf hin, dass es einer der mächtigsten Männer des Landes war, der die Polizisten jovial begrüßte und ruhig darauf hinwies, es sei ein Fehler, ihn zu verhaften. Schließlich verstand der Mafiaboss sich als eine Art Friedensstifter. Der weißhaarige Mann mit der großen Gelehrtenbrille und dem rosigen Teint strahlte die Aura eines Landgeistlichen aus. Er hatte wie ein Einsiedler unter asketischen Bedingungen gelebt: einfache Ernährung mit Ricottakäse und Chicorée, ein Bett mit Decke, aber ohne Laken, kaum Habseligkeiten. Auf seinem Nachttisch lagen fünf Bibeln, die er aber nicht zuletzt für die verschlüsselten Botschaften seiner »Pizzini« herangezogen haben dürfte. Mit Hilfe dieser Kassiber lenkte er die Organisation und lernte dafür sogar im Alter noch das Schreibmaschineschreiben. Die in seinem Versteck gefundenen Zettelstapel belegen, mit welcher ungeheuren Machtfülle und Handlungsgewalt Bernardo Provenzano trotz Isolation und Lowtech ausgestattet war.

Die *Times* zeigte sich verblüfft, dass der geheimnisvolle Drahtzieher so ganz und gar nicht wie ein »Freund der italienischen Oper« wirkte, sondern eher wie ein einsiedlerischer »Schäfer«. Tatsächlich entsprach der unauffällige, pflichtbewusste Funktionär in keiner Weise dem Bild des Mafioso, das Romane und Filme ins öffentliche Bewusstsein gebrannt hatten. Er war weder ein protziger Brutalo mit Narbengesicht und Gamaschen noch ein verwegener Grande in einem dunklen Palazzo. Tatsächlich ist Provenzano ein typisches Produkt der verschworenen Geistesgemeinschaft, der seine Familie angehörte und in die er als Jugendlicher aufgenommen wurde. Seine totale Selbstaufopferung begriff er als Ehrenhandlung im Dienst der Organisation und verkörperte damit das Ethos der »bäuerlichen Ritterlichkeit« geradezu perfekt.

Die Formel für diesen gemeinsamen Geist lieferte die in den Frühzeiten der Mafia entstandene Oper »Cavalleria Rusticana«. In dem 1890 uraufgeführten Werk schildert der Komponist Pietro Mascagni einen mit dem Tod gesühnten Ehrenhandel im ländlichen Sizilien. Das Stück war derart prägend für das Image der Inselbewohner, dass man die erstaunliche Zahl unnatürlicher Tode fast 100 Jahre lang für ein typisches Zeichen der sizilianischen Mentalität hielt. Erst die Ermittlungen der Untersuchungsrichter Giovanni Falcone und Paolo Borsellino machten in den 1980er Jahren unmissverständlich klar, dass hinter einer Mauer des Schweigens ein hocheffizientes, eng gespanntes Netzwerk für Mord und Erpressung verantwortlich war. Der Ende des 19. Jahrhunderts auf den Zitrusplantagen der Mittelmeerinsel entstandene Bund der Mafia lieferte das Grundmodell für eine Vielzahl ungesetzlicher Vereinigungen in allen Teilen der Welt – vom nahe gelegenen Neapel über die USA bis hin nach China, Russland und Albanien.

Die »bäuerliche Ritterlichkeit« bringt auf den Punkt, was die Mafia von den üblichen, auf Profitgier und Skrupellosigkeit aufgebauten Verbrechersyndikaten unterscheidet. Von Anfang an etablierte diese zunächst auf die Erpressung von Schutzgeldern spezialisierte Gruppierung ein aus sizilianischen Verhaltensidealen abgeleitetes Handlungsethos, das Loyalität, Verschwiegenheit und Skrupellosigkeit als höchste Ehrverpflichtungen auswies – und dem Geschäft äußerst zuträglich war. Die »bäuerliche Ritterlichkeit« wurde zu einem für jedes Mafiamitglied essenziellen Glaubensinhalt, für dessen Wahrung er Freunde, Familie und sein eigenes Leben opfern würde. Der spezifische Ehrbegriff schweißt die Mitglieder der »ehrenwerten Gesellschaft« zusammen, auch wenn sie sich persönlich nie begegnen. Er besitzt darüber hinaus eine außerordentliche Strahlkraft zwischen Anziehung und Einschüchterung.

Der Ehrenkodex reglementiert das Verhalten der Mafiosi genauestens, selbst in blutigen internen Konflikten. Zuwiderhandlungen werden mit schärfsten Sanktionen durch die restlichen Mitglieder geahndet. Gleichzeitig dient die »bäuerliche Ritterlichkeit« als Binnenmoral der Legitimierung und positiven Umwertung von kriminellen Akten und skrupelloser Brutalität. Die »Ehrenmänner« nehmen ganz selbstverständlich das Gesetz in die eigenen Hände. Aus ihrer Sicht gelten die Regeln der Mafia auch für alle Nichtmitglieder. Insofern betrachteten viele Mitglieder die Vereinigung gar nicht als Verbrechersyndikat, sondern als einen Bund, der einem bestimmten Ehrbegriff anhängt und diesen umsetzt.

In den vielen Prozessen, die in den über 100 Jahren der Mafiageschichte zumeist erfolglos angestrengt wurden, brachten Verteidiger und Zeugen als Kernargument immer wieder die Behauptung vor, die Mafia wäre keine Organisation, sondern einfach ein kompromissloser Sinn für Stolz und Ehre. Als Rechtfertigung für eigentlich unvermittelbare Gräueltaten wurde immer wieder bemüht, dass es sich bei der Mafia bloß um eine Reihe charakteristischer und keineswegs verdammungswürdiger Merkmale der sizilianischen Seele handele, um eine Art Trotz, ein übertriebenes Ehrgefühl, eine Treue, die stärker sei als alle Gesetze. So kam es, dass dem kriminellen sozialen Gebilde über die Jahrzehnte tatsächlich eine höhere Existenzform zugeschrieben wurde als einer banalen Gangstergang. Durch Giovanni Falcones Vernehmung des ersten abtrünnigen Bosses der Bosse, Tommaso Buscetta, wurde die Existenz der Mafia als straffer Organisation zweifelsfrei bewiesen. Aber selbst der geständige Kopf der Organisation stellte sich die Cosa Nostra als »edle Bruderschaft« vor, die gleichberechtigten »Ehrenmänner« verbinde vor allem »gegenseitiger Respekt«. »Wir hatten alle das Gefühl, zu einer besonderen Elite zu gehören.«

Der Begriff »Mafia« war zu einem Markenzeichen der Mitgliederaufwertung und der Einschüchterung von Nichtmitgliedern geworden. Die exklusive Zugehörigkeit adelte jeden »Ehrenmann« und verschaffte ihm zudem über eine Art Ehrenkonto Zugang zu mehr Geld, mehr Informationen und mehr Macht. Es ist deshalb kaum verwunderlich, dass die Mafiosi ihre Ehre bis auf das Messer verteidigen, dafür erpressen, schmuggeln, morden und selbst in den Tod gehen. Die »bäuerliche Ritterlichkeit« hat es geschafft, als gemeinsamer Geist dieser gefährlichen Geistesgemeinschaft alle Veränderungen der Gesellschaft und alle Neuformationen in der Organisation zu überstehen und ihre dunkle Strahlkraft bis in die Gegenwart erfolgreich zu bewahren.

Die Gesetze der Mafia sind kompliziert. Sie regeln exakt, wer wem was wann sagen darf, wer wie aufgenommen wird, wie man dann leben und wann man sterben muss. Andererseits sind die Gesetze der Mafia sehr einfach. Denn sie leiten sich samt und sonders unmittelbar aus dem Ehrbegriff der »Cavalleria Rusticana« ab. Diese »Ehrenregeln« sind seit Bestehen des Bundes unumstößlich und mittlerweile durch ihren »Erfolg« bestätigt. Durch das fein strukturierte Verhaltenssystem aus Schweigegelübden und Einschüchterungen wurden unfassbar viele Mafiaverdächtige bis heute aus Mangel an Beweisen freigesprochen, quasi ein richterliches Siegel für die Unantastbarkeit der Organisation. Das berüchtigte Altmitglied Antonio Calderone brachte den resultierenden Stolz auf den Punkt: »Wir sind Mafiosi, alle anderen sind nur Menschen.«

Tatsächlich führt der Eintritt ins Ehrenregeluniversum dazu, dass man als »Ehrenmann« eine völlig neue Identität annimmt. Legendäre Mafiosi erwerben sich zudem im Lauf ihrer Karriere noch typische Spitznamen, die auf Meriten und Fähigkeiten verweisen und helfen, die aus einer Handvoll Familien Stammenden auseinanderzuhalten: Michele »die Cobra« Cavataio, Antonino »Kleine Hand« Giuffrè, Salvatore »das Vögelchen« Greco, Michele »der Papst« Greco, Salvatore »der Schuh« Greco, Nitto »der Jäger« Santapaola.

Falcone sah in der Ehrerbietung, der Demut, der Tradition und der Familie die Leitwerte der Organisation, deren Umsetzung das feingliedrige Regelsystem bestimmt. Die »Famiglia« als unterste und kleinste Organisationseinheit betont zugleich die zentrale Stellung der realen Familie für die Mafia. Da bei der organisierten Kriminalität unbedingtes Vertrauen und Gehorsam entscheidend sind, führte die Mafia nicht nur die »Omertá« ein, das eherne Schweigegebot, sie nutzt auch intensiv die starken familiären Bande, um ihr Funktionieren zu gewährleisten. »Ehrenmänner« rekrutieren sich bevorzugt aus Mitgliederfamilien, Familien werden auch nach dem Tod eines Mitglieds umfassend versorgt, und die Werte der Familie wie Treue, Sorge und Loyalität werden heiliggehalten. Ausschweifungen und Protzerei sind nicht angesagt, und ein Ehebruch mit der Frau eines anderen »Ehrenmanns« führt zwangsläufig zur Todesstrafe. Zuverlässigkeit ist in der organisierten Kriminalität alles, und wer unzuverlässig ist, ist entbehrlich.

Verschwiegenheit, Gehorsam und erbarmungslose Gewaltbereitschaft sorgen für einen Höchstgrad an Disziplin, Geschlossenheit und Organisiertheit der Gemeinschaft und lassen sie fast wie eine Geheimgesellschaft erscheinen. Status, Einfluss und Überleben sind direkt an das Einhalten der Regeln gekoppelt, und bei einem Nichteinhalten ist äußerste Geschicklichkeit in der Berücksichtigung der Folgen für die eigene Ehre gefragt: »Ein ›Ehrenmann‹ kann diese Regeln umgehen, manipulieren oder neu schreiben, aber er ist sich immer bewusst, dass sie darüber bestimmen, wie er von seinesgleichen wahrgenommen wird«, stellt John Dickie in seinem Standardwerk *Cosa Nostra* fest. Gelingt der richtige oder zumindest geschickte Umgang mit den »Ehrenregeln« nicht, drohen der Verlust von Anerkennung und die Schwächung der eigenen Position. Massive Sanktionen bis zur vollkommenen Entmachtung oder sogar Hinrichtung sind mögliche Folgen. Insofern sind Mafiosi peinlichst darum bemüht, ihren Ruf zu erhalten. Für sie ist dies ein wichtigeres Ziel als das eigene Leben, da ein Fehlverhalten auch immer sogleich die gesamte Familie des Missetäters betrifft. Hierdurch entsteht geradezu eine Besessenheit von den »Ehrenregeln«, die die eigene Handlungsweise einerseits deutlich einschränkt, sie andererseits mit einer enormen Gewissheit unterfüttert.

Im Fall der Sprachverwendung führt diese Einschränkung zu teils aberwitzigen Gesprächsformen. »Cosa Nostra« wurde als Selbstbezeichnung eingeführt, um den Namen Mafia nicht aussprechen zu müssen und den informellen Charakter »unserer Sache« zu betonen. Aus der permanenten Angst, etwas Falsches zu sagen, oder davor, dass das, was man sagt, falsch interpretiert werden könnte, vermeiden Mitglieder der Mafia es generell, sich wirklich festzulegen. Hierdurch nutzen sie eine derart gewundene Redeweise, dass für einen Außenstehenden kaum zu begreifen ist, worum es in den Gesprächen überhaupt geht. Giovanni Falcone musste bei seinen Verhören mit Mafiamitgliedern deshalb nicht selten eine Art Dolmetscher bemühen.

Neben der Geheimhaltung dient die Mafiasprache vor allem der Umwertung. Insgesamt ist es der Organisation gelungen, schnöde Kriminalität, die nicht einmal besonderer Intelligenz oder Fertigkeiten bedarf, mit der Aura der Macht und Dunkelheit zu umgeben. »Pizzo« (wörtlich: Schnabel) steht für das eingetriebene Schutzgeld, nach wie vor die grundlegende Einkommensquelle der Vereinigung. In Palermo zahlen mehr als 80 Prozent der Geschäftsleute das Stillhaltegeld, weiß Salvo Farello zu berichten, der 2006 mit seiner Gruppe für eine Plakatkampagne verantwortlich war. »Ein Volk, das Pizzo zahlt, ist ein Volk ohne Ehre«, stand da zu lesen. Der Satz traf tief in einen wunden Punkt der sizilianischen Seele.

Alles begann Mitte des 19. Jahrhunderts. Sizilien erlebte eine ökonomische Blüte aufgrund der breit angelegten und durch den Export in aller Herren Länder sehr wertvollen Zitrusplantagen. Das Problem beim Anbau der Südfrüchte war, dass die Bäume ebenso empfindlich wie kostbar waren. Kleine Akte von Vandalismus genügten, um die Betreiber um Ernte und Verdienst zu bringen. Diesen Umstand machten sich einige Sizilianer zunutze, indem sie bei den Plantagenbesitzern Prämien für den Schutz vor Vandalismus aushandelten, den sie ansonsten höchstpersönlich durchführen würden. Ein lukratives Geschäftsmodell, bei dem man nicht für seine Tätigkeit bezahlt wurde, sondern dafür, das eigene Tun zu unterlassen.

Um sich überzeugend als verlässlicher Erbringer dieser Leistung zu etablieren, musste die Mafia intern geschlossen auftreten. Wer bezahlt hatte, durfte nicht behelligt werden. Sie musste einerseits unsichtbar sein, um nicht gefasst zu werden, andererseits deutlich und unmissverständlich handeln, wenn sich ihr jemand entgegenstellte. Insofern sind die meisten Symbole der Mafia nur für den inneren Kreis der Mitglieder bestimmt, um sich zu erkennen, um sich zu verstehen, um daran zu erinnern, was die »Ehrenregeln« sind und was passiert, wenn man sich nicht an sie hält. So verfügte die Cosa Nostra schon früh über ein gelegentlich wechselndes Set an Erkennungszeichen, die auch verhindern sollten, dass man versehentlich von anderen Mitgliedern angegriffen wurde. Hierbei war und ist immer noch entscheidend, dass sich ein Mitglied niemals selbst vorstellen darf, sondern die Einführung immer einem Dritten zu überlassen hat. War dies einmal nicht möglich, fungierte zum Beispiel das Feststellen von Zahnschmerzen als Erkennungszeichen.

Der Hauptfeind ist der »Pentito«, der Abtrünnige aus den eigenen Reihen, der mit den Behörden zusammenarbeitet. In der von Geheimhaltung besessenen Organisation gilt er als Hochverräter und muss mit extremen Sanktionen gegen sich selbst, seine Kumpane, seinen Besitz und seine Familie rechnen. Für Angriffe dieser Art auf die Ehre und die Substanz der Mafia hat sich die »Vendetta«, die Blutrache, als Standardreaktion etabliert. Sie bildet die letzte Stufe in einer Rangfolge von festgelegten Sanktionen, über deren Schärfe und Umsetzung in der Regel eine Kommission aus Mafiamitgliedern entscheidet. Allen diesen Aktionen gemeinsam ist die symbolische Aufladung, die sie unmissverständlich als Vollstreckungen der Organisation ausweisen und ihnen einen klaren Platz auf einer feststehenden Skala der Härte zuweisen.

Nach ersten einfachen Drohungen und Erpressungen repräsentiert der »Sfregio« eine eigene Stufe der Gewalteskalation. Dieser Begriff steht für eine entstellende Verletzung als Zeichen dafür, dass man sein Gesicht verloren hat. Der »Sfregio« ist allerdings nicht auf das Gesicht beschränkt, sondern kann auch an anderen Körperteilen, an Familie, Eigentum oder Revier vorgenommen werden. Ein ganzes Arsenal von Zeichen veranschaulicht sehr plastisch, welches Stündlein geschlagen hat. Hierzu zählen beispielsweise als symbolische Warnungen abgeschnittene Gliedmaßen, die dem Gewarnten zugesandt werden. Solche Hinweise werden wie in einem Theaterstück vorbereitet und inszeniert, um der Botschaft die größtmögliche Unmissverständ lichkeit und Durchschlagskraft zu verleihen. Ein Mord im Namen der Organisation wird nicht einfach begangen, mit ihm wird zugleich eine Botschaft übermittelt. So stellt es eine berechnete Beleidigung dar, wenn der Mord etwa bei einer Taufe durchgeführt wird. Reicht auch diese Stufe nicht, um eine Person abzuschrecken oder zu gewünschten Verhaltensweisen zu bewegen, lässt man bei der »Lupara bianca« (wörtlich: weiße Schrotflinte) die Leiche spurlos verschwinden.

Die hochsymbolische Handschrift, die weder persönliche noch aktuelle Züge trägt, lässt die Mafia geheimnisvoll, fast mythisch erscheinen, als eine Macht, gegen die mit einfachen und profanen Mitteln schwer vorzugehen ist, als Institution neben der unangefochtenen katholischen Kirche. Bräuche und Sitten legen nicht nur fest, wann wer wie zu grüßen hat und wie man wo zu leben hat, sondern auch, wann wer wie zu ermorden ist und wann man besser daran tut, sich selbst aus dem Weg zu schaffen. Vom durch die Kirche bekannten Hand- oder Ringkuss zur begrüßenden Ehrerweisung über die Vergabe von Geldumschlägen bei Feiern wie Taufen oder Hochzeiten bis hin zum Strychnin, das zum jederzeitigen Selbstmord zwecks Verratsabwendung mitzuführen ist, reichen die bindenden Verhaltensweisen der Cosa Nostra. Bereits vor der Mitgliedschaft steht eine Handlung zwingend auf der Tagesordnung. Praktisch immer ist ein Mord die Voraussetzung für die Aufnahme in die Organisation.

Giovanni »Der Halsschlitzer« Brusca gestand, als er 1996 gestellt wurde, »weniger als 200« Morde, darunter auch das Sprengstoffattentat auf den Untersuchungsrichter Falcone. Er stammte aus einer alten Mafiafamilie und wurde mit 19, nach seinem ersten Mord, in die Organisation aufgenommen. Sein Pate war Salvatore Riina, der später zum Boss der Bosse aufstieg. Von Brusca stammt eine der wenigen ausführlichen Schilderungen des Initiationsrituals. John Dickie fasst die Aussage zusammen: »Die anderen versammelten sich in einem Zimmer und ließen Brusca draußen warten. Als man ihn wenig später hereinrief, saßen die Mafiosi um einen runden Tisch, und darauf lagen eine Pistole, ein Dolch sowie ein Heiligenbild. Die ›Ehrenmänner‹ bombardierten Brusca mit Fragen wie: ›Wenn du ins Gefängnis kommst, wirst du dann treu bleiben und nicht zum Verräter werden? Willst du Teil der Organisation sein, die Cosa Nostra genannt wird?‹ Seine Zuversicht wuchs, und er erwiderte begeistert: ›Ich mag diese Freundschaften, und ich liebe das Verbrechen.‹ Dann nahm einer der ›Ehrenmänner‹ seinen Finger und stach mit einer Nadel hinein. Brusca verteilte das Blut auf dem Heiligenbild und hielt es in den hohlen Händen, während Riina es persönlich in Brand setzte. Dazu sprach der Pate die Worte: ›Wenn du die gemeinsame Sache verrätst, wird dein Fleisch brennen wie dieser Heilige.‹« Am nächsten Tag erfolgte die Unterweisung in die Verhaltensregeln.

In dem von den Freimaurern entlehnten Ritual kommen alle Facetten des Mafiaethos eindrucksvoll zusammen. Das Blut des Kandidaten wird symbolisch aufgeladen. Er wird zum Mitglied der »Familie«, deren Bande über das Bild geheiligt werden. Im Schnitt wird die Opferbereitschaft des Neuen vergegenwärtigt und durch die Verbrennung eine erste Einweisung in das gemeinsame Verhaltensmuster vorgenommen. Der zeremonielle Charakter und der getragene Ernst der Veranstaltung stellen sicher, dass keiner, der dieses Ritual einmal durchlaufen hat, es jemals vergessen wird. Es markiert den entscheidenden Wendepunkt im Leben jedes »Ehrenmannes«, an dem er sich von seinen alten Verhaltensmustern löst und einem neuen unterwirft.

Schilderungen des Geheimrituals sind äußerst rar und verweisen zugleich auf eine bestürzende Tradition. Das erste aktenkundig gewordene Mafiaopfer, der Plantagenbesitzer Dr. Galati, gab in seiner völlig folgenlosen Eingabe an den italienischen Innenminister eine identische Aufnahmezeremonie wieder und ergänzte die Eidformel des Novizen: »Wie dieser Heilige mit meinem Blut verbrennt, so will auch ich mein Blut für die Bruderschaft vergießen. Wie dieses Blut und diese Asche nie wieder in ihren früheren Zustand zurückkehren können, so kann auch ich die Bruderschaft nie mehr verlassen.« Sein Bericht stammt aus dem Jahr 1875.

Jeder Mensch macht, meist sehr früh in seinem Leben, die archaische Urerfahrung einer Gruppenmacht. In anderen Zeiten und Gegenden war das vielleicht bei einem von rhythmischen Trommeln angefeuerten Ritualtanz der Fall, für den man mit bunten Farben bemalt und zeremoniell hergerichtet wurde. Heute passiert das eher, wenn man im Kindergarten als Großgruppe mit lautem Gebrüll über den Spielplatz läuft. Man steigert sich in einen wahrhaften Rausch der Begeisterung, der einem das unbedingte Gefühl von Macht, Freiheit und unbegrenzten Möglichkeiten beschert. Man fühlt sich als Teil einer Gemeinschaft, die alles kann. Man fühlt sich aufgehoben in einer größeren Macht und damit unheimlich stark.

Dieses Gefühl kann sich bei einer schwarzen Messe, beim Pferderennen in Siena oder auch bei einer politischen Kundgebung einstellen. Man teilt mit anderen ein unglaubliches Erlebnis und hat dadurch etwas mit ihnen gemeinsam. Das erzeugt Verschworenheit. Gemeinsam fühlt man sich für einen Augenblick erhaben – über alle Zweifel, über alle Hemmungen, über alle geltenden Gesetze. Und dieser Moment des schieren Machtbewusstseins ist der Initiationspunkt zweier ganz eigener Arten von Geistesgemeinschaften: der Banden und der Bünde. Beide begeistern sich an ihrer Überlegenheit und kultivieren sie als einen Schatz, den es zu pflegen, zu bewahren und zu verteidigen gilt. Beide bauen sie um diesen Schatz eine Steigerungskultur voller Symbole, Rituale und Idole auf, die deutlich macht, dass man nicht bereit ist, sich allgemeinen Gesetzen unterzuordnen. Man ist bestimmt und auserwählt, den eigenen, vermeintlich höheren, zumeist ungeschriebenen Gesetzen zu folgen. Sie versorgen den Einzelnen und das Kollektiv mit einem besonderen Herrschaftswissen und permanenten Erfahrungen der Gruppenmacht.

Banden und Bünde sind im Gegensatz zu anderen Geistesgemeinschaften nicht daran interessiert, ihre Denk- und Lebensform zu verbreiten. Sie nutzen ihre Exklusivität als Machtform. Wer über das wichtige Wissen oder die entscheidende Fertigkeit verfügt, erlangt dadurch Überlegenheit. Dieses Fluidum der Macht wird in alten Mythen und Sagen häufig durch ein Schwert, einen Pokal oder Ring verkörpert, den man um keinen Preis hergeben darf, da man mit ihm auch sein Herrschaftspotenzial verlieren würde. Deshalb ist der gemeinsame Geist von Banden und Bünden fast immer ein geteiltes Geheimnis. Ihre Verschworenheit wird durch einen Schwur besiegelt, nicht durch öffentliches Regelwerk.

Ihr Habitus hat daher durchweg etwas Düsteres, Mythisches und Hermetisches. Das erklärt einerseits ihre oft unglaubliche, rätselhafte Anziehungskraft. Andererseits stehen viele von ihnen zumindest mit einem Bein auf der Seite der gefährlichen Begeisterung. Nahezu alle problematischen Geistesgemeinschaften wie die al-Qaida, die Triaden oder die Colonia Dignidad gehören zu diesem Typus. Es wäre allerdings ein Kurzschluss, alle Banden und Bünde über einen Kamm zu scheren. Sie können auch als Machtorgan für eine höhere Instanz genutzt werden wie die Samurai. Oder sie können die Geheimgesellschaft als Machtinstrument zur geistigen und gesellschaftlichen Veränderung einsetzen wie Illuminaten, Rosenkreuzer oder Freimaurer.

Eines haben alle Anhänger von Geheimbünden, Verbindungen, Gangs, Banden oder Sekten gemeinsam: das Gefühl, über eine ganz besondere Gewalt zu verfügen, über eine unwiderstehliche Energie, die einem Macht über das eigene Leben und Autorität über alle anderen verleiht. Ob zu einem positiven oder einem bedenklichen Zweck, dieses Wissen und seine Beherrschung kommen als Mysterium daher, das beschützt wird wie der Heilige Gral und dessen Ergründung einen großen Teil der Aktivitäten in diesen beiden spannenden Gemeinschaftsformen ausmacht. Das vorsichtige Behüten und die stufenweise Ergründung führen dazu, dass sie so durchritualisiert und hierarchisiert sind wie kaum eine andere Form.

Das Paradebeispiel einer Bande sind Motorradgangs wie die Hell's Angels oder die mit ihnen verfeindeten Bandidos. Ihre Mitglieder leben die archaische Urerfahrung der Gruppenmacht völlig unmittelbar und ungefiltert, sobald sie sich auf ihre Bikes schwingen. Ihr Weltzugang heißt »Born to be wild«. Die Rockerhymne der Band Steppenwolf gab schon 1969 den Soundtrack zu dem legendären Bikermovie »Easy Rider«. Das Lebensgefühl einer dynamischen Einheit voller Tatendrang wird den tätowierten, muskelbepackten und mit heiligen Lederjacken bekleideten Fahrern von der laut brummenden Horde PS-starker Zweiräder beschert.

Der gelebte Mythos von Freiheit und Männlichkeit verschwört die Einzelfahrer zu einer Bruderschaft mit archaischen

Riten. Er begeistert die Gangmitglieder so weit, dass sie sich weitgehend von der Normalgesellschaft abkoppeln. »Ehre, Achtung, Kameradschaft und die Liebe zum Bike« werden zu den zentralen Werten. Die Eigenlogik der kriegerischen Rockerehre sucht gerade das Spannungsverhältnis zu den herrschenden Gesetzen und greift tief in die Tradition von Kriegsverherrlichung und Schrumpfkopfjägern: Den höchsten »Rockerorden« in Form eines »Expect no mercy«-Aufnähers erhält man nur, wenn man ein Mitglied einer verfeindeten Gang mit einem Messer oder einer Schusswaffe lebensgefährlich verletzt hat.

Konstruierte **Heimat.**

Die Bindungskraft von Marken und Unternehmen.

Wenn Kinder spielen, dann des Spielens wegen. Sie machen Quatsch, weil es Spaß bringt. Für sie ist alles gut, solange es spannend ist. Und ist das mal nicht der Fall, wünschen sie sich sehnlich herbei, dass es bald wieder so sein möge. Sie lieben den Moment und gehen darin auf. Sie sind begeisterungsfähig und gehen dem unbeirrt nach. Manchmal weinen sie, manchmal lachen sie, aber insgesamt ist für sie das Leben ein Spielplatz, auf dem ständig etwas Neues, Faszinierendes passiert.

Die amerikanische Fernsehserie »Ally McBeal« hat über 112 Folgen versucht, das Idealbild eines netten kleinen Unternehmens zu zeichnen. In der Bostoner Rechtsanwaltskanzlei erhalten alle reichlich Freiraum, ihre diversen Macken und Spleens auszuleben: die überdrehte Ally, die frivole Elaine, die kühle Ling, der smarte Billy und die beiden Gründer, der kauzige Krauskopf John Cage und sein aalglatter Sozius Richard Fish. Da wird gekabbelt und getratscht, gestritten und geliebt – und fast nebenbei auch noch hervorragend zusammengearbeitet. Man gewinnt den Eindruck, dass die Gemeinschaft gerade deshalb so erfolgreich ist, weil das Unternehmen etwas anders ist als andere, weil es den Mitarbeitern eine Art Spielplatz bietet.

Eine der besten Folgen behandelt diese Unternehmensphilosophie. Sie wird, passend zu einer Anwaltsserie, Gegenstand eines

Gerichtsverfahrens. In »Schwere Geschütze« verklagt die ehemalige Mitarbeiterin Georgia Cage & Fish wegen Störung ihrer Ehegemeinschaft mit Billy, der noch als Anwalt bei der Kanzlei arbeitet. Ihr Vorwurf: Das absurde Betriebsklima führe zwangsläufig zu absonderlichen Verhaltensweisen bei allen Beteiligten. In der Folge kommt es zu verletzenden und desillusionierenden Streitereien zwischen den Protagonisten und zu einem pingpongartigen Gespräch der beiden Gründer: »Damals, als ich mit der Idee einer Kanzlei zu dir kam, habe ich vier Gründe angeführt, weißt du noch? Erstens:« – »Viel Geld.« – »Zweitens:« – »Mehr Geld.« – »Drittens:« – »Spaß.« – »Viertens:« – »Noch mehr Geld.« Dann, nach einer kurzen nachdenklichen Pause: »Was wurde nur aus Grund Nummer drei?«

Auch wenn drei der vier Gründe materialistisch sind, kommt es letztlich auf den einen nichtmaterialistischen an. Gerade der als oberflächlich und profitorientiert verschriene Richard Fish erinnert sich wehmütig: »Weißt du, als kleiner Junge habe ich die Erwachsenen nie gemocht. Ich habe mir geschworen, wenn ich älter wäre, werde ich nie so sein wie sie ... Ich hatte die Vorstellung, dass wir alle hier wie Kinder sein würden. Wir arbeiten zusammen. Wir spielen zusammen.« In einer für die Serie typischen Fantasiesequenz verwandelt sich der Anwalt in den kleinen Jungen, der er einmal war, schmollend in seinem nun viel zu großen Bürosessel: »Was ist nur passiert?«

Trotzdem besteht die Konsequenz, die Fish am nächsten Tag aus der Klage gegen das Betriebsklima zieht, in einer 180-Grad-Wendung zu einer konventionellen Unternehmensführung. Er fordert von seinem Partner, von nun an disziplinierter und weniger gesellig zu agieren. Es müsste darum gehen, alles viel besser durchzustrukturieren und zu einer anständigen Anwaltskanzlei zu werden, in der man vor allem strikt und effizient an den Fällen arbeitet, in der eine professionelle Atmosphäre persönliche Streitereien im Keim erstickt. Als Antwort auf diese Kursänderung gerät das Schlussplädoyer des unsicher wirkenden, jedoch brillanten Cage zu einer pathetischen Fürsprache für das Unternehmen als Geistesgemeinschaft. Nach dem Vertreter der Anklage tritt er vor den Richter und setzt an: »Ich war etwa sechs oder sieben Jahre alt, da sah ich meinem Vater zu, wie er sich für eine Trauerfeier umzog. Ein Mann aus seinem Büro war gestorben. Ich fragte ihn: ›Und? Ist er ein netter Mann gewesen?‹ Und mein Vater antwortete: ›Eigentlich habe ich gar keine Ahnung.‹ Er habe ihn nie richtig kennengelernt. Sie hatten im gleichen Büro gearbeitet, 17 Jahre, und sie hatten sich nie richtig kennengelernt ... Ist das nicht traurig?« Nach einer kurzen, bedeutungsvollen Pause fährt Cage fort, indem er nacheinander auf seinen Partner und seine Mitarbeiter zeigt: »Wir kennen einander recht gut ... Man stelle sich das vor, in dem Büro, wo ich arbeite, sind Richard Fish und Beweisstück A (Ally McBeal) meine besten Freunde überhaupt. Nell Porter ist meine Geliebte. Stellen Sie sich vor«, sagt er, zum Richter gewandt, »jeden Tag darf ich dort mit Menschen zusammenarbeiten, die mir so viel bedeuten.«

Darauf entgegnet der Richter kühl: »Ich bin gerührt. Gibt es eine Pointe?« Die Antwort des Anwalts: »Ja. Die Pointe ist die: Mein Partner sollte sich für die Kanzlei, die er aufgebaut hat, nicht entschuldigen. Das Büro, in dem mein Vater gearbeitet hat, in dem man 17 Jahre Seite an Seite arbeitet, ohne sich richtig zu kennen, das ist das Büro, in dem irgendetwas nicht stimmt.« Zum Schluss seiner Rede fasst er die Kanzleiphilosophie noch einmal zusammen: »Selbst wenn wir keine Kinder mehr sind, wir tun so, als wären wir es noch.« Ganz überzeugt ist der Richter daraufhin zwar nicht, weist aber dennoch die Klage ab. Die

Folge endet mit einer Einstellung auf die gesamte Gruppe, einschließlich der Klägerin. Gemeinsam schlendern alle zu einem Versöhnungsessen. Nach einer Überblendung sieht man die gleiche Gruppe als feixende Kinder.

Was in dieser Folge, mit der typischen Überzeichnung, verhandelt wird, ist eine Grundfrage vieler Unternehmen und Marken. Wie beim einzelnen Menschen geht es um die Frage nach der grundsätzlichen Ausrichtung. Was ist das Ziel? Geht es darum, Mitarbeiter und Kunden glücklich zu machen? Oder darum, Aktionäre und Management reicher zu machen? Geht es darum, langfristige Ideen und Ideale mit großer Überzeugung und einiger Geduld umzusetzen? Oder darum, kurzfristige Rendite einzufahren? Geht es darum, Produkte und Marken zu entwickeln, die wirkliche Defizite beheben und tiefer liegende Sehnsüchte ansprechen und erfüllen? Oder darum, zu verkaufen, egal was und egal wie?

Beide Pole haben ihre Existenzberechtigung. Ganz ohne Renditeorientierung und Verkaufsfertigkeiten hat sich noch kein Unternehmen und keine Marke langfristig am Markt halten können. Zugleich weist die Entwicklung der vergangenen Dekade nachdrücklich darauf hin, dass auch im wirtschaftlichen Bereich die Nachfrage nach Idealismus deutlich gestiegen ist. Die eindrucksvollsten Erfolge haben zuletzt vorrangig Unternehmen und Marken erzielt, die klare Ideale für sich definiert und diese dann auch nachdrücklich umgesetzt haben. Die Gunst der Gesellschaft gewinnen derzeit diejenigen, die eine verlässliche Werteheimat gewähren, die für ihre Mitarbeiter und Kunden eine Gemeinschaft von Gleichgesinnten bieten. Kaum jemand möchte heute mehr in einem Unternehmen arbeiten, in dem man seinen Büronachbarn selbst in 17 Jahren nur spärlich kennenlernt. Immer mehr Menschen möchten dagegen für

Unternehmen arbeiten, Marken und Produkte erwerben, die eine Seele haben, die bestimmte Ideale verkörpern, für die man sich nicht schämen muss, sondern zu denen man sich voller Begeisterung bekennen kann.

Unternehmen wie SAP, Camper, Apple, Google, Porsche oder American Apparel und vor allem die aus ihnen hervorgehenden Marken haben deshalb immer mehr mit Szenen wie den Surfern oder Skatern gemein. Erfolgreiche Marken und Unternehmen sind heute zunehmend »Szenen light«. Auch sie begeistern und verändern etwas an der individuellen Lebensform. Das Ziel von Marken ist allerdings nicht Abkehr, Protest oder Revolution. Sie bieten ihre Symbolkraft zur Anreicherung der Identität des Konsumenten. Der gemeinsame Geist von Marken ist darauf ausgelegt, einem Menschen die Möglichkeit zu geben, ein bisschen mehr der zu sein, der er sein möchte. Dafür soll er dann auch ein bisschen mehr zahlen. Marken sind wie ein Kleidungsstück, das man sich anzieht und das einem zeigt, wie man auch sein kann. Auf diese Weise wird es möglich, dem eigenen Selbstverständnis ein neues Element hinzuzufügen oder ein bestehendes hervorzukehren.

Arbeitet jemand an einem Apple-Computer, ist er Teil einer Kreativgemeinschaft und fühlt sich auch so. Aktuelle Forschungen glauben sogar herausgefunden zu haben, dass Menschen, die einen Apple nutzen, hierdurch tatsächlich kreativer werden – allein aufgrund ihres gewandelten Selbstverständnisses und Selbstbewusstseins. Ist jemand auf My Space vertreten, gehört er zu den mit berühmten Popstars und der weltweiten Webelite Vernetzten. Arbeitet er beim *Spiegel* oder einem bekannten Sender, ist er Teil einer Gemeinschaft mit einem starken Ethos, die fortlaufend am Puls der Gesellschaft operiert. Wer dazugehört, ist ein Insider und hat unmittelbaren Anteil an aufregenden Entwicklungen, die vielen Außenstehenden fremd bleiben müssen. Starke Marken vermitteln ein identitätsbereicherndes Zugehörigkeitsgefühl, und dieses Gefühl ist der Grund dafür, warum sich Menschen durch Kaufakte und Engagement zu ihnen bekennen, warum sie bereit sind, das Doppelte und Dreifache für eine faktisch gleiche Leistung zu bezahlen. Das ist beim Bier so, das man trinkt. Das ist beim Auto so, das man fährt. Und das ist natürlich auch bei der Firma so, bei der man arbeitet, nur dass man hier für das Zugehörigkeitsgefühl nicht mit einem Kaufpreis, sondern mit Mehrleistungen und eventuell schmaleren Verdienstmöglichkeiten zur Kasse gebeten wird.

Ein Unternehmen, das wie kaum ein anderes die gewachsene Nachfrage nach Idealismus und Marken mit Seele repräsentiert, ist Bionade. Hier hatte ich die Gelegenheit, die Entwicklung hautnah miterleben zu können und so unmittelbar zu erfahren, was den Erfolg dieser Innovation letztendlich ausgemacht hat. Schon der Kick-off-Workshop mit den Machern von Bionade war einer der interessantesten Tage meines Berufslebens. Nachdem wir ein paar Monate zuvor den Geschäftsführer Peter Kowalsky und den Marketingchef Wolfgang Blum davon überzeugen konnten, sie bei der Markenentwicklung des biologischen Erfrischungsgetränks zu unterstützen, brachen wir zu viert auf in das kleine bayerische Örtchen Ostheim vor der Rhön. Wir erfuhren, dass sich die alte Brauerei Peter über viele Jahre mit dem Betrieb einer Disco über Wasser halten musste, um in einem extrem langwierigen Prozess Bionade zu erfinden und überhaupt eine Produktionsmöglichkeit für die gebraute Limonade zu eruieren. In der umgebauten Disco präsentierten wir unsere ersten Gedanken und stürzten uns dann gemeinsam mit der gesamten Erfinderfamilie und den leitenden Bionade-Leuten in eine mehrstündige Runde, die das Ziel hatte, bewusst zu machen, was Bioande ausmachte und was ihre große Stärke war.

Zu jener Zeit war gerade das Buch *Molwanien*, ein Reiseführer für ein virtuelles Land, in aller Munde, und so hatte ich mir einige gemeinsame Spiele und Aufgaben ausgedacht, die sich alle um das virtuelle Land »Bionadien« drehten: Wie sah es dort aus? Wer wohnte hier? Warum zog man her oder auch weg? Wie lebte man dort? Wer waren die Nachbarn? Welche Gesetze galten dort? Was dabei herauskam, war beeindruckend. Ich ahnte, dass diese Marke extrem erfolgreich werden würde. Zunächst war wichtig, was an dem Getränk besonders war. Noch wichtiger aber war, was an den Leuten besonders war, die für die Erfindung und Entwicklung verantwortlich waren. Das wurde in dem Gesetzestext des Landes »Bionadien« deutlich, den wir an diesem Tag entwickelten. Wie im Gründungsmanifest einer Revolutionsbewegung hieß es dort: »Wir tun alles, um die Reinheit des Wassers zu erhalten. Denn Wasser ist die Basis von allem. Wir betrachten Nahrung als eine chemiefreie Zone. Wir verhalten uns so, dass die Gesundheit unserer Kinder geschützt wird. Wir handeln so, dass wir für alle offen und sehr attraktiv sind. Wir verstehen Genuss als ein Muss. Wir wollen Wachstum ermöglichen, aber nicht erzwingen. Wir werden das in uns gesetzte Vertrauen nie enttäuschen.«

Bionade war ein echter Pionier und Vorreiter. Kaum eine Marke zuvor hatte in dieser Form zwei Gegenpole zusammengebracht. Bionade sollte beides bieten: Moral, Reinheit, Gesundheit und Vertrauen auf der einen Seite; Attraktivität, Genuss und Freude auf der anderen Seite. Bionade war einerseits »Bio«, das Gute und Gesunde, andererseits »Limonade«, die wir seit unserer Kindheit mit Glück und Spaß verbinden. Bionade füllte den Geist von Dritte-Welt-Laden-Besuchern mit dem von lustsuchenden Szenegängern in eine Flasche. Die Marke prägte damit praktisch einen neuen Schönheitsbegriff. Wir formulierten: »Schön ist, wenn das Gute glücklich macht.«

Das war die eine Seite des Erfolgs. Die andere, auch das wurde uns am zitierten Manifest klar, bestand darin, dass die Leute von Bionade absolute Idealisten waren, die durch nichts und niemanden von ihrem Weg abzubringen waren. Der Bionade-Erfinder hatte eines Tages eine Möglichkeit erkannt, die ihn begeisterte, und ab diesem Moment interessierte ihn kaum noch etwas anderes als ihre Verwirklichung. Dieser Moment des Anfangs ereignete sich, als Dieter Leipold eines Tages erkannte, dass es kein wirklich kindgerechtes Getränk gab. Kinder standen vor einem scheinbar unauflösbaren Dilemma. Das, was sie am allerliebsten mochten, wurde ihnen meistens von ihren Eltern versagt: Limonade oder Cola. Und was ihre Eltern ihnen wie sauer Bier feilboten, war nicht wirklich ein Genuss für sie: Wasser oder Säfte. Es fehlte ein Getränk, das beiden gerecht wurde. Die Welt brauchte ein Erfrischungsgetränk, dass gut für Kinder war und sie gleichzeitig glücklich machte.

Der Ostheimer Brauingenieur hatte seine Mission gefunden und begab sich voller Elan und mit großen Ambitionen auf die Suche nach der perfekten Formel. Es begann eine jahrelange Tüftelei, die auch vor dem heimatlichen Badezimmer nicht haltmachte und sich von dem kreisenden Pleitegeier nicht aufhalten ließ. Die Idee für das neuartige Erfrischungsgetränk war zwar relativ schnell gefunden, mit der Umsetzung aber haperte es viele Jahre lang mächtig, von der darauf folgenden Vermarktung der Getränkeinnovation ganz zu schweigen.

Zum Zeitpunkt der Entstehung konnte niemand ahnen, dass sich die Menschen ab der Mitte des Jahrzehnts plötzlich alle nach Lebensmitteln und Produkten sehnen würden, die das

Ökologische und Faire mit dem Hedonistischen und Ästhetischen verbanden. Niemand konnte wissen, dass diese Kombination für große Teile einer durch Umwelt- und Lebensmittelskandale verunsicherten Bevölkerung zum fehlenden und viel gesuchten Puzzleteil werden würde. Tatsächlich fiel das Produktkonzept zunächst auf einen wenig fruchtbaren Boden, und es dauerte eine ganze Weile, bis es größere Kreise begeisterte. Der Moment des Anfangs, der den Erfinder mit enormem Schub auf den Weg gebracht hatte, stellte sich bei anderen zunächst nicht ein. Erst die Zeit brachte langsam eine Konstellation von gesellschaftlichen Bedingungen und menschlichen Bedürfnissen, die den einsam vor sich hin werkelnden Zündfunken in einen mitreißenden Flächenbrand verwandelte. Dann ging plötzlich alles sehr schnell.

Am Fall Bionade wird deutlich, dass man sich immer für das begeistert, was gerade fehlt. Hat man einen leeren Magen, kann man sich an jedweder Leckerei ergötzen. Fühlt man sich zu dick, erwärmt man sich eher für die neueste Diät. Geht es der Wirtschaft blendend und herrscht eine Stimmung der Unangreifbarkeit, haben waghalsige Risikogeschäfte mit höchsten Gewinnerwartungen Hochkonjunktur. Liegt die Wirtschaft danieder und herrscht Verlustangst, sind Sicherheitsgeschäfte mit niedrigen Renditen gefragt. Für Bionade konnten sich die Menschen erst wirklich begeistern, als ihnen klar wurde, dass ihnen ein Getränk fehlte, dessen Eigenschaften Bionade aufwies. Durch eine wachsende Bewusstheit in der Ernährung wurde ihnen deutlich, dass viele Getränke aufgrund ihres Zuckergehaltes, ihrer Konservierungsstoffe und anderer chemischer Zusätze nicht in der Weise für einen Dauerkonsum geeignet waren, wie man sich das neuerdings wünschte. Erst jetzt wurde das Puzzleteil offensichtlich, dessen Gegenstück die Bionade war. Erst so wurde das

Produkt zur ersehnten Lösung eines Problems, das zuvor überhaupt keine Rolle im Bedürfnishaushalt der Menschen gespielt hatte.

Lange Zeit galt in der Wirtschaft das Primat des Konditionierens. Mitarbeiter wurden durch Trainee-, Aufstiegs- und Bonifizierungsprogramme geschleust. Unternehmen wurden durch Rationalisierung und Restrukturierung in Richtung Effizienz verwaltet. Vermarktung funktionierte über die ewige Wiederholung simpler Botschaften (Penetration), bis man nicht mehr anders konnte, als sie zu kennen. Die Erfolge von Marken wie Bionade bahnen einen anderen Weg, einen Weg mit dem Primat des Faszinierens. Das Ziel ist, Menschen zu begeistern, bislang unentdeckte Missstände zu erkennen, Sehnsüchte zu bedienen, etwas vorzustellen, an das man glauben kann, das einen nach vorne trägt, das einem andere Seiten der eigenen Persönlichkeit eröffnet.

Für diesen Weg müssen sich Unternehmen und Marken vom alten Kommunikationsmodell von Sender und Empfänger radikal verabschieden: Hier das Unternehmen, da seine Mitarbeiter; hier die Marke, da der Konsument. Für diesen Weg müssen sie sich selbst als Gemeinschaft begreifen, getragen von einem gemeinsamen Geist, wie eine Eliteuniversität, ein »Fight Club« oder eine soziale Bewegung, als eine Gemeinschaft, die das persönliche Glück eines jeden Mitglieds und Anhängers mit dem gemeinsamen Erfolg aller verzahnt. Für diesen Weg müssen sie einen »Corporate Spirit« definieren und diesen durch eine Begeisterungskultur in die Welt bringen.

Eine Marke, die diesen Weg äußerst erfolgreich gegangen ist und deshalb zu Recht als Vorreiter angeführt wird, ist Dove. Die Marke dümpelte über viele Jahre mehr oder weniger belanglos vor sich hin und setzte dabei eher aufs Konditionieren. Doch eines Tages erkannten die Markenverantwortlichen in der unüberbrückbaren Distanz zwischen den realen Konsumentinnen und den allgemein propagierten Ästhetikleitbildern einen Missstand, der vielen Frauen auf der Seele lag. Das Unternehmen Unilever entschied sich für den Idealismus und setzte mit seiner »Initiative für wahre Schönheit« mutig auf ein Gegenbild zum gängigen Schönheitsideal. Die Dove-Werbung wandelte sich von der schnöden Produktpreisung zur Befreiungskampagne von der Last falscher Ansprüche. Der relativ austauschbare Produktwert der Pflegeserie wurde durch einen einzigartigen und wertvollen Symbolwert überkompensiert. Frauen konnten sich mit einem Mal wirklich zu Dove bekennen, und das taten sie auch begeistert.

Auch Wirtschaftsunternehmen sollten ein gesteigertes Interesse an den Tag legen, ihren Mitarbeitern eine Form von Zugehörigkeitsgefühl zu vermitteln, das ihnen ermöglicht, sich zu dem Unternehmen zu bekennen und wirklich für es zu begeistern. Warum das Thema eines gemeinsamen Geistes bisher nur bei wenigen Konzernen und Betrieben wirklich ernst genommen wird, ist schwer nachvollziehbar. Der enorme Erfolg der wenigen Gegenbeispiele müsste die Verantwortlichen eigentlich eines Besseren belehren. Google beispielsweise hat einen relativ einfach zu beschreibenden Geist, der ganz unmittelbar zu seinem Angebot passt. Der Neugierige, der die Suchmaschine, Google Earth oder ein Instrument wie Google Trends nutzt, erlebt immer wieder neu ein Staunen, welches dem gleicht, das Kleinkinder haben, wenn sie das erste Mal einen Lichtschalter betätigen und feststellen, dass dadurch die Lampe angeht. Diese Mischung aus Neugier und Staunen versucht Google über verschiedenste Elemente auch seinen Mitarbeitern mit auf den Weg zu geben. Die Firmenzentrale ist wie ein großer Uni-Campus mit unterschiedlichsten Cafés und Beschäftigungsmöglichkeiten gestaltet, auf dem sich jeder zu jeder Zeit frei bewegen kann. Jeder Mitarbeiter kann seinen Arbeitsplatz und auch Teile seiner Arbeitszeit so gestalten, wie er sich das vorstellt. Regelmäßig gibt es einen Pyjama-Tag, an dem, wer möchte, im Nachtgewand am Arbeitsplatz erscheint. All das wird intern als »googly« bezeichnet und führt dazu, dass sich Menschen, die diese Kultur mögen, zugehörig und aufgehoben fühlen – eine gute Voraussetzung für Begeisterung und Engagement und eine gute Demarkation gegenüber der ebenfalls vernehmbaren deutlichen Kritik an der Machtposition des Unternehmens.

Mit einer ähnlichen Kritik sieht sich auch das Unternehmen Microsoft konfrontiert, insbesondere von Apple, das seine fast schon religiös anmutende Community seit einiger Zeit durch witzige Werbespots gegen den Hauptkonkurrenten in Stellung gebracht hat. So werden in mehreren kleinen Filmchen zwei Kontrahenten miteinander konfrontiert. Der eine, cool, jung, intelligent, sympathisch, stellt sich vor mit: »I'm a Mac.« Der andere, eher dicklich, schlecht angezogen, unbeholfen, umständlich, sagt: »I'm a PC.« Es entspinnt sich jeweils ein lustiger kleiner Dialog, in dem der »Mac« seine Stärken voll ausspielt und der »PC« als antiquiert und kompliziert erscheint. Es hat Jahre gedauert, bis Microsoft auf eine schlaue Gegenstrategie gekommen ist. In den neuen amerikanischen Spots des Unternehmens wird die weltumspannende Masse der User als begeisternde Gemeinschaft dargestellt. Man sieht unterschiedlichste, spannende, glamouröse und beeindruckende Persönlichkeiten überall auf der Welt, Architekten, Unternehmer, Hollywood-Schauspieler, Gurus, Freaks, Krankenschwestern, Wissenschaftler und Designer, die alle erzählen, was sie machen, und sich mit dem Satz bekennen: »I'm a PC.«

Eine Klasse für sich.

Elitäre Verbindungen.

Eine Zusage für Harvard oder Yale ist ein größerer Gewinn als der Jackpot im Lotto. Beim Lotto wird man einfach mit Geld überschüttet, und die Erfahrung zeigt, dass die wenigsten mit dem massiven materiellen Zuschuss ihr Leben zum Besten wenden. Ein erfolgreiches Studium an einer amerikanischen Eliteuniversität bildet die eigene Persönlichkeit aus, es macht einen schlauer und verschafft einem ein lebenslanges Netzwerk aus interessanten, hilfsbereiten Gleichgesinnten. Darüber hinaus erhöht es die Chancen, so reich zu werden wie bei einem Lottogewinn. Zahlreiche Studien haben ergeben, dass ein Lottojackpot viele Gewinner in Unglücksraben verwandelt hat, die sich einen roten Ferrari neben ihr Schrebergartenhaus gestellt und mit der Zeit jede Balance und alle Freunde verloren haben. Dagegen weiß man von den Absolventen der Eliteuniversitäten, dass sie amerikanische Präsidenten, Nobelpreisträger, bahnbrechende Philosophen oder Weltklasseschauspieler geworden sind. Henry David Thoreau, T. S. Eliot, Ralph Waldo Emerson und Gregory Bateson, Al Gore, Bill und Hillary Clinton, Barack Obama und Tommy Lee Jones waren in Harvard oder Yale. Sie alle haben zwar nie einen Jackpot geknackt, stattdessen waren sie selbst einer für die Gesellschaft. Sie haben dafür gesorgt, dass ein akademischer Abschluss dieser Hochschulen mehr aussagt, als dass diese Person gut in ihrem Fach ist.

Die überbordende Euphorie über die Zusage einer amerikanischen Eliteuniversität hat J. R. Moehringer in seinem autobiografischen Bestseller *Tender Bar* sehr anschaulich beschrieben. Natürlich misst sich die Begeisterung auch hier an der zugrunde liegenden Sehnsucht. Erhält man wie der Autor über ein Stipendium die Aufnahme in den elitären Zirkel, der einen Ausweg aus chaotischen und prekären Verhältnissen weist, fällt der Jubel natürlich stärker aus als bei den Sprösslingen von Geldadel und Machtdynastien, deren Familien ganz selbstverständlich die beträchtlichen Studienkosten hinblättern. J. R. öffnet den Brief von Yale in Anwesenheit seiner Mutter und kann es kaum fassen: »Ich reichte ihr den Brief. O mein Gott, sagte sie beim Lesen, und Tränen stiegen ihr in die Augen. Sie drückte den Brief an ihr Herz. Ich packte sie und tanzte mit ihr durchs Wohnzimmer in die Küche und wieder zurück, und dann saßen wir nebeneinander am Tisch und lasen den Brief immer wieder. Ich brüllte den Brief, sie sang den Brief, schließlich verstummten wir ... Wir glaubten beide an Wörter, aber für jenen Tag, für dieses Gefühl gab es nur drei Worte: Wir sind reingekommen.«

Die Zugehörigkeit zu dieser Geistesgemeinschaft und einen Stellenwert in ihrem Gefüge zu erwerben erweist sich, wie nicht anders zu erwarten, als existenzielle Prüfung für J. R. Die meisten anderen starten unter besseren Bedingungen, nämlich aus einer hochprivilegierten Position. Die Professoren verlangen ganz selbstverständlich Höchstleistungen, treiben ihn durch die Tiefen des *Verlorenen Paradieses* und über die Höhen der *Göttlichen Komödie*. In dem hochkarätigen Umfeld ist nicht zuletzt Arbeit an der eigenen Persönlichkeit gefragt, um das Beste aus sich herauszuholen. Auch hier gibt es Leitbilder und Idole, die mit einer scheinbar naturgegebenen Erhabenheit durch die Welt schreiten, weil sie von früh auf zu jener Elite gehören, zu der J. R. gerade die Eintrittskarte erhalten hat. »Es war der erste Tag im

Schuljahr, doch dieser Junge gab schon jetzt zu erkennen, dass er hier seinen Abschluss machen würde. Ihm gehörte Yale. Er kannte fast jeden, und die er nicht kannte, hielt er an, um sie kennenzulernen. Er hielt das Kinn leicht nach oben gereckt, als stünde sein Gegenüber auf einer Trittleiter, eine Pose, die seine königliche Haltung betonte, ebenso wie seine Adlernase und das vorstehende Kinn. Er lächelte, als hätte er ein Gewinnlos in der Tasche, und so war es vermutlich auch. Sein Erfolg war gesichert. Er sah aus wie einer, dem nie etwas Schlimmes zustößt.«

Eliteuniversitäten bilden, gerade durch die speziellen Anforderungen und ein spartanisches Internatsleben bei schwindelerregenden Kosten von rund 50 000 Dollar im Jahr, sehr loyale Geistesgemeinschaften. Für die Studenten ist die Zugehörigkeit eine Ehre und Freude, zu der sie sich ein Leben lang bekennen. Das gerahmte Diplom erhält den Stellenwert eines Ahnenporträts. Sticker auf den Heckklappen ihrer Autos, Sweatshirts, Polos und Becher mit dem Logo der Uni, Wimpel und die legendären Ringe zeigen den »Stall«, aus dem sie kommen. Kein Wunder, dass viele »Alumni« mit Zugehörigkeitsdevotionalien ausgestattet sind wie waschechte Sportfans. Für die regelmäßigen Ehemaligentreffen und zu den ritualisierten Feierlichkeiten des akademischen Jahres reisen sie gern von weit her an. Neben diesen Äußerlichkeiten, die man, im Unterschied zu europäischen Unis, auch an anderen amerikanischen Hochschulen findet, ist es aber vor allem eine Haltung, die hier geprägt wird: Ich gehöre zu einer eingeschworenen Klasse, einer elitären Verbindung besonderer Menschen, die Großes vorhaben und eine hierfür adäquate Bildung erhalten.

Der französische Denker Alexis de Tocqueville hat, nach einer neunmonatigen Studienreise durch die Vereinigten Staaten, bereits 1835 das Selbstverständnis der Amerikaner, irgendwie besonders zu sein, auf den Begriff »American exceptionalism« gebracht. Exzeptionell bedeutet dabei nicht nur besonders gut, sondern vor allem: anders, eigen und die freie Persönlichkeit kultivierend. In der »Ivy-League« messen sich seit den 1880er Jahren die acht Eliteuniversitäten der Nordostküste nach dem britischen Vorbild von Oxford und Cambridge im sportlichen Wettkampf. Die Gründungsmitglieder der »Efeu-Liga«, Harvard, Yale, Columbia und Princeton, waren schon früh die Speerspitze des »exzeptionellen« Geistes. Im 17. und 18. Jahrhundert ins Leben gerufen, um als strenge Erziehungsanstalten für den rechten Glauben zu sorgen, bewahren sie ihr programmatisches Sendungsbewusstsein bis heute ungebrochen. Von Anfang an bestand ihre Mission in der Charakterbildung, der Persönlichkeitsentwicklung, dem Vermitteln einer eigenen Haltung und einer besonderen Verantwortung. Über die Jahrhunderte haben die Eliteuniversitäten einen Begriff von »higher education« in den Vereinigten Staaten etabliert, der über das Berufsfachliche weit hinausgeht, der nicht nur »fit für den Job macht«, wie es europäische Politiker von Hochschulen häufig fordern, sondern den ganzen Menschen im Blick hat, wie das auch Wilhelm von Humboldt mit seinem Begriff von Bildung im Sinn hatte.

Weder die überaus üppige finanzielle Ausstattung oder die unangefochtene Spitzenforschung noch die honorigen und glamourösen Absolventen oder die weltweit besten Professoren sind das Entscheidende an den Eliteuniversitäten. Das alles sind Folgeerscheinungen ihres zugrunde liegenden gemeinsamen Geistes. Und der hat weit in die amerikanische Kultur ausgestrahlt und wurde eine wesentliche Quelle für deren sprichwörtlichen Optimismus, wie der Hochschulexperte Ulrich Schreiterer erläutert: »Der Glaube an die wunderbare, heilsbringende

Kraft von Bildung – ›Faith in education‹ – ist derart in alle Gruppen und Schichten der amerikanischen Gesellschaft eingegraben, dass er fast religiöse Züge trägt.«

Studenten an Universitäten der »Ivy-League« haben es nur auf den ersten Blick mit efeuumrankten Traditionsinstituten zu tun. Vor allem leben sie auf dem Campus in einem Edukationsdorf, in dem alles für ihre Bildung getan und bereitgestellt wird. Die ersten zwei Jahre ihres Studiums beschäftigen sie sich generalistisch mit völlig unterschiedlichen Disziplinen, Methoden und Theorien, um nicht von Anfang an auf einen zu engen Blick festgelegt zu werden. Erst danach folgt ein fachspezifisches Studium. Oft leben sie mit einem Kommilitonen zusammen in einem kleinen Zimmer und verbringen reichlich Zeit in den herausragenden, rund um die Uhr geöffneten Bibliotheken. Neben dem wissenschaftlichen Werdegang durchlaufen sie ein breit gefächertes Programm, das sich durchaus mit der Charakterbildung im »Club der toten Dichter« messen kann: von der Aufnahme in eines der hochprofessionellen College-Teams unterschiedlichster Sportarten über die Mitarbeit an der Campus-Zeitschrift oder in diversen Themenzirkeln bis zur Mitgliedschaft in Studentenvereinigungen wie »Skull & Bones«, »Book« oder »Snake«, alleine in Yale.

Elitäre Bildungsanstalten wie Harvard, Eaton, Oxford oder die Sorbonne bilden sehr konzentrierte, schützende Mikrokosmen für ihren Nachwuchs. Durch ihr ausgesuchtes Selbstverständnis und eine leicht überschaubare Stufenleiter bieten sie dem Hinzugekommenen eine mentale Heimat, in der er sich mit eigenem Engagement seinen Platz erobern kann. Über ein ausgeklügeltes Anreizsystem mit einhergehender Statusaufwertung führen sie die Studenten in ihre sehr spezifische Denkwelt ein. Schritt für Schritt, Lektion für Lektion wird gelernt, was einen

»Yalie« ausmacht und was er dafür wissen und können muss. Wie beim »Club der toten Dichter« gelangen die Mitglieder, indem sie Herausforderungen annehmen, etwas wagen, sich engagieren und ausdrücken, zu einem freieren Denken, einer eigenen Weltsicht. In Abgrenzung zu all jenen, die es nicht geschafft haben »reinzukommen«, wird etappenweise ein Geist angeeignet, der eine gemeinsame Gesinnungsheimat bereitstellt und zugleich die eigenen Fähigkeiten erweitert. Wer Schulen dieser Art besucht hat, spricht eine andere Sprache.

Das Ziel von Schulen als Geistesgemeinschaften liegt in der Vermittlung und Verbreitung dieser anderen Sprache: einer anderen Lesart der Welt, einer anderen Form des Denkens, einer »exzeptionellen« Haltung. Jede Schule hat ihren spezifischen Spirit, der in besonderen Werten, einer eigenen Theorie oder einer speziellen Methode zum Ausdruck kommt. Dazu zählen nicht nur die Einrichtungen der Montessoripädagogik, der Jesuiten und der Anthroposophen oder Eliteschulen wie Salem, Cambridge oder Stanford. Auch Denkrichtungen, Theorien und Disziplinen wie der Existenzialismus, die Quantenmechanik oder die Psychoanalyse sind Schulen in diesem Sinn. Denn auch sie unterweisen ihre Mitglieder in streng »von oben« vorgegebenen Idealen. Auch sie lehren eine eigene Lesart der Welt, eine eigene Sprache und eigene Kompetenzen. Auch sie stehen im Widerspruch zur herrschenden Lehrmeinung, brechen mit ihr und setzen ihr ein neues Denken entgegen, das auf ihrem Gebiet völlig neue Möglichkeiten eröffnet. In all diesen Fällen werden die Schüler in einer Denkform ausgebildet, die ihnen die Augen öffnet. Sie tauchen tief in einen Geist ein und lernen, aus einem neuen Blickwinkel zu sehen. Und fortan können sie sich besonders fühlen, zugehörig zu einer Gemeinschaft von Geistesverwandten: als eine Klasse für sich, als Elite.

Elitäre Verbindungen werden von denjenigen geknüpft, die die gleiche Schule durchlaufen haben, sei es eine Institution, Theorie, Disziplin oder ein entsprechendes Milieu. Es gibt sie deshalb seit jeher, und es wird sie trotz gegenteiliger Anstrengungen auch in Zukunft weiter geben. Was sich allerdings über die Zeit beträchtlich verändert hat, ist die Auffassung davon, was eine Elite ausmacht. Vor einigen Jahrhunderten beschränkte sich das Phänomen im Wesentlichen auf den Geburtsadel. Man wurde hineingeboren, dementsprechend erzogen und behandelt. Mit der Lösung von der Aristokratie definierte sich Elite zunehmend um in Richtung Bildungsadel. Wer hier dazugehören wollte, brauchte nicht mehr blaues Blut in seinen Adern. Er musste einfach die feinen Unterschiede kennen, über ein breites Spektrum an Kompetenzen verfügen und vor allem eine Persönlichkeit sein, die nicht nur Verantwortung übernehmen wollte, sondern auch mit ihr umgehen konnte. Mittlerweile wird dieser Begriff, besonders in Deutschland, zunehmend durch die Idee eines Leistungsadels abgelöst. Zur Elite gehört, wer etwas leistet, wer sich verdient macht und sich so in einer gehobenen Position etabliert. Voraussetzung für die Zugehörigkeit ist nicht mehr eine Bildung im Sinne der Charakterprägung klassischer Eliteschulen, sondern die Ausbildung im Sinne einer möglichst vielversprechenden Berufskarriere. »Exzeptionell« wird bei diesem Eliteverständnis ganz pragmatisch mit Prädikatsexamen und Einkommen identifiziert.

Julia Friedrichs hat in ihrer Parallelweltexpedition *Gestatten: Elite* die exklusiven Verbindungen der Bundesrepublik erkundet und ist auf ein ziemlich eindimensionales Selbstverständnis gestoßen. Bei ihrer Recherche in deutschen Bildungsanstalten wie Salem, Schloss Neubeuern oder der European Business School in Oestrich-Winkel begegnete ihr im Wesentlichen nur noch ein großes Ideal bei den Schülern und Studenten: später einmal bei einer namhaften Unternehmensberatung zu arbeiten. Man setzt sich vor allem von den »Minderleistern« ab, die nicht clever genug oder zu faul waren, ihre Chancen voll auszunutzen und sich entsprechende Verdienste zu erwerben. Was zählt, sind die Meriten, die man in puncto wirtschaftliche Nützlichkeit und Effizienz angesammelt hat. Wer dazugehören will, muss dieses Spiel beherrschen.

Auch der Politologe Franz Walter sieht in seiner Bestandsaufnahme *Baustelle Deutschland* zunehmend das allgemeine Leitbild der »modernen Chancengesellschaft« aufziehen, einer Meritokratie, in der jeder nützliche Bürger sich in eine Mühle aus lebenslangem Lernen und permanenter Anpassung an die Bedürfnisse des Marktes fügt und, gemessen an seinen erbrachten Leistungen, sozial und ökonomisch aufsteigen darf. Die Probleme dieser Gesellschaftsform hat der britische Soziologe Michael Young bereits 1958 in seinem satirischen Roman *Es lebe die Ungleichheit: Auf dem Wege zur Meritokratie* scharf umrissen. In der negativen Utopie ist eine immer wieder vorgebrachte Forderung konsequent umgesetzt. Alles ist durch Leistung determiniert. Verschwendung und scheinbare Nutzlosigkeit sind so weit wie möglich minimiert. Der Wert eines Menschen wird definiert als Produkt seiner Intelligenz und Anstrengung und in einer Leistungsskala veröffentlicht. In diesem System hat jeder seine Funktion und wird an ihrer Erfüllung gemessen. Der problematische Preis, den eine solche Gesellschaft nach Young zu zahlen hat, ist ein knallharter Sozialdarwinismus und die Zerstörung jedweder kulturellen Vielfalt. Man ist in dieser Gesellschaft maßgeblich auf die Wahrnehmung seiner Mitbürger angewiesen. Deshalb ist alles, was man tut, auf kurzfristigen Erfolg und Effizienz angelegt. Die reale, sofort sichtbare Leistung ist Trumpf und schlägt alles andere aus dem Feld. Fehlversuche, Steckenpferde, Obsessionen, Muße und Idealismus sind nicht mehr gefragt.

In der zunehmenden Meritokratie von heute werden die Weichen immer früher auf Elitekurs gestellt. Die Kinder sollen möglichst schon im Kindergarten Englisch sprechen und im ersten Schuljahr Chinesisch lernen, um künftigen Marktanforderungen gerecht zu werden. Man begeistert sich an den Chancen des Nachwuchses und fürchtet nichts mehr, als dass er im Leistungswettlauf hinterherhecheln muss. Die eigenen Kinder sollen auf keinen Fall irgendwann zu den Verlierern, den »Minderleistern« zählen. Wie sich ihre Persönlichkeit entwickelt, erscheint da eher von zweitrangiger Bedeutung.

Eine wachsende Skepsis gegenüber der »modernen Chancengesellschaft« und ihrem leistungsorientierten Bildungssystem ist an der Hochkonjunktur abzulesen, welche die wesentlich auf Charakterbildung zielenden Schulen der Montessoripädagogik oder der Anthroposophen erleben. Auch die zunehmende Ausrichtung der Universitäten auf schnelle, »jobtaugliche« Abschlüsse gerät zunehmend ins Kreuzfeuer der Kritik. Mit dem Unmut über die Selbstbedienungsmentalität der Leistungseliten und dem massiven Vertrauensverlust der zwei Dekaden lang als Vorbilder gehypten Investmentbanken ist deutlich geworden, dass Verantwortung und Charakter langfristig für eine Gesellschaft wertvoller sind als kurzfristige Profite. Es ist eine lohnende Investition, die heranwachsende Generation in dieser Form des Denkens, in dieser Lesart der Welt zu schulen.

Eliteuniversitäten wie Harvard und Yale haben zwar ohne Frage ein hohes Leistungsethos, aber sie wenden es auf das gesamte Spektrum der menschlichen Kompetenzen an. Es wäre ein eklatantes Missverständnis, den idealistischen Grundzug dieser Art von Schulen zu übersehen. Seit ihren Gründungstagen hegen und pflegen sie Ideen und Ideale, die weit über einem eindimensionalen Erfolgs- und Zweckdenken stehen. Und gerade dadurch gewinnen sie das gewisse Etwas, das ausstrahlt und anzieht, das begeistert.

Ob hierfür ein generalistisches Bildungsideal humanistischer Prägung in Zukunft noch taugt, steht auf einem anderen Blatt. So beobachtet Ulrich Schreiterer, dass die führenden Unis in den USA beherzt auf die veränderten Herausforderungen reagiert haben und sich als kreative Schmelztiegel positionieren, indem sie permanent neue Ideen und Konzepte in die Lehre aufnehmen. Für einen Meritokraten unverständliche Bildungsangebote wie Postcolonial Studies, Gender Studies oder Film Studies blühen und gedeihen hier bestens. Sie erfahren höchste Wertschätzung, da sie geeignet sind, Denkgewohnheiten aufzubrechen und die Gestaltungskompetenz der Studenten für die entscheidende Ressource der Zukunft zu fördern: die Entwicklung und Gestaltung neuer Ansätze, neuer Lösungen, neuer Wege der Problembewältigung.

Es gibt nichts, was insbesondere die westlichen Industriestaaten heute mehr brauchen als Kreativität, als Menschen, die sich für andere Perspektiven begeistern, Querdenker, die durch ihren individuellen Blick auf Dinge kommen, die zuvor nicht im Bereich des Möglichen lagen. Es gibt nichts, was gegenwärtig nötiger wäre als Idealisten, die jenseits des kurzfristigen Karrieredenkens ihre eigenen Ideen ausspinnen und diese trotz Rückschlägen mit Elan weiterverfolgen. Nicht umsonst weisen viele Entwicklungen darauf hin, dass genau diese Begeisterung an der individuellen Kreativität einen enormen Aufschwung erleben wird. Holm Friebe und Thomas Ramge haben von Open Source, Long Tail und Prosuming über soziale Unternehmer und

Wikinomics viele dieser Trends und Entwicklungen in ihrem Buch *Marke Eigenbau* zusammengetragen.

Vielerorts wird inzwischen der Aufstieg der »creative class« und eines kreativen Kapitalismus verkündet. Die Frage ist, welche Denkschulen und elitären Verbindungen diese Entwicklung gestalten und kultivieren können. Ein gutes Beispiel bilden die Geistesgemeinschaften der Thinktanks, die sich mittlerweile als Institutionen für unabhängige Perspektiven in Forschung, Wirtschaft und Politik etabliert haben. Es gibt inzwischen etwa 2000 dieser Ideen- oder Konzeptagenturen in den Vereinigten Staaten, und in der Politikberatung haben sie enormes Gewicht. Die Elite der Thinktanks wie die RAND Corporation, das Council on Foreign Relations oder die Brookings Institution liefern Konzepte für alle Bereiche politischer Gestaltung. Die 1100 Seiten des *Mandate for Leadership* der Heritage Foundation, das als »Bibel der Reagan-Administration« in die Geschichte einging, legen hiervon ein beeindruckendes Zeugnis ab. Dreihundert Fachleute hatten kurz vor Amtsantritt des neuen Präsidenten über 2000 Vorschläge für Programme und Maßnahmen entwickelt, die in großen Teilen die Amtszeit von Reagan beeinflussten und prägten.

Thinktanks sind eine Art Konzeptadel. Als Non-Profit-Organisationen und Stiftungen entwickeln sie kreative Lösungsansätze für bestehende und vor allem zukünftige Probleme. Das Produkt, das sie anbieten, ist im Wesentlichen freies Denken. Um diesem Gehör und Geltung zu verschaffen, ist ihr Medium die Publicity. Wichtige Thinktanks produzieren bis zu 50 Bücher im Jahr, sie erstellen thesenartige Papers und Policy Briefs, die Entscheidungsträger auf dem Weg vom Flughafen zur Innenstadt über ein politisches Themenfeld auf den Stand bringen. Sie geben Zeitschriften wie die *Foregin Affairs* heraus, verbreiten

Newsletter und verfassen Blogs. Bei der Heritage Foundation arbeiten allein 14 PR-Spezialisten, die für eine Omnipräsenz der unabhängigen Experten im Fernsehen und in den Printmedien sorgen. Das funktioniert, weil die Beiträge zum Teil hochprofessionell selbst erstellt werden und das wiederum die klammen Budgets der Medienkanäle schont. Dazu kommen öffentliche Auftritte, Seminare und Kongresse sowie schriftliche Gutachten und Aussagen vor Ausschüssen als beschlagene Ratgeber. Darüber hinaus werden Thinktanks in der Wahlkampfberatung eingesetzt und sogar als Personalpool für die Politik wie im Fall von Madeleine Albright und Condoleezza Rice. Thinktanks sind ein Paradebeispiel für eine neue Art elitärer Verbindungen, die sich nicht so sehr auf Herkunft, Bildung oder Leistung gründen, sondern auf die substanzielle Kreativität und gedankliche Unabhängigkeit der erstellten Konzepte. Es wird sich zeigen, ob sie nicht sogar die Vorhut für einen heraufkommenden Elitebegriff, eine Neudefinition der »Klasse für sich« sind.

Subversiver Geist.

Kyniker und Künstlergruppen.

Innerhalb der kurzen Zeitspanne zwischen 1922 und 1924 hat Otto Dix über 400 Aquarelle gemalt: hässliche Bilder, brutale, abgründige und anstößige. Seine Motive fand er in den sozialen Randbereichen, in Tanzcafés, Varietés und Bordellen, oder in der ätzenden Satire einer Nachkriegsgesellschaft voller Bürokraten, Profiteure und Offiziere. Otto Dix war in dieser Zeit etwas auf der Spur. Er durchpflügte die Wirklichkeit nach dem für ihn Entscheidenden: dem »unverdünnten Leben« – hemmungslos, schonungslos, unverblümt.

Das malte und zeichnete er. Artisten. Sadisten. Huren. Matrosen. Immer mit der Hand am Schritt, bereit, loszulegen oder loszuschlagen. Für ihn waren sie die Helden des »unverdünnten Lebens«. Sie lebten ohne gestern und ohne morgen, rücksichtslos, haltlos, begeistert. Bei ihnen fand Otto Dix, was er so begehrte: die nackte Realität, eine vollkommen unverhüllte und klare Darstellung der Wirklichkeit ohne Beschönigung, ohne Zugaben. Stattdessen hässliche Fratzen und tiefe Abgründe, das Blitzen der Instinkte, die Ohnmacht der Ordnung. Das war nicht gerade sozialverträglich. Es war zum Teil asozial. Und so wurde er schnell zum »Bürgerschreck«, zum Rebellen, zum Radikalen.

Otto Dix war, wie viele Künstler, ein Vorreiter des subversiven Geistes. Er brach mit der vorangegangenen Tradition, mit dem angesagten Expressionismus, mit der bürgerlichen Vorstellung einer gesitteten Lebensführung. Für sich selbst verwarf er den Entwurf einer stetigen Existenz. Und doch stand er niemals alleine da. Denn auch die anarchistischen Umstürzler, die Gesellschaftszersetzer bilden Gemeinschaften: von Künstlergruppen über Gesinnungsguerillas bis zu radikalen Philosophen (wobei jede wahre Philosophie radikale Philosophie ist). Diese Geistesgemeinschaften erscheinen auf den ersten Blick paradox, weil sie die Grundlage der Gruppenbildung ablehnen: Regelung und Rücksicht. Subversive Geistesgemeinschaften lachen jedem verkrampften Bemühen unverhohlen ins Gesicht. Was geht, muss sich finden. Alles andere ist Muff.

Das Feindbild des subversiven Geistes ist das »tote Leben«, sich als Objekt zu fühlen, als Schachfigur auf dem Weltbrett der Entscheidungen. Der subversive Geist begehrt auf gegen Verwaltung und Bürokratie. Absicherung ist in seinen Augen die größte Gefahr. Er sieht darin die Verhinderung von Lebendigkeit, das Einsperren von Tieren, die sich nach Weite sehnen, in einen zu kleinen Käfig, die Fesselung wuchernder Pflanzen in ein Gestell, das ihre Entfaltung so lange regelt, eindämmt und stutzt, bis sie nur noch eine erzwungene Karikatur ihrer selbst sind. Lebensintensität dagegen bedeutet eigenständige Gestaltung, freie Fantasie und hohes Risiko. Begeisterung heißt auch hier, alles auf ein Pferd zu setzen und es dadurch zum Fliegen zu bringen. Alles andere wird dem Leuchten der Augen radikal untergeordnet. Was man tut, tut man selbständig und selbstbestimmt aus Selbstzweck. Leben ist kreativ, und Kreativität ist eben schonungslos. Sie zerstört, weil sie Neues erschaffen will. Sie reißt nieder, weil sie Neues bauen will. Gerade in dieser Unerbittlichkeit liegt die Kraft der Unmittelbarkeit. Nur so erlebt man sich selbst als pulsierendes Zentrum der Welt.

Die amerikanische Schriftstellerin und Philosophin Ayn Rand glaubte an das befreite menschliche Ego als »Ursprung allen

Fortschritts«. Dieser Überzeugung verschaffte sie 1943 in ihrem Roman *Der Ursprung* ein fiktives Idol in der Figur des stolzen und geradlinigen Avantgarde-Architekten Howard Roark, der sich gegen Korruption, Mittelmaß und den Widerstand der Kompromissgesellschaft behaupten muss, die auch vor härtesten Bandagen nicht zurückschreckt. Die Kraft für diesen Kampf zieht Roark aus dem gesteigerten Leben seiner Existenzform: Er hat das Gefühl, der Welt nackt ausgesetzt zu sein, völlig ungeschützt und angreifbar, aber gerade dadurch vollkommen aufrecht und unbeugsam.

Die befreiende, ja heilende Wirkung des subversiven Geistes hat David Bowie in einem eindringlichen Erlebnis auf den Punkt gebracht, das er dem *Spiegel* bei Erscheinen der Platte »Outside« zu Protokoll gab, die er gemeinsam mit seinem Freund Brian Eno produzierte. Er habe vor vielen Jahren Eno die Sammlung L'Art Brut in Lausanne gezeigt, in der Jean Dubuffet die Werke psychisch kranker Künstler zusammengetragen hat. Im Vorfeld der gemeinsamen Produktion wollte Eno sich revanchieren und führte Bowie in die Nervenheilanstalt Gugging bei Wien, wo seit Ende der 1960er Jahre durch das Engagement des Psychiaters Leo Navratil ein viel beachtetes Kunstprojekt floriert. Bowie berichtet von dem Besuch: »Es gibt dort zwei Flügel. Einen für die eingesperrten Nichtkünstler. Dort spürt man die Angst und Verzweiflung, dort sind Slogans an die Wand geschrieben wie ›Das ist die Hölle‹. Der andere Flügel ist für die Künstler reserviert. Dort findet man ein Panorama voller Farben und fühlt eine merkwürdige Leichtigkeit. Die Insassen dort arbeiten außerhalb eines Kunstdialogs, der sich mit Streitereien abgibt, ob nun der Kubismus dem Surrealismus überlegen ist. Es gibt keine Beurteilung, keinen Wettbewerb. Das schafft Freiheit.«

Kronzeuge für ein offenes, ungesichertes, dafür umso intensiveres Leben ist auch der zeitgenössische Maler Lucian Freud. Auf erste Erfolge mit seinen Bildern reagierte der britische Künstler mit der Entdeckung seiner Spielleidenschaft: »Es war nie so, dass ich gespielt, aber noch etwas Geld zurückgelegt hätte – ich habe immer alles gesetzt. Die Vorstellung von Glücksspiel aus reinem Vergnügen fand ich irrsinnig. Was mir gefiel, war die Tatsache, alles zu riskieren. Alles, wirklich alles zu verlieren. Und dann zu Fuß nach Hause zu gehen ... einfach loszulaufen.«

Schon als Kind stand der Enkel von Sigmund Freud im »Ruf eines wilden Jungen, der sich besser mit den Tieren als mit den anderen Kindern verstand«. Er schlief in Pferdeställen, schwänzte Schule und Kunstschule und lernte stattdessen lieber Tischtennis. Von früh auf attestierte man ihm enorme Kraft und Aufsässigkeit. Ganz im Sinne von Otto Dix heuerte er in jungen Jahren als Leichtmatrose auf einem Handelsschiff an. Der Drang zum Abenteuer stand in auffälligem Kontrast zu einem starken Hang zum Insichgekehrtsein. In späteren Jahren kam noch der Einfluss seines Freundes Francis Bacon hinzu, der das Risiko noch mehr liebte und noch stärker am Rande des Abgrunds lebte. Bacon übertrug diese Seinsweise aufrichtig, rückhaltlos und oftmals verstörend in sein Werk und bestätigte Freud hierdurch in seiner eigenen Kunstauffassung. Resultat war die bereits zitierte Haltung: »Ich glaube nicht, dass es Gefühle gibt, die man auslassen sollte.« Freud glaubt in der Kunst an eine »gesteigerte Realität«. Die Wirklichkeit sei jeder Vorstellung an Ausdruckskraft und Intensität weit überlegen, wenn man sie nur unablässig und schonungslos genug beobachtet. Er versperrt sich jeder Form von Beschwichtigung und Retusche und will den Betrachter zu der Frage verleiten: Was könnte surrealer sein als eine Nase zwischen zwei Augen?

In der Suche nach der nackten Realität ist er noch radikaler als Dix. Freud nutzt eine Reihe von Techniken und Verfahren, um eine höchstmögliche Steigerung der Intensität zu erreichen: zum Teil sehr kleine Formate, eine enorme Detailgenauigkeit, ein starkes Vertrauen zu seinen meist nackten Modellen, das eine besondere Form von Intimität erzeugt. Für die Bilder greift er oft auf Motive aus seinem nächsten Umfeld zurück. So malt er Akte seiner eigenen Töchter, bezieht die Ateliersituation mit ein. Körperliche Besonderheiten wie herabhängende Haut, markante Knochenformen, Muskelstränge, Fettpolster und Narben treten unbarmherzig in den Vordergrund. Der Bildaufbau wird häufig durch Anschnitte, schiefe Winkel oder einen Barrierenwegfall zwischen Motiv und Betrachter bestimmt. Der Betrachter bekommt das Gefühl, dass er sich tief im Bild befindet, in einer sehr intimen Situation, zugleich abgestoßen und eingesogen, mit ebenjenem Gefühl gesteigerter Realität, mit dem Gefühl »unverdünnten Lebens«, das ihn seiner Sicherheit beraubt und auf sich selbst zurückwirft. Das Hässliche wird schön, das vermeintlich Gute schlecht, es zeigt sich eine andere Wahrheit. Wo dieser Funke überspringt, kommen Kunst und Leben zusammen, die pure Lebendigkeit sprengt die Konvention.

Das wollte auch der Dadaismus, als er sich mit irritierendem Werkunsinn gegen die Musealisierung der Kunst und ihre Trennung vom wirklichen Leben zur Wehr setzte. Durch zufallsgesteuerte Wortlautmalerei und jeden hehren Anspruch sabotierende Bildcollagen sollte die Kunst ihrer ätherischen Enthobenheit beraubt und in Form ihrer regelzersetzenden Gestaltungskraft in die Wirklichkeitswelt zurückbefördert werden. Wo die Kunst zum muffigen Aushängeschild beflissener Bildungsbürger geworden war, da musste der komplette Unsinn sein Unwesen treiben und den biederen Ernst einfach weglachen. Dada war die pure Anarchie der Form und dadurch seinerzeit das beste Mittel gegen bourgeoise Erstarrung. Hier wurde alles mit allem verbunden und vermischt und dadurch eindrucksvoll gezeigt, dass genau so Neues und Ungewöhnliches entsteht.

Wie der Dadaismus folgen die meisten subversiven Geistesgemeinschaften dem Ideal des Reichtums an Verbindungen. Sie stellen neue Bezüge her, setzen Assoziationen frei, erhellen alte Gedankenfelder mit neuen Geistesblitzen. Ihr Ziel ist es nie, eine bestehende Struktur zu befüllen oder durchzudeklinieren. Künstlergruppen schreiben Manifeste, weil sie gegen das Vorhandene aufbegehren, sie wollen die bestehenden Strukturen zerschlagen, um aus den Scherben etwas Neues zu bauen. Das Kaleidoskop soll weitergedreht werden und ein neues spannendes Muster erscheinen, voll innerem Reichtum, mit neuen Konfigurationen, neuen Formen und neuen Farben. Ob die Malergruppe Die Brücke, die Dada-verwandten Literaten der Wiener Gruppe, der Blaue Reiter oder das Bauhaus, im scharfen Kontrast zum Vorangegangenen beziehen rebellische Vereinigungen ihre Existenzberechtigung aus der Neuerfindung. Wenn dabei etwas zusammengeführt wird, das vorher nicht zusammengehört hat, entsteht ein enormes Faszinationspotenzial.

Der Neurophysiologe Vilayanur Ramachandran nennt die multiple Verbundenheit im Gehirn »Hyperkonnektivität«. In dieser Überkreuzverdrahtung verschiedener Gehirnareale sieht er nicht nur die Voraussetzung für die Lernfähigkeit jedes Menschen, sondern auch die Basis für Kreativität und ungewöhnliche Wahrnehmungen. Das Phänomen der »Synästhesie« bei Menschen, die Zahlen farbig sehen und in Bildern Klänge wahrnehmen, oder der »Schmerzasymbolie« bei Menschen, die Schmerzen fühlen können, ohne dass sie wehtun, führt er ebenso auf ungewöhnliche Verkabelungen im Hirn zurück wie den Masochismus, den er als extravagante Verdrahtung der Lustregion deutet. Die erhöhte Fähigkeit von Künstlern und Dichtern, in Metaphern zu denken und zu arbeiten, ist für ihn ebenfalls Ausdruck der Hyperkonnektivität.

Die Hyperkonnektivität lässt sich als physiologische Analogie zum Idealistenglück des inneren Reichtums deuten, als Bestimmungsmerkmal der Creative Class, als Gestaltungsmasse jeder Kunstrichtung, Schule oder Bewegung und als Bildungsideal eines gesteigerten Lebens. Nach Friedrich Nietzsche – »Der Mensch strebt nicht nach Glück, nur der Engländer tut das« – war es schon immer vorrangiges Ziel des Menschen, seine Erlebnismöglichkeiten zu steigern. Das hat er bisher in der Hauptsache auf den Gebieten Macht und Wohlstand versucht.

Folgt man dem griechischen Philosophen Diogenes von Sinope, sollte er besser bei sich selbst anfangen. Für das Idol aller Kyniker waren Ehrgeiz, Macht, Karriere, Reichtümer und Ruhm nur Kompensationen für etwas, das der Mensch aus sich selbst heraus gewinnen und das ihm niemand rauben kann: Freiheit, Bewusstheit und Freude am Leben. Sein Rezept war die konsequente Verweigerung des kompensatorischen Ballasts. Diogenes strebte, 2300 Jahre vor Dix, nach dem »unverdünnten«, gesteigerten Leben und praktizierte es bis zu seinem Tod wie kaum ein anderer. Außerdem legte er die theoretischen Wurzeln für eine Philosophie dieses Lebens und rief eine subversive Geistesgemeinschaft ins Leben, die allen folgenden Künstlergruppen, Gesinnungsguerillas und Radikalphilosophen eine Blaupause für ihren Lebensentwurf lieferte.

Der Geistesgemeinschaft der Kyniker hat der deutsche Denker Peter Sloterdijk 1983 mit seiner *Kritik der zynischen Vernunft* ein knapp 900-seitiges Denkmal gesetzt, das bis heute weit über die Fachkreise hinaus fasziniert. Er zeichnet ein Bild dieser Lebenskünstler, das beide Seiten des inneren Reichtums umfasst: die befreiende Bescheidenheit in äußeren Dingen und die unverschämte Lust am eigenen Selbst. Und zwar ganz wortwörtlich. »Der Kyniker furzt, scheißt, pisst, masturbiert auf offener Straße, vor den Augen des athenischen Marktes; er verachtet den Ruhm, pfeift auf die Architektur, verweigert den Respekt, parodiert die Geschichten von Göttern und Helden, isst rohes Fleisch und Gemüse, liegt in der Sonne, scherzt mit den Huren und sagt zu Alexander dem Großen, er möge ihm aus der Sonne gehen.« Dem Kyniker kann niemand etwas, weil er radikal unabhängig ist, und diese Unabhängigkeit bringt er mit jenem beißenden und seine Verachtung aller Spießigkeit verratenden Sarkasmus zum Ausdruck, der ihn bis heute sprichwörtlich gemacht hat. Der Kyniker mag vegetieren wie ein Hund (*kynos*), aber er lebt intensiv, lacht ausgiebig und macht klar, dass sein auffälliges Verhalten keine Verirrung oder Störung ist, sondern das Resultat »heller Reflexion«.

Idol aller Kyniker ist der in der Tonne lebende Diogenes von Sinope. Sloterdijk beschreibt ihn als »wilden, witzigen, listigen Typ« mit ungepflegtem Äußeren, der aufgrund seines Witzes und seiner »ideologischen Nähe« von den athenischen Edelhuren »exklusive und unbezahlte Gefälligkeiten« in Anspruch nehmen konnte. Diogenes lebte eine »Vita simplex«, als ursprüngliche Verbindung von Bedürfnislosigkeit, Glück und Intelligenz, war dabei aber gerade nicht ein asketischer Kostverächter. Selbstverständlich durfte auch der Weise Kuchen essen, wenn ihm nur bewusst war, dass er ebenso gut auf ihn verzichten konnte. Diese Philosophie des »habere ut non«, des »Haben, als hätte man nicht«, findet man auch in den *Aphorismen zur Lebensweisheit* von Arthur Schopenhauer, dessen geistige Verwandtschaft zum Oberkyniker weit über diese Absage an alle Lustfeindlichkeit hinausgeht. Das Faszinierende an der kynischen Lebensweise liegt gerade in ihrer auffallenden, »fast unglaublichen Heiterkeit«, meint Sloterdijk, in einer gelebten Bescheidenheit, die gleichzeitig jeden übertriebenen Ernst vermissen lässt. Die Kombination wirkt für uns bis heute befremdlich, da wir es gewohnt sind, hinter der Bescheidung eher den Verlierer zu vermuten als ein besonderes Heldentum. Hier ist ein Umdenken notwendig. Denn gerade in der absehbaren Zukunft werden wir vor allem die Fähigkeit benötigen, richtige, weiterbringende von falschen, unsere Zukunftsmöglichkeiten verkleinernden Ansprüchen zu unterscheiden.

Mit seiner Fertigkeit, falschen Ansprüchen durch ein entwaffnendes »Na und?« oder »Warum nicht?« einfach die Luft abzulassen, kann der Kyniker gerade in einer Zeit allgemeiner Verunsicherung als Vorbild dienen. Die Radikalität seiner Lebenspraxis ist sicher nicht nach jedermanns Geschmack, seine Einschränkung der Ansprüche, Wendigkeit, Geistesgegenwart und das Hinhorchen auf das Angebot des Augenblicks dagegen durchaus wegweisend. Wer sich von den Ansprüchen verabschiedet, so die kynische Lehre, kann ein von vorne bis hinten freies Leben führen. Bescheidenheit an der richtigen Stelle führt zur Erfüllung an der entscheidenden. Für Sloterdijk ist Diogenes mit seinem Plädoyer gegen ein Leben der Besitzstandswahrung und seiner praktizierten Bedürfnislosigkeit der »Urvater des Selbsthilfegedankens«, mit Distanzierung und Ironisierung macht er sich unabhängig von Bedürfnissen, »für deren Befriedigung die meisten mit ihrer Freiheit zahlen«.

Wenn das alles so einfach ist, warum herrschen dann seit Jahrtausenden die aus Sicht von Diogenes, Thoreau und Fromm »falschen Ansprüche«? Weil sie für Wettbewerb sorgen und dieser nahezu unwiderstehlich am Rad der Geschichte dreht. Für die Teilnehmer an diesem Wettlauf sind Selbstbescheidung und Verweigerung nichts als asozialer Narzissmus. Sloterdijk stellt die Perspektive der Selbstbejahung gegen das falsche Anspruchsdenken: »Als allgemeine Krankheitsfunktion ist es wie ein psychologischer Dynamo der Gesellschaft, die Menschen voller Selbstzweifel braucht, bestätigungssüchtig, ehrgeizig, konsumgierig, eigennützig und moralistisch – beflissen darauf aus, im Vergleich mit anderen die Besseren zu sein.« Verhängnisvoll wird es, wenn die Menschen vor diesem Dynamo kapitulieren, statt sich selbstbewusst von ihm zu distanzieren. Denn dann schlägt der lustvolle Kynismus um in bitteren Zynismus, der seinen Hohn und Spott nicht mehr auf die falschen Ansprüche, sondern auf die eigene Wirkungslosigkeit richtet. Gegen diesen Zynismus richtet sich Sloterdijks *Kritik der zynischen Vernunft*.

Ein neuzeitlicher Diogenes ist die Figur des Tyler Durden in dem Kultroman *Fight Club* von Chuck Palahniuk. Der coole Aussteigerguru erhielt 1999 in dem gleichnamigen Film von David Fincher durch das eindringliche Spiel von Brad Pitt einen programmatischen Zuschnitt, der Millionen von Kinobesuchern die Lehren des Kynismus auf eine sehr moderne Art nahegebracht hat. Kurz bevor der eigentliche Protagonist, ein von Edward Norton gespielter Versicherungsprüfer, sein gesamtes Wohlfühlapartment komplett mit den Exponaten einer Markenmöbelkette befüllt hat und sich endlich »vollständig fühlt«, fliegt sein Kokon samt der mit ihm verbundenen Lebensansprüche in die Luft. Der nun »Obdachlose« zieht zu seinem Alter Ego Tyler Durden in ein abgewracktes Haus mitten in einem verlassenen Industrieviertel. Er schmeißt seinen Job und verfällt in eine Grundhaltung wie der auf dem Marktplatz masturbierende Diogenes. Abseits der Karrieregesellschaft widmet er sich den titelgebenden Prügeleien mit anderen Quertreibern, gewinnt aus dem abgesaugten Fett von Schönheitskliniken Seife und Sprengstoff. Höhepunkt ist das aus den entstehenden Banden hervorgehende »Projekt Chaos«, das mit unsinnigen Aktionen die öffentliche Ordnung stört. Am Ende werden die Zentralen der führenden Kreditkartenfirmen als Symbole des Leistungs- und Wettbewerbswahns gesprengt.

»Alles, was du hast, hat irgendwann dich«, erklärt Tyler Durden den im Hamsterrad gefangenen Turbokonsumenten. Nach der Abkehr von einer unwirklichen Welt neonbeleuchteter Büros, austauschbarer Flughäfen, standardisierter Hotelzimmer und portionierter Begegnungen erfolgt eine Einübung in das »unverdünnte Leben« und die »nackte Realität« voller Schocks, Überraschungen und adrenalingefluteter Intensität. Daneben stehen Besinnung und Bescheidung auf das wirklich Notwendige und Wesentliche. Letztlich soll das »Projekt Chaos« die Menschen aus dem Konsumwahn befreien, zur Not mit Gewalt. Die Zukunft träumt Tyler Durden sich so: »Du trägst Lederkleidung, die für den Rest deines Lebens hält, und du kletterst an den armdicken Kudzuranken hoch, die den Sears Tower überwuchern. Du kletterst durch das tropfende Blätterdach des Waldes, und die Luft ist so klar, dass du die winzigen Gestalten erkennst, die Mais dreschen und Streifen von Wildbret auf der leeren rechten Spur eines verlassenen Superhighways zum Trocknen auslegen.« Sein im Film zweimal eindringlich wiederholtes Credo ruft die zuschauenden Konsumenten von der Leinwand aus auf, sich zum Kynismus zu bekehren: »Du bist nicht dein Job! Du bist nicht das Geld auf deinem Konto! Nicht das Auto, das du fährst! Nicht der Inhalt deiner Brieftasche! Und nicht deine blöde Cargohose! Du bist der singende, tanzende Abschaum der Welt …«

Bewegungsenergien.

Wachstum von unten.

Ein eindrucksvolles Erlebnis hatte ich noch zu Studienzeiten, als ich für ein Stadtmagazin in Berlin einen Artikel über eine Fetischparty schreiben sollte. In der kleinen Disco hatten sich etwa 150 Leute versammelt, die auf den allerersten Blick als Community zu erkennen waren. Zu elektronischer Musik bewegten sich die Körper der Frauen und Männer in enger, glänzender, zumeist schwarzer Latex- und Lackkleidung. Einige waren ausgestattet mit Accessoires wie Peitschen, Handschellen und Halsbändern. Die Blicke, die mich trafen, waren völlig unverstellt, manchmal sogar fordernd. Ich war in einer eigentümlichen, bizarren Welt gelandet, ging erst einmal an den Tresen und bestellte mir etwas zu trinken. Dort kam ich sofort und über den ganzen Abend in unterschiedlichste Gespräche. Jeder meiner Gesprächspartner erzählte relativ ohne Scheu von sich und seiner Sexualität und zwischendurch auch mal vom letzten Kinofilm. Einerseits wirkten alle ein bisschen verkleidet, andererseits so, als ob sie ihre Geheimnisse in großen Buchstaben ganz offen auf ihren Körper gepinselt hätten. Die Situation war so, wie ich es Jahre später in dem Film »Eyes Wide Shut« von Stanley Kubrick gesehen habe: Ich war in einen geheimnisvollen Zirkel geraten, der seinen ganz eigenen sexuellen Kult zelebrierte, voller Symbole, voller Rituale – und für Außenstehende voller Rätsel.

Was sich mir darbot, war eine Parallelwelt. An diesem Abend

verkörperten die Gäste etwas anderes als in ihrem alltäglichen Leben. Sie sahen anders aus, sie sprachen anders, sie verhielten sich anders. Sie waren eingetaucht in eine Fantasiewelt, in der sie mit Gesinnungsgenossen ungehemmt eine Rolle spielen konnten, die ihnen ansonsten verbaut war. Eine große Inszenierung mit einer auch für Außenstehende faszinierenden Melange aus Schauspiel und Wahrheit. Das Abseitige war hier das Übliche, das Normale eigentlich nicht geduldet. Das Überstreifen eines Latexkleides muss in dieser Community wie das Nehmen einer bewusstseinsverändernden Substanz wirken: Entlastet vom öffentlichen Selbst, wird das eigene Faible zum unbedingten Handlungsgrund. Eine tiefe Sehnsucht wird zur großen Erfüllung, zumindest für einen Abend.

Szenen sind, wie Bewegungen, eine Form der Geistesgemeinschaften »von unten«. Bei ihnen geht es um die Verwirklichung einer anderen Lebensform. Ob Fetischisten, Donaldisten, Freaks, Rockabillies, Skater, Manga-Liebhaber, Naturalisten oder Gothics, alle diese Szenen setzen sich von der normalen Bürgerlichkeit ab und bieten als Geistesgemeinschaft Material und Möglichkeiten, anders zu leben, sich anders zu kleiden, andere Musik zu hören und, nicht zuletzt, über etwas anderes zu sprechen als über das Wetter, Familie und Beruf. Sie bieten einen Schutzraum, ungehemmt seinen Sehnsüchten zu folgen. Wer die Nase voll hat vom Mainstream der Konventionalität und dem Leben im Alltagsraum, für den steht im großen Haus der Gesinnungen eine beträchtliche Anzahl relativ harmloser Lebenserquicker bereit, die dem wahrgenommenen Grau eine nach individuellem Geschmack gemischte Farbigkeit entgegensetzen.

Deshalb sind Szenen die Geistesgemeinschaften, bei denen der individuelle Ausdruck des gemeinsamen Geistes am deutlichsten ins Auge springt. Hier ist eine Geisteshaltung ohne die entsprechende ästhetische Selbstdarstellung gar nicht denkbar. Stil ist ein klares Ausschlusskriterium. Man zieht sich an oder aus, je nach dem entsprechenden Gusto. Man hat bestimmte Vorbilder und Idole, man liest eigene Fanzines, man guckt passende Kinofilme, und meist kann man sogar passende Marken kaufen. Szenen bilden immer eine eigene Begeisterungskultur aus, etablieren ein eigenes Erregungsmuster, zu dem man sich eindeutig bekennen kann. Dieses Bekenntnis macht Spaß, es vermittelt einem Sinn und bringt eine Saite zum Klingen, mit der man sich bestens identifizieren kann. Ein Defizit wird aufgelöst oder umgedeutet und erhält mit einem Mal die Kraft des Besonderen. Was man vielleicht als eigene Schwäche wahrgenommen hat, wird zu einem Charakteristikum, das im Kreis der Gleichgesinnten mit Anerkennung belohnt wird.

Ein Beispiel für die Wirkkraft einer solchen mentalen Heimat ist die Boheme. Mit dem Leitbild des Bohemiens kann jeder, der sich dem bürgerlichen Broterwerb entzieht und deshalb notwendigerweise ein unsteteres Leben führt, aus der Not eine Tugend machen. Denn Bohemien zu sein bedeutet, die reichlichen Unbequemlichkeiten uneingeschränkt zu bejahen und das sicherheitsbefreite Leben von einem Augenblick zum anderen euphorisch zu feiern. Das geht natürlich dann am besten, wenn man an die Stelle der ökonomischen eine andere Form der Sicherheit setzen kann, und das ist in diesem Fall die der Zugehörigkeit zum auserwählten Kreis der Lebensmutigen, der Bohemiens.

Die Begeisterung für die Not beflügelt die Kunst. Das Loslassen vom »Gehäuse« befreit den Geist. Die Abkehr vom Besitz weckt die Fantasie. Das ist die Grundauffassung eines werkorientierten Anarchismus, auf den man sich bei einem erschnorrten Glas Rotwein im Szeneviertel einer Metropole gut einigen kann. Was nach externen Maßstäben aussieht, als gehe es einem schlecht, verbürgt nach internen Maßstäben das gute Leben. Je schwieriger die Lage, desto stärker rückt man zusammen gegen das, was bedrückt, und gegen die, die einen bedrängen. Sozialpsychologen nennen dieses Phänomen Kohäsion. Es ist die Grundvoraussetzung für eine weiter gehende Form der Geistesgemeinschaft »von unten«, die der sozialen Bewegungen. Denn nur mit der Kraft eines außerordentlichen Zusammenhalts ist es möglich, das zu tun, was soziale Bewegungen wollen und erreichen.

Bewegungen streben nicht nur, wie Szenen, eine andere Lebensform für ihre Assoziierten an. Sie zielen auf eine andere Gesellschaftsform. Über persönlich orientierte Sehnsüchte hinaus geht es ihnen um echten sozialen Wandel, der Benachteiligten eine bessere Stellung in der Gesellschaft verschafft, so etwa bei der Frauenemanzipation oder der Arbeiterbewegung. Freiheitsbewegungen prangern institutionelle Zwänge an und öffnen die Schleuse der Sehnsucht nach Unabhängigkeit, wie bei den Montagsdemonstrationen im Herbst 1989 oder der Orangen Revolution in der Ukraine. Alle diese sozialen Bewegungen kommen aus einem Bewusstsein von Fehlentwicklungen in der Gesellschaft. Bei den Anti-Bewegungen, etwa der Antiatomkraftbewegung oder den Globalisierungsgegnern von Attac, geht es primär um das Aufhalten dieser Entwicklungen. Andere wollen eher eine eigene Strömung entgegensetzen, zum Beispiel Hippies, Ökos, Punks oder die Propagierer von Slow Food.

Bewegungen nutzen die Wut, den Frust und die Angst ihrer Mitstreiter, um etwas Grundlegendes zu verändern. Sie verwandeln negative Emotionen in gebündelte Angriffsenergie für ein positives Ziel. Sie machen auf Missstände aufmerksam und kämpfen für eine Lösung. Dabei geben sie die Ideale nicht vor, sondern kanalisieren die bestehenden Hoffnungen der Menschen in einer Vision, wie es sein könnte. Vereinen Szenen die Menschen eher für das Privatvergnügen unter einer Art schützender Käseglocke, sammeln soziale Bewegungen Stimmen für eine pathetische Truppe, die mit Begeisterung und Überzeugung für eine Veränderung streitet. Bei Szenen wie Bewegungen werden die Menschen nicht durch eine etablierte Institution zusammengeführt. Die Vereinigung vollzieht sich ungezwungen und freiwillig. Um ein Öko zu werden, muss man sich nirgendwo bewerben, und für die Frauenemanzipation kann man sogar streiten, wenn man ein Mann ist. Bei den Geistesgemeinschaften »von unten« geht es nicht darum, ein geregeltes Programm zu durchlaufen, sondern Gleichgesinnte zu finden und sich mit ihnen im Zeichen der Begeisterung zu verbünden.

Das Internet bietet Szenen und Bewegungen ein ideales und bei weitem noch nicht ausgereiztes Instrument. Die bereits bestehenden sozialen Netzwerke, Webcommunities und Social-Bookmarking-Plattformen deuten darauf hin, dass das Internet durch seine Ortlosigkeit, seine Geschwindigkeit und vor allem durch seinen hohen Grad an Vernetzung wie kein anderes Mittel in der Menschheitsgeschichte die Bildung von Geistesgemeinschaften beeinflussen und beschleunigen wird. Im Internetzeitalter muss man nicht mehr lange suchen, bis man auf Gleichgesinnte stößt. Die sind immer nur so weit entfernt, wie man braucht, um einen Begriff für seine besondere Geisteshaltung zu tippen und einmal »Enter« zu drücken. Steht man in der realen Welt immer Menschen gegenüber, die genauso wenig über einen wissen wie man selbst über sie, wird man im Netz blitzschnell mit Menschen zusammengeführt, die etwas Wesentliches mit einem gemeinsam haben, deren Fähigkeiten oder Interessen genau das abdecken, wonach man gerade sucht. So kann man stressfrei Geistesverwandte aufspüren, erwählen und sich mit ihnen zusammentun.

Neben eher allgemeinen sozialen Netzwerken wie MySpace oder Facebook gibt es eine Vielzahl auf bestimmte Zielgemeinschaften spezialisierter Anbieter. Der entscheidende Evolutionsschritt in der Effektivität der Gemeinschaftsbildung zeigt sich an den vielen Plattformen von Szenen und Bewegungen im Netz. Hier haben sich bereits alle erdenklichen Online-Communities gebildet: für Schamanen, für Globalisierungsgegner und für Ferraristi ebenso wie für Studenten. Auf dem von Netscape-Gründer Marc Andreessen aufgesetzten Portal Ning.com tummeln sich inzwischen über 170 000 Gemeinschaften von Pinguin-Fans über Diabetespatienten bis zu Feuerwehrleuten. Inwieweit es sich hierbei tatsächlich schon um Geistesgemeinschaften handelt oder noch um ungezwungene Foren des Austauschs, ist von Fall zu Fall unterschiedlich.

Die entscheidende Frage ist, ob eine drängende Sehnsucht genug Spannung erzeugt, ob ein tiefer Konflikt zwischen Wunsch und Wirklichkeit besteht, der dringend nach einer Auflösung verlangt. Dann träumt man, bangt und hofft. Der Stachel einer Idee, einer Möglichkeit sitzt im Fleisch und wartet darauf, gezogen zu werden. Wenn es dann passiert, ist die Erfüllung da, ein Gefühl der Freiheit, ein Gefühl der Verwirklichung. Eine Kraft hat sich Bahn gebrochen und ihren Weg gefunden.

Das ist das Feld, auf dem Geistesgemeinschaften »von unten« wachsen und gedeihen. Bei ihnen liegt der Schwerpunkt nicht wie bei Schulen, Disziplinen und Theorien auf der Einübung von etwas Gegebenem, bei ihnen liegt der Schwerpunkt auf dem Ausbruch von etwas Gefühltem. Bei ihnen findet nicht so sehr eine Unterweisung anhand vorgegebener Ideale statt, hier werden Ideale aus einer tief verwurzelten Sehnsucht geboren, aus einer Lebens- oder Weltsituation, deren gegenwärtige Defizite und Missstände ganz dringend einer Entlastung bedürfen. Bei dieser Form von Geistesgemeinschaften kommen die Ideale nicht von oben und außen, sie kommen von unten und innen. Menschen finden zwanglos zueinander, um ihren innersten Antrieben, Emotionen und Energien Ausdruck zu verleihen. Sie bilden eine Einheit mit einem hohen Maß an Mitbestimmung, weniger streng, weniger hierarchisch als Geistesgemeinschaften »von oben«. Ihre Stärke, ihre Kraft liegt darin, dass sie eine Anlaufstelle und einen Entfaltungsraum für die individuellen Bedürfnisse ihrer Assoziierten bieten. In diesem Sinne sind sie Erfüllungsgehilfen und Enthemmer. Sie entwickeln eigene Regeln und öffnen die Schleusen für eine freie Begeisterung.

Wie eine solche Bewegung »von unten« nicht zuletzt mit Hilfe des Internets in Schwung gebracht werden kann, auch das hat der Präsidentschaftswahlkampf von Barack Obama eindrucksvoll gezeigt. Als ich zur Wahlkampfbeobachtung in den Staaten mit verschiedenen Experten beider Lager zu tun hatte, tauchte ein Begriff als Erfolgsschlüssel zu Obamas Wahlsieg immer wieder auf: »Grass-roots army«. Gemeint ist die Bildung einer Graswurzelgemeinschaft »von der Basis her«, die systematisch »gesät« wurde und in Windeseile in die Breite wuchs. Mit diesem Vorgehen hat der US-Präsident die derzeit weltweit modernste Kommunikationskampagne initiiert, und das passt auch noch perfekt zu seiner Person, zur Situation und zur Mission des angetretenen Teams. Neben der neuen Botschaft setzte auch die Langfristigkeit, die Vielfältigkeit und die Organisiertheit des Vorgehens völlig neue Maßstäbe. In kürzester Zeit wurde eine Geistesgemeinschaft ins Leben gerufen, die ihren gemeinsamen Geist in ein spezifisches Erregungsmuster und vorgezeichnete

Entwicklungsstufen umsetzte und auf diese Weise eine einzigartige Steigerungsdynamik der Begeisterung in Gang setzte.

Die amerikanischen Experten bewerteten Obamas Wahlkampf unisono als den am besten geplanten und funktionierenden in der Geschichte der Vereinigten Staaten. Mit seiner Umdeutung der Missstände und seiner Botschaft des »Change« und des »Yes, we can!« hat Obama eine enorme Bewegungsenergie entfacht. Und diese wurde mit einem beeindruckenden System der Gemeinschaftsbildung kanalisiert und wirklich zum Blühen gebracht. In seiner »Grass-roots army« kämpften über 3,1 Millionen freiwillige Helfer voller Begeisterung für die gemeinsame Sache.

Zentraler Baustein dieses Erfolges war eine Infrastruktur der direkten Kommunikation zu den potenziellen Wählern, die sich nahezu selbst verwaltete. Hierzu wurde ein gigantischer Datenpool aufgebaut, mit E-Mail-Adressen, Mobilnummern und vielen realen Adressen von Freunden und Sympathisanten der Bewegung. Jeder, der sich zu Obama bekennen wollte oder einfach nur interessiert war, schrieb sich unter der Aufforderung »Join the movement« selbst in die »Database« ein und wurde so Teil des permanent wachsenden Kommunikationssystems. Jeder, der Teil des Kommunikationssystems war, wurde unter der Anrede »Freund« permanent mit Informationen, Einladungen, Aufrufen zu Spenden oder sonstiger Mithilfe versorgt. So informierte Barack Obama kurz vor der Ernennung von Joe Biden als Kandidat für das Amt des Vizepräsidenten alle Mitglieder des Netzwerkes durch eine »persönliche« SMS. Jeder Spendenaufruf war mit einer exakten Aufklärung über den Zweck der Spende versehen. Mal ging es um eine TV-Kampagne in einem der besonders umkämpften »Swing-States«, mal um eine Aufholjagd nach einem Rückschlag für das Obama-Lager. Allein im letzten

Monat vor der Wahl kamen über 150 Millionen Dollar an Spenden zusammen, in der Hauptsache durch Kleinspenden, die man über projektbezogene E-Mails eingeworben hatte.

Die Obama-Kampagne hat wie keine zuvor die direkte Kommunikation mit den Wählern ins Zentrum ihrer Bemühungen gestellt. So nahm auch die Website der Kampagne eine wichtige Stellung ein. Von den Funktionen her war sie zwar nicht gerade überwältigend, da waren die Konkurrenten meist ebenbürtig. Doch ihre Erscheinungsform lud zum unmittelbaren Engagement ein, wie man das sonst eher von Szenen und Bewegungen gewohnt war. Im »Look and Feel« kam sie sehr symbolisch daher, die ganze Ansprache war getragen von einem gemeinschaftlichen Spirit, zu dem man eindeutig Stellung beziehen, zu dem man klar ja oder nein sagen konnte. Dazu kamen Funktionen wie ein »Neighbour to neighbour«-Tool, dass 25 Obamianer in der eigenen Nachbarschaft anzeigte, oder ein Steuerrechner, der anzeigte, wie viel Steuern man nach einem Obama-Wahlsieg mehr oder weniger zahlen musste.

Auch das offene Videoportal YouTube wurde vom Obama-Netzwerk ausgiebig genutzt. Die meisten Filmchen entwickelte nicht einmal das Obama-Team, seine Anhänger hatten sie produziert und ins Netz gestellt. Neben seinen Reden wurden auch Musikvideos wie das von »Obama-Girl« oder die Ausschnitte mit einem cool tänzelnden Auftritt des Präsidentschaftskandidaten in der TV-Show »Ellen« millionenfach angeschaut. Es entstand der Eindruck, dass nicht ausgebuffte Politprofis eine Wahlkampagne »von oben« machten, sondern begeisterte Anhänger »von unten« ihren Kandidaten unterstützten, eine Wahrnehmung, die die Glaubwürdigkeit Obamas stärkte und die Motivation zum eigenen Engagement weiter erhöhte.

1960 gewann Richard Nixon die erste TV-Präsidentschaftswahl gegen Hubert Humphrey unter anderem deshalb, weil er eindeutig der telegenere Kandidat war. Manche Beobachter behaupten, Barack Obama habe 2008 die erste digitale Präsidentschaftswahl gewonnen. Durch die Multiplikation der medialen Kanäle und die völlig neuartige Einbeziehung der Menschen hat es seine Kampagne geschafft, einen einzigartigen Schneeballeffekt zu erzeugen, unmittelbare Reaktionen auf unvorhergesehene Ereignisse zu ermöglichen und unzählige Bürger und Pressemitarbeiter für sich einzunehmen und zu mobilisieren. Die etwa 2500 für die Kampagne und die Feldorganisation verantwortlichen Mitarbeiter zogen alle Register medialer Kanalwahl: von E-Mails, Briefen und Postkarten über Plakate, Websites, Blogs, direkte Telefonanrufe und Hausbesuche bis zu Radio- und TV-Spots in nie da gewesener Frequenz und Reichweite und einer erstaunlichen Breite an weltweit nachgefragten Fandevotionalien. Dezentral organisiert, aber angetrieben durch einen gemeinsamen Geist, verhalf die »Grass-roots army« Obama zu einem historischen Wahlsieg. Und jeder Anhänger konnte das Gefühl haben, einen aktiven Beitrag dazu geleistet zu haben: »Yes, we can!«

Ein entscheidender Punkt war die Rolle, die Obama selbst in dieser Kampagne eingenommen hat. Statt wie für Politiker allgemein üblich eine Denkschule repräsentieren, also eine Geistesgemeinschaft »von oben« initiieren zu wollen, bei der erklärt wird, warum jetzt was getan werden muss und wer hier wie zu beteiligen ist, hat sich Obama auf die Stufe seiner Wähler gestellt, um mit ihnen gemeinsam eine Geistesgemeinschaft »von unten« ins Leben zu rufen. Dieses Selbstverständnis zeigte sich schon bei seinen ersten Reden, in denen er stets das Gespräch mit einfachen Menschen aus unterschiedlichen Teilen des Landes als Begründung für seine politischen Maßnahmen nutzte.

Niemals wurden abstrakt irgendwelche Steuerprogramme deklamiert, Obama sprach stattdessen von einem fleißigen Maurer aus Ohio, der ihm sein Leid über zu viel Abgaben für eine sechsköpfige Familie klagte und damit die Vereinigten Staaten verpflichtete, über eine gerechtere Steuerpolitik nachzudenken.

Den Höhepunkt seiner Strategie, immer aus der Perspektive seiner Wähler, ganz normaler Amerikaner zu argumentieren, markierte ein 30-minütiger TV-Spot unmittelbar vor der Wahl. Hier folgte der Zuschauer dem damaligen Präsidentschaftsanwärter zu verschiedenen Familien nach Hause. Untermalt von pathetischer Musik, standen die Schicksale und Bedürfnisse, Sehnsüchte und Hoffnungen einfacher Leute im Vordergrund, der Kandidat spielte eine nachgeordnete Nebenrolle. Er war nicht die Hauptperson, sondern präsentierte sich als Anwalt der Menschen, die ihn wählen sollten. Genau mit dieser Bescheidung hat er die Menschen für sich eingenommen. Mit dieser Mischung, die Sehnsüchte der Menschen ernst zu nehmen, sich selbst aber nicht zu wichtig, hat er den Menschen glaubwürdig das Gefühl vermittelt, den tiefen Konflikt zwischen ihren Wünschen und der Wirklichkeit auflösen zu können.

Gesetze des Aufbruchs

Steigerungsdynamik.

Die Logik der Begeisterung.

Kommt man zum ersten Mal mit dem in Berührung, was einen begeistert, ist man wie Robinson Crusoe auf einem völlig fremden Eiland gelandet, nur dass dieses An-Land-Gehen von Vorfreude geprägt ist statt von Verzweiflung. Man betritt Neuland, das man nicht kennt, von dem man einen Zipfel entdeckt hat und von dem man nicht weiß, was es hier noch alles zu entdecken und zu erleben gibt. Man trinkt das erste Mal einen außergewöhnlichen Wein, ist hingerissen und verbringt die folgenden Jahre mit einer Erkundung der Weinwelt, real, in Büchern, in Geschmäcken und in Gesprächen. Man nimmt das erste Mal teil an einem Segeltörn, ist fasziniert, nimmt dann alles in sich auf, was damit zu tun hat, und brennt auf Wiederholung. Nach dem Moment des Anfangs kommt die große Kultivierung. Systematisch erkundet man sein Gebiet oder baut es selber auf. Wie Robinson seine Insel Tag für Tag, Jahr für Jahr bewohnbar gemacht hat, sich eine Behausung geschaffen hat, Nahrungsmittel angepflanzt und Jagdmöglichkeiten entwickelt hat, ebenso planvoll und zielgerichtet entstehen Begeisterungsräume, in denen man sich oft Jahre seines Lebens bewegt, in denen man sich am liebsten aufhält, in die man sich bei Problemen gerne zurückzieht.

Wie kann man aus einer einfachen Affinität, aus einem aufkeimenden Interesse etwas machen, das einen selbst dauerhaft beseelt und andere Menschen möglichst auch noch? Wie findet man seine ideale Robinson'sche Insel, und wie kann man sie dann so erschließen, dass man hier glücklich wird und reichlich Besuch von Geistesverwandten bekommt, die vielleicht sogar für lange bleiben? Wie kann man Geistesgemeinschaften bilden und entwickeln? Wie kann man einem Unternehmen oder einer Marke oder einer Schule jene tragende Seele verleihen, die Menschen verbindet und eine gemeinschaftliche Wachstumsenergie zum Leben erweckt?

Für den geplanten Auf- und Ausbau von Begeisterung sind drei Elemente entscheidend: Es gilt, aus einem erkannten Missstand oder Sehnsuchtsfeld eine eigenständige *Steigerungsdynamik* zu entwickeln, die bei der kurzen Freude nicht stehen bleibt, sondern die Begeisterung ganzheitlich bis zum leidenschaftlichen Aufgehen in etwas begreift. Dann geht es darum, Euphorie und Engagement zu organisieren, Mitstreiter zu gewinnen und ihnen die gesamte Bandbreite von *Entwicklungsstufen* zu bieten, mit denen eine Geistesgemeinschaft die Bedürfnisse ihrer Mitglieder abdeckt: von der Abgrenzungsplattform und der mentalen Heimat über die spürbare Befähigung bis hin zum Wecken ozeanischer Einheitsgefühle.

Entscheidend ist es schließlich, eine echte Begeisterungskultur ins Leben zu rufen, die die Euphorie ins kollektive Gedächtnis der Gemeinschaft einprägt, immer wieder abrufbar macht und so das Ursprungserlebnis auf Dauer stellt. Erst ein spezifisches *Erregungsmuster* aus Begriffen, Gesetzen, Symbolen, Ritualen und Idolen macht den gemeinsamen Geist anschaulich, formbar und nachvollziehbar. Wer auf eine solche Insel gerät, kann sich schnell orientieren und trifft auf ein breites Spektrum an Möglichkeiten, Enthusiast zu werden und zu bleiben.

Ein neues Sehnsuchtsfeld findet sich, indem man nach Defiziten und Missständen Ausschau hält. Da, wo etwas fehlt, gedeiht

Begeisterung am schnellsten und stärksten. Hier lohnt es sich, seine Fahne zu hissen und mit der Kultivierung zu beginnen. Wo Begeisterung bereits im großen Maßstab gedeiht, wird man Probleme haben, dem Ganzen eine eigene Prägung zu geben. Hier sind die Felder schon bestellt. Man kann zwar an den Früchten teilhaben, sich am Gewachsenen erfreuen, aber man wird innerhalb des vorgegebenen Erregungsmusters agieren müssen, um Erfolge zu erzielen. Die nächsten Hell's Angels sind immer nur eine Fortschreibung der Ur-Gang. Die nächste Fetischparty wird die Regeln dieser Szene bedienen müssen, um zu funktionieren. Und die nächsten Hippies können nur ein Zitat der ersten sein. Hat man ein neues Sehnsuchtsfeld entdeckt, ist es entscheidend, den euphorisierenden Keim nicht durch einen abstrakten und eindimensionalen Anspruch zu ersticken. Die Aufgabe besteht darin, ihn in ein echtes Wachstumsfeld zu pflanzen, das eine aufblühende Steigerungsdynamik entfacht.

Das geht nur, wenn man Begeisterung ganzheitlich begreift, ein Verständnis, das wir uns erst wieder aneignen müssen. Da das Phänomen so lange verdrängt wurde, haben wir im Alltagsgebrauch zumeist eine sehr verkürzte Auffassung von dem, was Begeisterung ist und was Begeisterung kann. Zwar bewahrt die Sprache noch immer ein überwältigendes Spektrum an Bedeutung. Der Begriff wird dennoch eher eindimensional oder beiläufig verwendet. Es steckt also weit mehr in der Begeisterung, als wir heute aus ihr herausholen. Tastet man sich von der begrifflichen Oberflächenbetrachtung vor bis zum tieferen Sinn, gelangt man vom Selbstverständlichen, Kurzfristigen und Passiven hin zum Seltenen, Kraftvollen, Gemeinschaftlichen und Nachhaltigen. Insgesamt kommt eine Expedition in den alltäglichen Wortdschungel der Gegenwart auf sieben Bedeutungsfacetten, die Begeisterung von der banalen Äußerlichkeit in

Graden ansteigend bis zum lebensverändernden Engagement präsentieren. Eines wird im Rahmen dieses Bedeutungskatalogs deutlich: Je tiefer man in Sachen Begeisterung gräbt, desto größer und umfassender ihre Wirkung.

Der erste und kurzfristigste Anflug von Begeisterung ist, wie schon gesagt, die besondere *Freude*, das kurze Strahlen im Gesicht, wenn wir einen alten Bekannten unerwartet treffen, der beglückende Moment, in dem wir ein Geschenk von jemandem bekommen, der uns damit zeigt, dass er uns gerne mag. Es wird etwas mit uns gemacht, und wir sind davon beglückt. Wir haben Glück und sind deshalb kurzfristig euphorisch.

Der nächste Grad von Begeisterung ist erreicht, wenn *Intensität* entsteht, eine Spannung, die einen wie ein Sog in etwas hineinzieht. Das sind Momente, bei denen man eine Gänsehaut bekommt, kurzzeitig die Luft anhält. Man liest in ein Buch hinein und kann es nicht mehr aus der Hand legen, man ist so gefesselt, dass man die Zeit total vergisst und vollständig in dem aufgeht, was man liest. Man taucht ein in eine andere Wirklichkeit, und die erscheint wie durch eine alles konzentrierende Lupe stärker, präziser und wesentlich intensiver. Intensität kann aber auch bedeuten, dass man mit einer unvorhergesehenen Wahrheit konfrontiert wird, die einem kalte Schauer über den Rücken laufen lässt, etwa bei der überraschenden Wendung in einem Musikstück, die die ganze wehmütige Hoffnung einer unerfüllten Liebe berückend in Klang umsetzt.

In solchen Momenten springt oft ein Funke über, und der nächste Grad wird erreicht, wenn dieser Funke etwas anderes, Neues entfacht. Im Bann der *Inspiration* wird das Gesehene, Erlebte produktiv oder sogar kreativ verarbeitet. Ich beobachte beim Tauchen das stumpfe Schillern eines Hais in seinen schlängelnden Bewegungen, und mir kommt dazu die Idee für einen aparten Autolack. Oder die Begegnung mit einem interessanten Menschen setzt bei mir eine Vorstellungsbildung in Gang, wie ich anders sein könnte, ohne dabei ein anderer werden zu müssen. In der Bedeutungsdimension der Inspiration wirkt die Begeisterung ungemein bereichernd. Als Irritation, als eine Art positiver Schreck wirft sie ein neues Licht auf Bekanntes, gibt einen schubhaften Antrieb zu leben, zu gestalten, zu verändern. Lou Reed von der Gruppe Velvet Underground hat einmal geäußert, die Beatles hätten in ihrer Geschichte zwar zigfach so viele Platten wie sie selber verkauft, aber fast jeder, der eine Platte von Velvet Underground gekauft habe, hätte postwendend seine eigene Band gegründet.

Beide Gruppen haben mit ihren Auftritten eine weitreichende *Schwärmerei* ausgelöst, und hier waren sicher die Beatles überlegen. Durch sie multipliziert sich die Begeisterung und erreicht einen neuen Grad von Wirkungskraft. Erst wenn Menschen ihre Begeisterung teilen und mitteilen wollen, ja müssen, kann sie sich wie ein Lauffeuer verbreiten. Die kurzzeitig angehaltene Luft muss irgendwie heraus, aber bloß nicht zu schnell, denn das Angehaltene ist ja wunderbar und wertvoll. Allerdings auch nicht zu langsam, denn ich weiß ja um die Ansteckungskraft des Erlebten, das mir die Macht gibt, andere einzunehmen. Deshalb schreit man die Begeisterung manchmal einfach heraus, meist redet man vertraulich und intensiv über das Erfahrene und versucht mitzuteilen, wie wichtig und spannend es ist.

Im besten Fall ist unmittelbares *Engagement* die Folge. Der andere krempelt die Ärmel hoch und ist bereit, sich massiv für etwas einzusetzen. Er ist beseelt und nutzt die Begeisterungsenergie, um Dinge nach vorne zu treiben, weiteren Schub auszulösen, vielleicht auch andere zu überzeugen. Er hängt sich rein, gibt Gas und macht Dampf. Einer plant ein riesiges Lagerfeuer am Strand, alle anderen schwärmen aus, um Holz zu sammeln, einzukaufen, Freunde einzuladen. Das Gelingen im Blick, legen alle mit Hand an. Die Idee wird zur Handlung und die Gruppe zur Gemeinschaft. Die Magie des Augenblicks liegt dann nicht mehr nur im geteilten Moment, sondern auch schon in der gemeinsamen Vorarbeit. Das Zusammenschweißen bindet alle ein, nimmt jeden in die Verantwortung, und mit einem Mal macht es Spaß, mit anzupacken. Ein schönes Bild dafür ist die Menschenkette auf dem Bau, die dicke Pflastersteine von einem zum anderen wandern lässt. Im Gegensatz dazu steht die Eintönigkeit, wenn sich jeder eine Platte schnappt und sie alleine zum Ziel trägt.

Viel verlockender ist es, wenn die gemeinsame Begeisterung, der gemeinsame Rhythmus alle in einen produktiven *Rausch* versetzt. Mit einem Mal wachsen die gleichen Fußballspieler, die noch eine Woche zuvor gegen dieselbe Gegenmannschaft verzweifelt sind, über sich selbst hinaus. Jeder Pass kommt an, jeder Schuss sitzt, alle verstehen sich blind, und auch der Einwechselspieler trifft auf Anhieb. Trotz Tunnelblick ist ihr Auftreten unwiderstehlich. Ein Maler brütet tagelang vor einer leeren Leinwand, bis es mit einem Mal losgeht. Stundenlang skizziert er, malt er, optimiert er. Die Zeit vergeht wie im Fluge, ohne dass er es merkt. Irgendwann mitten in der Nacht ist das Bild dann fertig. Ein typisches »Flow-Erlebnis« im Sinne von Csikszentmihalyi, ein totales Aufgehen im Tun, ein Ausblenden von allem, was um einen herum vorgeht, verbunden mit einem enormen Glücksgefühl. Wirkliche Spitzenleistungen, aber auch jeden wahrhaft glücklichen Menschen zeichnet aus, dass die begeisternden Räusche keine Drogen brauchen.

Wer etwas hat oder kann, das den Rausch der Begeisterung

aus sich selbst heraus schafft, wird eine Menge dafür geben. Er verzichtet auf anderes, opfert sich selbst eventuell dafür auf. Ist der Grad der *Leidenschaft* erreicht, wird die Begeisterung so stark, dass sich bereits Schmerz hineinzumischen beginnt. Er mindert die Euphorie aber nicht, sondern ist ihr sogar zuträglich. Das Paradebeispiel hierfür ist die romantische Liebe, für die man bereit ist, alles aufzugeben, weil die Abwesenheit der Angehimmelten wehe Sehnsuchtsgefühle auslöst. Auch der Schauspieler, der von der Hand in den Mund leben muss, um seiner Passion nachzugehen, und der Unternehmer, der alle Sicherheiten über Bord wirft, um eine lange entwickelte Idee endlich Wirklichkeit werden zu lassen, geben verschwenderisch viel. Gemessen an dem, was es ihnen zunächst materiell einbringt. Ihr euphorisch pulsierendes Herz hat sie unwiderruflich auf einen Weg des Risikos geführt, auf dem sie im schlechtesten Fall alles verlieren, aber sehr wahrscheinlich ein erfülltes Leben gewinnen. Ob Apokalypse oder Paradies, die Identifikation mit der eingeschlagenen Richtung ist absolut, der Aufbruch vehement. Oder wie es im *Faust* heißt: »Ich fühle Mut, mich in die Welt zu wagen. Der Erde Weh, der Erde Glück zu tragen, mit Stürmen mich herumzuschlagen.« Die Leidenschaft ist der höchste und zugleich am tiefsten wirkende Grad der Begeisterung. Sie ist so überwältigend, dass man im Extremfall sogar sein Leben dafür gibt, wie ein Samurai beim rituellen Selbstmord, dem Harakiri, oder wie Romeo für Julia.

Erst im Zusammenspiel all ihrer Facetten, von der flüchtigen Freude über Intensität, Inspiration und Engagement bis zur tiefen Leidenschaft, vom ersten Strahlen über die Gänsehaut bis zum Herzklopfen, wird Begeisterung ganzheitlich und entfaltet die Kraft, die Welt aus den Angeln zu heben und dem Leben einen großen, sinnstiftenden Rahmen zu geben. Um diese

Begeisterung geht es in diesem Buch. Wahre Begeisterung ist mobilisierend, mitreißend, beglückend und sinnstiftend.

Damit das Beseeltsein nicht zum Einzelschicksal wird, muss man es organisieren. In den wenigsten Fällen reicht es aus, einfach selbst euphorisch zu sein, um eine Bewegung ins Leben zu rufen. Selbst Jesus musste weite Wege zurücklegen und einige Wunder vollbringen. Auch der Aufbau einer eigenständigen Steigerungsdynamik ist zwar wichtig, aber noch nicht ausreichend, damit eine größere Zahl von Mitstreitern langfristig zusammenfindet. Hierfür ist die Etablierung eines Entwicklungszyklus notwendig, der jeden Mitstreiter erst einmal anwirbt, ihm ein heimeliges Nest bietet, ihn dann im Sinne der gemeinschaftlichen Ideale ausbildet und ihn zum Schluss immer wieder mit bewegenden Einheitserlebnissen versorgt.

Erst wenn überhaupt die Möglichkeit besteht, alle diese Stufen zu durchlaufen, kann eine Gemeinschaft die Ausstrahlungskraft entwickeln, die sie zu einem magnetischen Zentrum der Begeisterung innerhalb der Gesellschaft macht. Jede Szene, jede Schule, jede Bande und jedes gemeinschaftliche Unternehmen verfügt über einen solchen Entwicklungszyklus, der die Mitglieder in den gemeinsamen Spirit sozialisiert und der das gesamte Spektrum ihrer Bedürfnisse gegenüber einer Geistesgemeinschaft in vier Entwicklungsstufen abdeckt.

Die erste Stufe besteht in der *Abkehr vom Bestehenden*. Jede Bewegung ist zunächst einmal eine Gegenbewegung. Jede Gesinnungsgenossenschaft bildet sich als Opposition. Denn jede Geistesgemeinschaft entzündet sich an einem Missstand, den sie feststellt, den sie nicht mehr bereit ist hinzunehmen, gegen den sie aufbegehrt. Die Unverschämtheit der Welt in einem konkreten Punkt löst bei bestimmten Menschen einen unüberwindbaren Drang zur Handlung aus. Das führt diese Menschen zusammen und setzt ein enormes Begeisterungspotenzial frei. Fast kann man von einem Erweckungserlebnis sprechen. Die gesellschaftliche Wirklichkeit stößt auf einen dringenden Protestwunsch, auf ein drängendes Abgrenzungsbedürfnis. Sie ist mit dem Selbstbild der Aufbegehrenden nicht mehr vereinbar. Da wird dann dringend ein Ausweg gesucht. Wie bei der Schwärmerei, nur mit umgekehrten Vorzeichen, hat sich etwas angestaut, das ein Ventil, einen Kanal sucht, um herausgelassen zu werden. Deshalb erfolgt die Initiation zu einer Geistesgemeinschaft immer in einem Akt der Rebellion. Durch seine Kanalisierung wird dieses Momentum der Wut in eine positive, antreibende, begeisternde Energie verwandelt. Jetzt kann es losgehen! Denen werde ich es zeigen! Und mir selber werde ich es beweisen! Davon kann ich dann wieder schwärmen.

Diese Stufe ist immer eine Stufe der Splitter, der eruptiven Entladung. Sie besteht immer in einem Abgrenzungsakt, einem Ausschluss. Auf diese Weise wird die Identität der Geistesgemeinschaft bestimmt. Die Redewendungen gleichen sich: Surfer sind anders als der normale Mensch auf der Straße. Wir sind Mafiosi, die anderen sind nur Menschen. Die Differenz erzeugt Identität. Der Unterschied wird zu einem wichtigen Grundbaustein für die Entfaltung der eigenen Persönlichkeit. Durch die Abgrenzung zu allen anderen kann ich meine eigene Individualität ein Stück mehr herausschälen. Wenn ich weiß, wie ich nicht sein will, wird mir auch klarer, wie ich sein will. Umso besser, wenn ich dann noch einen Haufen Gleichgesinnter treffe, die das ähnlich sehen.

So muss es auch Carlo Petrini gegangen sein, als er 1986 erfuhr, dass McDonald's plante, eine ihrer Filialen direkt am Fuße der Spanischen Treppe in Rom zu eröffnen. Für ihn war das Vorhaben der Tropfen, der das Fass zum Überlaufen brachte. Er versuchte jedoch nicht, dieses eine Schnellrestaurant zu verhindern, sondern wendete seinen Unmut in ein begeisterndes Projekt: Im Kampf gegen »Fast Food« gründete er die Gegenbewegung »Slow Food«. Am Beispiel dieses begrifflichen Gegensatzpaares wird deutlich, wie Geistesgemeinschaften ihre Daseinsberechtigung aus der diametralen Entgegensetzung zu etwas Bestehendem, aus der frontalen Konfrontation mit etwas Beklagenswertem beziehen. Slow Food begehrt gegen eine zeitlich und räumlich entwurzelte Industrienahrung auf, die den Genuss am Essen und Trinken und damit auch am Leben schmälert.

Carlo Petrini hat bei der Gründung seiner Geistesgemeinschaft sicher nicht geahnt, dass er in kürzester Zeit einen lawinenartigen Zuspruch für sein Anliegen erhalten würde. Inzwischen sind Millionen von Menschen von Slow Food begeistert, was auch in diesem Fall zur Ausbildung einer flächendeckenden eigenen Subkultur geführt hat. Weltweit gibt es regionale Slow-Food-Zentren, es gibt eigene Zeitschriften, Bücher und Messen und sogar eine eigene Universität, die die permanent weiterentwickelte Philosophie der Bewegung lehrt und anwendet. Mit dem stilisierten Bild einer Schnecke hat Slow Food auch ein eigenständiges Symbol, das man in ganz Italien an vielen Osterien als Erkennungszeichen finden kann. Für viele Italiener und so manchen Individualtouristen besitzt es als Qualitätsbeweis inzwischen einen höheren Stellenwert als der Michelin-Stern, und der entsprechende Restaurantführer erzielt als »Bibel« aller Slow-Food-Anhänger hohe Auflagen. Der Erfolg der Bewegung geht so weit, dass sich ganze Nahrungsmittelzweige der Gesetze des authentischen Genusses annehmen. Unter den drei Generalkriterien gut, sauber und fair werden neue Anbau-, Verarbeitungs- und Zubereitungsmethoden entwickelt, die dem Leitbild saisonaler, regionaler und individueller Ernährung folgen. Auch in andere Bereiche stößt die Initiative für mehr Lebensqualität inzwischen vor, wie das Beispiel »cittaslow«, eine Vereinigung zur Verbesserung der Lebensbedingungen in Städten, belegt.

Die zweite Stufe der Gemeinschaftsbildung ist markiert durch den *Einzug in eine neue mentale Heimat.* Ein Akt der Rebellion, der Abkehr stellt den Einzelnen zunächst einmal allein. Die Abgrenzung schließt ihn erst einmal von allen anderen aus. Aus einer Mischung von Mut und Wut wird mit dem Bestimmten gebrochen, und man treibt hinaus in das Allgemeine und Unbestimmte. Wie soll es jetzt weitergehen? Das Größte und Beste, was einem nun passieren kann, ist die Aufnahme in eine Gemeinschaft von Gleichgesinnten, in eine mentale Familie. Das Erlebnis des Aufgehobenseins gibt mir wieder Boden unter den Füßen und das Gefühl, der sein zu können, der ich bin und der ich schon immer sein wollte. Ich bin geschützt. Ich werde anerkannt. Ich gehöre dazu.

Wenn derjenige, der irgendwie anders ist, nicht völlig in der Luft hängen soll, erfolgt im besten Falle nach dem Akt einer Abgrenzung ein Solidarisierungsakt. Genauso entstehen die Szenen. Hier tun sich Menschen zusammen, die vorher dachten, sie wären alleine mit ihrer Einstellung. Ihre Abweichung kann zu einem eigenen Weg werden, wenn sie feststellen, dass ihre Sicht der Dinge in Wirklichkeit von vielen Menschen geteilt wird. Zu Anfang einer Geistesgemeinschaft ist das gar nicht so einfach, denn ich muss ja erst einmal diejenigen finden, die meine Perspektive teilen. Wenn die aber weder bekannt noch publik sind, bleibe ich zunächst ein Eigenbrötler. Erst wenn die Szene größer und sichtbarer wird, findet sie jene Anhänger, die ihr Pläsirchen zuvor im Verborgenen ausgetüftelt haben. Deshalb gilt die Regel: Je mehr Leute sich einer Bewegung anschließen, desto mehr

Leute schließen sich einer Bewegung an. Denn je größer eine Geistesgemeinschaft wird, desto mehr Menschen kann sie erreichen und desto leichter fällt diesen Menschen dann der Rebellions- und Abgrenzungsakt. Ein Schneeballeffekt kommt in Gang.

Ein Paradebeispiel für diesen Stufenübergang stellen besondere sexuelle Präferenzen dar. Die Offenbarung der eigenen Sexualität ist vermutlich für jeden Homosexuellen anfangs ein befremdliches Erlebnis. Er fühlt sich anders, und dadurch fühlt er sich allein gelassen. Allein der gesellschaftliche Umstand, dass seine sexuelle Präferenz ein Thema darstellt, ist für ihn ein demütigender Missstand, gegen den er erst mit seinem Comingout offen aufbegehren kann. Dies fällt ihm umso leichter, je größer und stärker ihm die Community der Gleichgesinnten vorkommt und je selbstverständlicher sie in das öffentliche Leben eingebettet ist. Erst wenn die neue mentale Heimat jenes Maß an Sicherheit und Schutz verspricht, das dem jeweiligen Individuum notwendig erscheint, ist die öffentliche Abkehr vom Bestehenden und scheinbar Normalen eine gangbare Option. Dem ersten Schwulen einer Gesellschaft wird es extrem schwerfallen, sich zu outen. Dem zweimillionsten fällt das schon deutlich leichter.

Durch die zunehmende Auflösung traditioneller Gemeinschaftsformen in der Gegenwartsgesellschaft sind für uns viele der seit jeher existierenden Höhlen verloren gegangen. Deshalb wächst unser Bedarf nach neuen Gemeinschaften, die uns jene soziale Sicherheit vermitteln, ohne die ein glückliches Leben für uns nicht möglich ist. Gerade in einer globalisierten, unübersichtlichen und sich rapide wandelnden Welt brauchen wir einen Ersatz für die in ihrer sicherheitspendenden Wirkung heute arg beschnittenen Familien, Kirchen und Gewerkschaften. Genau hierfür bieten sich unterschiedlichste Geistesgemeinschaften an, die uns auch unter heutigen Bedingungen ein schützendes Dach gewähren, das unserer Individualität gerecht wird und uns erlaubt, unseren Vorlieben, Neigungen und Ansichten zu folgen. So kann ich ins Fußballstadion, zur Geheimbundloge, zu BarCamps, Manga-Conventions oder politischen Parteitagen gehen – oder einfach ins Internet.

Auf der dritten Stufe der Gemeinschaftsbildung vollzieht sich die *Aneignung einer anderen Denkwelt.* Nach der Abgrenzung und der Solidarisierung folgt die Internalisierung. In dieser Phase werden die einzelnen Mitglieder schritt- oder stufenweise mit einem System von Anschauungen, Instrumenten und Kompetenzen aufgerüstet. Sie machen sich fit im Sinne des gemeinsamen Geistes, der sie anzieht und in dem sie sich nun ausbilden. Wie bei der Übersiedlung in ein fremdes Land zieht man von dem bisherigen Wohnort fort und erlernt nach der Einbürgerung Schritt für Schritt die Sprache derjenigen, die hier leben. Je besser ich die Sprache beherrsche, desto näher komme ich den Einheimischen. Ich beginne, mich zugehörig, mich heimisch zu fühlen. Mit dem Erwerb der Sprache eigne ich mir verschiedenste Kulturfähigkeiten an, unter anderem den Umgang mit der neuen Mentalität. Nach und nach kann ich zu einem anerkannten Mitglied der fremden Sprachgemeinschaft werden. Mehr und mehr wird die zunächst nur geografische Heimat tatsächlich meine mentale. Die anfängliche Aufnahme geht zuletzt über in ein ganzheitliches Annehmen.

Die Metapher der Treppe, die in den Stufen aufscheint, lässt sich in zwei Richtungen interpretieren. Einerseits führt sie einen immer weiter hinein in die Gemeinschaft, ihren gemeinsamen Geist, in die von ihr vermittelbaren Kompetenzen und Weisheiten, andererseits führt sie als Stufenleiter immer höher hinauf im Sinne einer Anerkennung der anderen, des Status, der einem zugeschrieben wird, der Möglichkeiten, die einem durch Absolvierung des internen Ausbildungsprogramms zuteilwerden. Jedes Mitglied einer Geistesgemeinschaft wird stetig mit Aufwertungserlebnissen belohnt, wenn es sich im Rahmen der Gemeinschaft weiterentwickelt. Genauso wie ich beim Erwerb einer Sprache stolz und glücklich bin, wenn ich zum ersten Mal mein Essen im Restaurant selber bestellen kann, wenn ich das erste Mal einen Film in der Sprache wirklich verstehe, wenn ich das erste Mal locker Konversation betreiben kann.

Wer einmal in die Geistesgemeinschaft aufgenommen ist und sich an die Spielregeln hält, wird mit einem kontinuierlichen Aufstieg im Hierarchiegefüge der Gemeinschaft motiviert weiterzumachen. Ist die Gemeinschaft gesellschaftlich anerkannt, geht damit auch ein Aufstieg in der allgemeinen Gesellschaft einher, steht die Gemeinschaft in einem Abgrenzungsverhältnis zu dieser, wird der Aufstieg als Genugtuung im Sinne einer anwachsenden Protestkompetenz und Individualisierung wahrgenommen. Den »Oberpunk« erkennt man daran, dass bei ihm die meisten vorbeigehenden Bürger den Kopf schütteln. In beiden Fällen schafft die permanente Möglichkeit zur Statusaufwertung unablässig neue Anreize und neue Impulse für das Selbstbewusstsein. Insgesamt hilft die Geistesgemeinschaft einem auf diese Weise, die eigenen Ziele besser zu erreichen. Egal, ob man neue Freunde, relative Angstfreiheit, aufwertende Anerkennung, ein Ausleben der eigenen Präferenzen oder das Neuerfinden des Selbst anstrebt. Für alle diese Ziele bieten Geistesgemeinschaften Möglichkeiten und Wege. Hat man die richtige und für einen passende Geistesgemeinschaft ausfindig gemacht, bleibt einem das Durchlaufen einer etablierten Rangfolge nirgendwo erspart, ob bei Freimaurern, Google, Skatern, beim Online-Multiplayer-Rollenspiel »World of Warcraft«, den Republikanern oder den Buddhisten.

Die Abkehr vom Bestehenden, der Einzug in eine neue mentale Heimat und die Einübung einer anderen Denkwelt sind wichtige Stufen für die Konstitution von Geistesgemeinschaften und für die Entwicklung ihrer Mitglieder. Aber der eigentlich entscheidende Schritt vollzieht sich auf der vierten Stufe: das *Aufgehen in etwas Größerem*. Der begeisternde Kern von Geistesgemeinschaften ist das Einheitserlebnis, das sie ihren Anhängern vermitteln. Dieses Erlebnis ist letztlich der Grund für die Zugehörigkeit zur Gemeinschaft, es entscheidet über die Stärke und Ausbreitung des gemeinsamen Geistes ebenso wie über das Engagement und die Loyalität der Mitglieder. Verliert eine Geistesgemeinschaft, aus welchen Gründen auch immer, ihre Eigenart, magische Momente der Einheit zu erzeugen, stirbt sie.

Die meisten kennen das erhebende Gefühl gleichzeitig nach innen strahlender Sicherheit und nach außen strömender Macht, wenn man in einer großen Gemeinschaft mit einem gemeinsamen Ziel unterwegs ist. Dieses Gefühl bringt eine Geistesgemeinschaft nicht nur an den Start, es hält sie auch am Leben. Für dieses Gefühl sind die meisten Menschen bereit, Zeit, Schweiß und vielleicht sogar sich selbst zu opfern. Und gerade in den Opfern, die man für sie zu geben bereit ist, beweist sich die ganze Kraft und Begeisterung einer Geistesgemeinschaft.

Das Aufgehen im Größeren ist die Endmotivation der Anhänger und Mitglieder jeder Geistesgemeinschaft. Das ist es, was die Gemeinschaft stark und groß macht, sie in Gang hält und immer wieder Gesprächsstoff hergibt: Das, was der Surfer erlebt, wenn er über seine Welle gleitet. Das, was ein Bohemien erlebt, wenn er sich mit seinen Mitstreitern die Nacht um die

Ohren schlägt. Das, was der »World of Warcraft«-Spieler erlebt, wenn er in eine fremde Welt voller geheimnisvoller Wesen eingetaucht ist. In der Euphorie am Ganzen stoßen alle Begeisterungsfacetten zusammen: Freude, Intensität, Inspiration, Engagement, Schwärmerei, Rausch, Leidenschaft. Plötzlich entsteht die Möglichkeit zur Mitgestaltung, das Gefühl, im vorgegebenen Rahmen wirklich etwas bewegen zu können.

Der Nukleus jeder Geistesgemeinschaft hat genau mit diesem magischen Moment zu tun. Bei manchen Geistesgemeinschaften wird er Mystik genannt, bei anderen einfach Wahnsinn. Er gilt als Flow, Erleuchtung oder Transzendenz oder einfach als etwas Großes, für das man leben möchte. In jedem Fall wünscht man sich eine Wiederholbarkeit, und darum nimmt die Bewegung, die Schule, der Bund oder die Szene eine sinnstiftende und prägende Bedeutung für das individuelle Leben ein. Die Einheitserlebnisse entfalten einen Glauben an etwas, ohne dass das unbedingt religiös zu verstehen ist. Die ultimative Begeisterung ist der heilige Gral der Geistesgemeinschaft. Wer einmal von ihm gekostet hat, ist beseelt und möchte davon nicht mehr lassen. Nicht selten wird er zum Missionar der Sache, möchte auch andere begeistern und die frohe Botschaft weitertragen.

Erregungsmuster.

Die Instrumente der Begeisterung.

Die wenigsten Geistesgemeinschaften sind bisher am Reißbrett entstanden. Denn neben einer Begeisterungsstruktur, wie sie in den vier Entwicklungsstufen deutlich wird, bedarf es einer lebendigen Begeisterungskultur, damit das soziale Gebilde dynamisch, flexibel und widerstandsfähig ist. Erst das Anschauliche, sinnlich Erlebbare und von der Gemeinschaft Geformte sorgt dafür, dass sich alle gleichermaßen involviert und inspiriert fühlen. Erst wenn alle etwas teilen, an dem sie permanent mitgestalten, werden sie sich dauerhaft dafür begeistern. Und das geht, bildlich gesprochen, mit einem großen, weichen, bunten Klumpen Ton besser als mit einem klappernden Stahlgestell. Geistesgemeinschaften beruhen nicht auf einer Funktionsstruktur, sondern auf einem *Erregungsmuster*.

Begeisterung braucht einen fruchtbaren Boden. Sie gedeiht dort am besten, wo Fantasie herrscht, wo Neues gedacht und möglich gemacht wird, wo ein Funke fliegen kann. Eine rein formelle Struktur ist hierzu nicht ausreichend, und einer rein funktionalen Organisation fehlt es einfach an einer greifbaren Mission, die die Menschen mitnimmt und mitreißt. Organisationen, die auf den Gesetzmäßigkeiten einer Maschine oder Bürokratie aufgebaut sind, werden von den Menschen als abstrakt, unsinnlich und statisch erlebt. Große Institutionen und staatliche Einrichtungen, in denen oft unter Ausschluss jedweder Begeisterung Fälle verwaltet und Aufgaben abgearbeitet werden, haben dieses Problem.

Was diesen mechanistischen Sozialgebilden fehlt, ist ein gemeinsamer Geist, der die unter ihrem Dach Versammelten zu einer Gemeinschaft zusammenschweißt und sie beseelt. Was ihnen konkret fehlt, ist ein starkes Erregungsmuster, das den Sinn, die Idee und die Mission der Organisation anfassbar macht, den gemeinsamen Geist in Erlebnisse, Bilder und Vorbilder übersetzt. Erst durch solch eine Übersetzung kann zur reinen Funktion auch die notwendige Emotion kommen. Erst mit ihr kann der Sinn der Gemeinschaft für die Menschen konkret, sinnlich und ganzheitlich werden und damit potenziell aufregend und mitreißend.

Geistesgemeinschaften leben und überleben nicht durch ihre formelle Struktur. Wir haben bereits festgestellt, dass diese recht unterschiedlich sein und sich im Verlauf der Zeit sogar ändern kann. Geistesgemeinschaften überdauern und begeistern alleine durch ihr spezifisches Erregungsmuster. In ihm verknüpfen sich die gruppeneigenen Gesetze und Begriffe mit den dazu passenden Symbolen und Ritualen zu einem jederzeit und von jedem wiedererkennbaren und nachlebbaren Ganzen. Jede Motorradgang hat ihr eigenes gemeinschaftliches Erregungsmuster, bestehend aus einer charakteristischen Interpretation des wilden Lebens, einem klar definierten Ehrbegriff und genauen Vorstellungen über die richtige Lederjacke mit den richtigen Abzeichen, über das passende Bike, die entsprechende Musik, den Umgang mit Gewalt. Jeder Yogi kann sich auf ein Erregungsmuster mit großer Tradition beziehen, das ihn langfristig für seine Lebensform begeistert, bestehend aus der Ethik des achtstufigen Lebenspfades, gymnastischen Übungen, entsprechenden Meditations- und Atemtechniken, Gesängen und Zeremonien, charakteristischer Kleidung, einer ayurvedischen Ernährungsweise und vielem mehr.

Das Erregungsmuster einer Bewegung, einer Szene, eines Bundes oder Glaubens bringt die Seele der Geistesgemeinschaft zur Erscheinung. Es befördert den gemeinsamen Spirit in die Welt, macht ihn begreifbar, erfahrbar und vermittelbar. Der gemeinsame Geist der Mafia besteht in ihrem Ehrbegriff der »Cavalleria Rusticana«, bei den Hippies ist es die Verhaltensästhetik der »Flowerpower« und bei den Surfern der State of Mind, den sie mit dem Begriff »stoked« umschreiben. Jedes Unternehmen, jede Partei, jede Sportmannschaft führt Menschen durch einen solchen Spirit zusammen, und seine Strahlkraft bestimmt, wie beseelend diese Gemeinschaft wirken kann. Wirksam wird der gemeinsame Geist aber nur, wenn er über Gesetze, Begriffe, Symbole, Rituale und Idole – die fünf Instrumente der Begeisterung – verkörpert wird.

Geistesverwandte erkenne ich anhand der verwendeten Symbolik. Was zu tun ist, weiß ich aufgrund gemeinsamer Gesetze und Rituale. Und was der andere meint, verstehe ich auf der Grundlage geteilter Begriffe und Vorstellungen. Entscheidende Durchschlagskraft erhalten Geistesgemeinschaften durch ihre Symbolfiguren. Als Vorbilder oder Idole fassen sie das gesamte Erregungsmuster einer Gemeinschaft in sich zusammen und verdichten es zum persönlichen Auftritt. Durch das aktivierte Erregungsmuster wird der gemeinsame Geist inszenierbar und kommunizierbar, greifbar und lebbar.

Der gemeinsame Geist besteht zunächst in einer Formel, einer Idee, einer Möglichkeit. Man kann das gut finden, aber richtig etwas anfangen kann man damit nicht. Man weiß noch nicht, wie er aussieht, wie er sich anfühlt, was er nach sich zieht und was man tun soll, wenn man sich mit ihm grundsätzlich identifiziert. Hierfür muss der gemeinsame Geist manifestiert werden, er muss in Bilder, Geräusche, Gesänge, Gefühle, Zeichen und Geschichten übersetzt werden – und in Handlungsanweisungen, die mir sagen, was getan werden muss, um den Spirit zu erleben, ihn weiterzugeben, ihn nach vorne zu bringen. Der gemeinsame Geist braucht *Gesetze*, die für jeden einfach und unmissverständlich regeln, wann er im Sinne dieses Geistes agiert und wann er ihn verrät. Er braucht Grundsätze, Richtlinien und Vorschriften, die klarmachen, wo sich der gemeinsame Handlungsraum befindet, wie weit er geht und wo die Grenzen sind.

Die Gesetze sind das Haltungsinstrument jeder Geistesgemeinschaft. Sie erklären aus Sicht der Gemeinschaft, wie die Welt ist, wie sie sein sollte, was man tun kann und soll. Solche Gesetze können die Form einer Proklamation haben wie das *Kommunistische Manifest* von Marx und Engels, sie können in Form von Schlachtrufen daherkommen wie beim zum Parteinamen uminterpretierten Fußballfan-Ruf »Forca Italia«, sie können aber auch die Form einer Verfassung oder eines Gesetzbuches annehmen wie beim deutschen Grundgesetz. Immer beziehen sie Stellung und geben einem die Möglichkeit, zu ihnen Stellung zu beziehen, sie bezeichnen eine klare Haltung, mit der ich mich identifizieren kann oder eben nicht, an die ich mich halten kann oder aber nicht. Damit geben sie das Ethos der Gemeinschaft vor, ihre Binnenmoral. Sie definieren, welches Verhalten einen berechtigt dazuzugehören, und welche Handlungen einen zum Außenseiter machen oder sogar ausschließen.

Die Gesetze können in schriftlicher Form vorliegen, sie können aber genauso gut als »ungeschriebene Gesetze« ihre Wirkung entfalten. Manche kommen als Motto daher wie Roger Daltreys Rock'n' Roll-Aphorismus »I hope I die before I get old«, andere in der bei Religionen und Geheimbünden typischen Form als Schwur oder Glaubensbekenntnis. Sie können auch die

Form eines Vertrages einnehmen, wie bei dem Vorhaben zur weltweiten Senkung des CO_2-Ausstoßes oder bei den Vereinbarungen eines Masochisten mit seiner Domina. Wer die Gesetze annimmt und ernst nimmt, wer sich ihnen verpflichtet fühlt und seine Handlungsweise nach ihnen ausrichtet, opfert damit ein Stück seiner Freiheit. Er erhält dafür den Zugang zu einem spezifischen Erregungsmuster, das ihm einen Weg zu ganzheitlicher Begeisterung eröffnet.

Im Aufstellen solcher Regeln und im Bekenntnis zu ihnen liegt immer eine gewisse Kühnheit. Jedes Mal wird ein Pflock in den Boden gehauen, der markiert, was sein soll und was nicht. Jedes Mal wird die Welt begrenzt, die Handlungsmöglichkeiten werden eingedämmt, und gerade hierdurch eröffnet sich eine neue Welt, und sofort praktikable Handlungsmöglichkeiten liegen vor einem. Das Bild, das die Gesetze einer Geistesgemeinschaft anschaulich beschreibt, ist das einer Leuchtrakete. Mit ihr wird Stellung bezogen, und sie macht völlig neue Wege sichtbar. Im kühnen Akt des Abfeuerns dieser Rakete steckt der Keim der Begeisterung.

Sich an etwas zu binden, sich einem Regelwerk oder Kodex zu unterwerfen, kann eine unerhörte Befreiung bedeuten und eine mitreißende Aufbruchstimmung erzeugen – wenn man sich mit dem Weg, der hier gewiesen wird, wirklich identifizieren kann. Plötzlich vereinfachen die Gesetze die komplexe Welt um einen herum und zeigen aus brenzligen Situationen immer wieder einen plausiblen Ausweg. Plötzlich gibt einem das gemeinsame Projekt festen Boden unter den Füßen, der einen handlungsfähig macht und auf den man sich immer wieder rückbesinnen kann. Plötzlich ist da etwas klar Definiertes, das einen mit auf den Weg nimmt und einem dabei Überdosen Mut für das Kommende verpasst.

Als Martin Luther am 31. Oktober 1517 seine 95 Thesen zur Kritik der Ablasspraxis der katholischen Kirche an die Schlosskirche zu Wittenberg hämmerte, markierte er damit in kühner Weise den Anspruch der Reformationsbewegung, die religiöse Praxis ausschließlich aus den Evangelien abzuleiten. Darüber hinaus schaffte er mit dieser Proklamation einen ewigen Bezugspunkt für den evangelischen Glauben, er verkörperte auf sehr prägnante Weise dessen Geist und gewann schließlich Millionen von Menschen für die gemeinsame Sache.

Ziehen Gesetze klare Grenzen und geben dem gemeinsamen Geist so einen großen Rahmen, sind *Begriffe* notwendig, um das Weltverständnis der Gemeinschaft zu fassen. Markieren Gesetze prägnant und plakativ die gemeinsame Haltung, unterfüttern die passenden Begriffe diese Haltung mit Gründen, Motiven und Inhalten. Während bei den Gesetzen das Bild der Leuchtrakete in den Sinn kommt, die sichtbar macht und handlungsleitend wirkt, funktionieren die Begriffe wie eine Brille, die man aufsetzt und die die Welt in eine neue Farbigkeit und Formenvielfalt eintaucht.

Begriffe sind das Beschreibungsinstrument jeder Geistesgemeinschaft. Ob mit Wörtern, die es vorher überhaupt nicht gegeben hat, oder mit der Aufladung bestehender Wörter: Über die Begriffe wird neu bestimmt, wie die Welt zu begreifen ist. Wie ist sie? Was macht sie aus? Wie soll sie sein? Begriffe geben dem Denken eine Richtung, sie verdichten die Sicht der Dinge, sie kondensieren komplizierte Erkenntnisse, Argumente und Meinungen in einfachen Schlagwörtern. Was Joseph Beuys unter Kunst verstand, unterschied sich grundlegend von dem, was kulturbeflissene Traditionalisten hierzu im Kopf hatten. Aus diesem Grund stellte Beuys die Erweiterung des Kunstbegriffes ganz bewusst in den Mittelpunkt und machte sie zu einem Teil seines künstlerischen Schaffens. Was heutige Patchworkfamilien mit dem Begriff der Familie verbinden, ist fundamental verschieden von dem, was eine traditionelle italienische Familie hierunter versteht. Dort ziehen noch heute die Söhne erst bei ihren Mamas aus, wenn sie per Heirat nahtlos in die Hände einer anderen Frau übergehen. Was Spanking bedeutet, wissen wahrscheinlich noch verhältnismäßig viele Zeitgeister, sich aber tiefer gehend darüber austauschen können nur Mitglieder einer SM-Community. Und wo Ataraxie anfängt oder aufhört und wieso sie ein edles Lebensideal darstellt, ist nur für Anhänger antiker Lebensschulen kommunizierbar.

Für Friedrich Nietzsche war die Wahrheit nichts anderes als ein »bewegliches Heer von Metaphern«. Was wir für die Wahrheit halten, hängt davon ab, wie wir Begriffe verwenden und wie wir sie verstehen. Der amerikanische Philosoph Richard Rorty weist darauf hin, dass wir die Welt ausschließlich mit den begrifflichen Mitteln verstehen und beschreiben können, die wir uns erarbeitet haben. Wo wir immer nur Weiß sehen, erkennen Eskimos eine Vielzahl unterschiedlicher Farben. Wo wir immerhin merken, dass es sich bei einem Getränk um Wein handelt, kann ein guter Sommelier neben Land und Rebsorte auch das Geschmackserlebnis in einen Fächer bildhafter Beschreibungsweisen fassen, durch die unser zweiter Schluck plötzlich einen ganz anderen Charakter bekommt.

Wir sehen die Welt plötzlich durch eine andere Brille. Wir begreifen die kleinen Unterschiede, indem wir lernen, sie begrifflich zu fassen. Das ändert unsere Meinung, unsere Haltung und unser Leben. Die logische Konsequenz für Geistesgemeinschaften ist, dass sie bestimmte Begriffe verwenden, um ihrem gemeinsamen Geist Ausdruck zu geben und eine übereinstimmende Anschauung von der Welt zu erreichen. Zu diesem Zweck werden Bibeln geschrieben, Gedichte verfasst, Texte veröffentlicht, Fanzines verlegt und Codes ausgegeben.

Einen Hauptteil der Kommunikation von Geistesgemeinschaften kann man als Begriffsarbeit interpretieren. So bilden Satanisten, Heideggerianer oder Buddhisten analog zu Atomforschern, Spieltheoretikern und Biochemikern Spezialsemantiken aus, die für einen Normalmenschen kaum zu durchdringen sind. Die sehr eigenen, über die Zeit entwickelten Beschreibungssprachen lassen den Stand der Forschung und Argumentation einfließen in eine überschaubare Menge an Begriffen. Sie erleichtern und beschleunigen die Kommunikation unter den Gemeinschaftsmitgliedern und dienen noch dazu als exklusiver Zugehörigkeitsausweis. So bilden sich um bestimmte Begrifflichkeiten wie dem der blauen Blume oder dem des Konzeptfußballs ganze Anhängerscharen, weil diese Begriffe ihre gewünschte Sicht der Welt zum Ausdruck bringen, eine mentale Heimat markieren und die Fantasie beflügeln. Die Christenheit benötigte das gesamte Mittelalter für einen Streit um den Begriff des Leibes Christi: Wird er in der Kommunion tatsächlich verkostet, oder handelt es sich hierbei nur um eine symbolische Handlung?

Gesetze und Begriffe manifestieren den gemeinsamen Geist auf rationaler Ebene, wirklich anschaulich wird er allerdings erst durch die *Symbole*. Diese laden normale Gegenstände, Muster oder Orte mit einer zusätzlichen Bedeutung auf, die sich aus dem gemeinsamen Geist einer Gemeinschaft ableitet. Sie machen Meinungen, Haltungen und Sichtweisen anfassbar, fühlbar, erlebbar. Sie stellen eine magische Verbindung her zu einer anderen Welt, in der die Dinge viel mehr sind als ihr Gebrauchswert. Durch ihre symbolische Aufladung können sie zu einem Zeichen Gottes, zu einem Identitätsstifter, zu einem Opfer oder einem Wink des Schicksals werden. Ein wehendes Stück Stoff wird zur Flagge, vor der Tausende Soldaten salutieren und unter der Sportler unter Tränen ihre Medaille entgegennehmen. Ein Abzeichen wird zum Lebensziel, für das man größte Anstrengungen in Kauf nimmt. Das Überstreifen eines Kleidungsstückes macht einen zu einem anderen Menschen, man blickt anders in die Welt und wird von der Umwelt anders betrachtet. Das ist so bei Uniformen, im religiösen Kontext, im Berufsbereich wie auch bei sexuellen Rollenspielen. Letztlich gilt es für jede Form modischer Extravaganz.

Ein solches Symbol wirkt wie ein Zauberstab, es kann die Welt verwandeln und verzaubern – und die Menschen, die in ihr leben, auch. Symbolische Aufladungen machen aus dem Normalen, Allgemeinen und Profanen das Kostbare, Besondere und Heilige. Sie machen aus einem Bauwerk ein Wahrzeichen, aus einer Stadt einen Wallfahrtsort und aus einem Teddybär ein unverzichtbares Maskottchen. Sie machen aus einem Musikstück eine Hymne, aus einem Stil ein Statement und aus einem Haufen Blech auf Rädern eine Identitätsvergewisserung, für die manch einer Haus und Hof verpfändet. Symbole laden Dinge mit Bedeutung auf, mit Emotion und mit Sinn.

Sie bringen den Geist einer Gemeinschaft wirklich und handfest in die Welt. Einmal aufgeladen, rufen sie bei den Menschen immer wieder neu die Gedanken, Gefühle, Sehnsüchte und Begeisterungen ab, mit denen sie belegt sind. Sie erfüllen die Seele und erinnern immer wieder unmittelbar an die Wahrheiten des mit anderen geteilten Geistes. Sie sorgen so dafür, dass man den Kontakt zu diesen Wahrheiten niemals verliert, dass man auf Spur bleibt. Sie prägen die Identität und das Selbstverständnis von Menschen. Sie sind der Kern der Erregungsmuster, die Lust am gemeinsamen Geist erzeugen und Gruppen wirklich zusammenschweißen.

Die sinnhafte Verknüpfung von Bannern, Liedern, Mode, Architektur, Logos und allem anderen symbolisch Aufgeladenen bildet einen spezifischen ästhetischen Stil. Dieser Stil ist quasi das Vokabular der Anschauung einer Geistesgemeinschaft und bildet damit ein Komplementär zu den Begriffen als Vokabular des Verstandes. Ihm ist es geschuldet, dass man Symbole, die man nie zuvor gesehen hat, einer bestimmten Zeitepoche, einer bestimmten Denkhaltung oder einer bestimmten Gruppierung zuordnen kann. Der ästhetische Stil manifestiert und verkörpert den gemeinsamen Geist auf eine so spezifische Weise, dass man ihn in allem, was die Geistesgemeinschaft macht, wiedererkennt.

Und das ist auch dringend notwendig, um eine durchgehende Identifikation zu erreichen und dem Zauber Bestand zu geben. Wo der ästhetische Stil auseinanderfällt, treten Irritationen auf, und das Erregungsmuster verliert seine Potenz, Begeisterung zu erzeugen. Wenn Symbole in ihrer Bedeutung nicht mehr unmittelbar verständlich sind, funktioniert der Zauber nicht. Deshalb ist für Außenstehende praktisch nicht nachvollziehbar, warum die Zugehörigen so stark auf die Symbole reagieren. Während wir unsere abgeschnittenen Fingernägel achtlos in den Müll werfen, verstecken manche Naturvölker sie unter größten Vorsichtsmaßnahmen. Sie sehen sie als losgelösten Teil von sich, der Macht über sie verleiht, wenn er in fremde Hände gelangt. Schuhe, die für viele bloß ein praktisches Mittel der Fortbewegung sind, erscheinen manchen Frauen als Verkörperung der eigenen Weiblichkeit, andere projizieren die lustvollsten Erfüllungen sexueller Sehnsüchte auf sie. In diesem Extremfall überlagert die symbolische Dimension den realen Gebrauchswert komplett. Das Ding wird zum Fetisch und in einer Form idealisiert, die seine Dinghaftigkeit überstrahlt und es mit einem Symbolgehalt auflädt, der heftige Gefühle erregt. Es wird zum Heiligtum. Solche Heiligtümer gibt es nicht nur im Bereich des Glaubens, sondern auch in der Sexualität, beim Konsum und in der Popkultur.

Rituale sind das Verhaltensinstrument der Geistesgemeinschaften. Durch sie werden Handlungen genormt und wiederholbar gemacht. Im gemeinsamen Handeln wird das Wir zelebriert und Zugehörigkeit gelebt. Hat die Durchritualisierung des Alltags bei den ursprünglichen Naturvölkern den individuellen Freiheitsgrad auf ein Minimum reduziert, beobachten wir heute eine Umkehrung der Dynamik: Die Spielräume des Einzelnen nehmen durch ritualisierte Abgrenzung zu. Mittlerweile gibt es einen Markt der Rituale, auf dem sich jeder relativ frei entscheiden kann, welchen er folgen möchte. Er kann wählen, welcher Geistesgemeinschaft er sich zugehörig fühlt, welchen Stil und welche Agenda er ansprechend findet. Eines hat sich allerdings nicht geändert: die zentrale Rolle der Rituale für das gemeinsame Erregungsmuster.

Unternehmen steuern sich zu einem guten Teil selbst durch institutionalisierte Verhaltensweisen, das betrifft Arbeitszeiten, Meetingkultur, Prozessabläufe und nicht zuletzt das Miteinander der Kollegen. Ein Golfclub funktioniert durch festgelegte Handlungsnormen diesseits und jenseits der 18 Löcher und des allgemeinen Spielbetriebs. Glaubensgemeinschaften leben ein komplexes System von Zeremonien wie Messen, Gebeten, Gesängen, Bitten und Beichten. Jeder Handlungszug ist hier festgelegt und vorgeschrieben, und ohne in diesen Bezugsrahmen eingeführt zu sein, fühlt man sich nicht zugehörig und ist kein vollwertiges Mitglied.

Rituale sind der entscheidende Faktor, um Begeisterung vorzubereiten und herbeizuführen. Sie sind das große Tor zur Emotion, sie sind die Tür zum Einheitserlebnis. Rituale laden auf und berühren. Sie führen zusammen und vergegenwärtigen. Sie wiederholen sich und erziehen. So zelebrieren die Rituale die Gemeinschaft und schaffen für den Einzelnen ein Maß an Sicherheit, das ihn entscheidend entlastet. Ohne sie wäre jede Weltanschauung theoretisch, jeder Geist starr und jedes Handlungssystem kalt. Wo Begriffe und Gesetze eine geistige Struktur schaffen und Symbole die Umwelt im Sinne des gemeinsamen Geistes verzaubern, setzen Rituale die geistigen Strukturen in die Tat um. Sie geben dem Einzelnen Handlungsmöglichkeiten vor, um den gemeinsamen Geist umzusetzen und zu verbreiten. Rituale erfüllen im Wesentlichen drei Funktionen, mit denen sie Geistesgemeinschaften vitalisieren und am Leben erhalten: Aufladung, Vergegenwärtigung und Einübung.

Die erste Funktion der Rituale besteht darin aufzuladen. Durch freudige Gemeinschaftserlebnisse und beeindruckende Schauspiele statten sie die verwendeten Requisiten mit Symbolkraft und die beteiligten Anhänger mit euphorischer Energie aus. In Militärparaden wird die Kolossalität der eigenen Streitmacht zelebriert und damit gleichermaßen der Freund verzückt und der Feind abgeschreckt. In pyrotechnisch unterlegten Massenspektakeln wird das neue Jahr begrüßt und die geballte Kraft zur Bewältigung kommender Herausforderungen gefeiert. In liturgischen Messen wird Gott gepriesen und seine Herrlichkeit zur erfahrbaren Gewissheit. Ob Uniformen und Stechschritt, Feuerwerk und Bleigießen, Kreuz und Kommunion, die gemeinsamen Rituale verbreiten nicht nur Gefühle, sie verleihen Dingen und der eigenen Existenz Sinn.

Rituale sind nicht nur symbolische, sondern auch symbolschaffende Handlungen. Sie verzaubern einen und verwandeln, womit sie in Berührung kommen. Sie schaffen einen magischen

Moment, der die Beiwohnenden elektrisiert, und sie geben den dabei genutzten Gegenständen eine neue Bedeutung, die bestehen bleibt, wenn man auseinandergeht. Die Kraft der wunderbaren Augenblicke wird durch diese Übertragung sogar immer wieder aufs Neue abrufbar. Deshalb sind sie das Herzstück und der Blutkreislauf jeder Gemeinschaft.

Die zweite Funktion der Rituale besteht darin, die Anhänger auf den neuesten Stand zu bringen, was die Entwicklung ihrer Gemeinschaft angeht. Kongresse und Conventions dienen als periodische Plattformen für kollektive Selbsterkenntnis und Weiterentwicklung. Im ritualisierten Austausch der Mitglieder wird Vorhandenes vergegenwärtigt und Neues kanalisiert: Wer sind wir? Was wollen wir? Was hat sich geändert? Wie sollen wir hierauf reagieren? Diese Fragen müssen von Zeit zu Zeit behandelt werden, um die Gemeinschaft dauerhaft lebensfähig zu erhalten. Denn nur durch die ständige Selbstvergewisserung über die gemeinsame Verhaltensordnung erhält sie die nötige Stabilität und zugleich die erforderliche Flexibilität. Nahezu jeder Berufsstand organisiert sich in Verbänden, die über Verhaltensrituale wie regelmäßige Zusammentreffen, bestimmte Publikationsgepflogenheiten und eingeübte Umgangsformen die Weiterentwicklung ihres Standes zu steuern versuchen. In diesem Sinne sind auch Kulte, Feste, Events, Festivals oder Gedenktage nichts anderes als Vergegenwärtigungen des Standes der Dinge. Es wird deutlich, was war, und offensichtlich, was deshalb sein soll.

Aufbauend auf dieser Funktion des Hervorholens besteht die dritte Funktion der Rituale in der systematischen Einübung einer spezifischen Verhaltensordnung. Sitten und Bräuche sind nicht nur für die großen Kulturräume und die großen Zeitepochen charakterisierend. Sie verbinden in jeder Geistesgemeinschaft auf ganz spezifische Art das Leben der Anhänger mit dem Zusammenspiel. Rituale konditionieren Menschen im Sinne der Gemeinschaft, sie geben einen nutzbaren Rahmen, eine klare Struktur vor, an der sich jeder orientieren kann und durch die sein Verhalten sich in den Geist des Ganzen einfügt.

Bei einer Olympiade ist jedem Teilnehmer klar, wann er was wie zu tun hat. Von der Eröffnungsfeier mit Fahnenträgern über das gleichrangige Leben im olympischen Dorf bis zum Tritt auf das Siegerpodest und der hymnenuntermalten Entgegennahme der Medaille sind die Abläufe immer dieselben. Gerade das ermöglicht den Athleten die volle Konzentration auf die eigene Leistung und ein intensives Erleben der bedeutungsgeladenen Zeremonien. Einmal eingeübt, geben Rituale einem durch ihre Abfolgegewissheit immer wiederkehrend die Gelegenheit des unmittelbaren Beiwohnens, der transparenten Weiterentwicklung, aber auch die Möglichkeit, im Anschluss wieder in das »normale« Leben zurückzufinden. Initiationen und Ehrungen kondensieren Übergänge und machen so das Erreichen einer neue Stufe deutlich. Rituale ebnen den Weg in eine neue Lebensweise, in die man sich einüben kann wie in die Kunst des Bogenschießens oder des Klavierspielens.

Die Wiederholbarkeit von Ritualen sorgt nicht nur für Begeisterung, sondern auch für Sicherheit. Denn Rituale machen das Leben ein Stück weit berechenbarer und vorhersagbarer. Sie geben einem die Gewissheit, dass bestimmte Dinge laufen, wie sie immer schon gelaufen sind. Sie entlasten einen davon, das Rad immer wieder neu erfinden zu müssen. Sie zelebrieren den Charme der Wiederholung, der die Zukunftsoffenheit mindert und das Gestrüpp gangbarer Wege auf ein überschaubares Maß zurechtstutzt. Man weiß, was man im Notfall wie im Glücksfall zu tun hat und kann sich immer wieder zurückfallen lassen auf das, was man bereits eingeübt hat. Und das, was man schon oft wiederholt hat, ist bestimmt durch die Geistesgemeinschaft, deren Teil man ist. Die Geistesgemeinschaft erzeugt auf diese Weise eine Handlungssicherheit, die ihr nützt, weil sie das Verhalten ihrer Mitglieder konditioniert. Zugleich nützt sie jedem Mitglied, weil es das beruhigende Gefühl erhält, nicht auf sich allein gestellt zu sein.

Rituale sind wie leuchtende Bojen im Meer des Lebens. So zeichnen die katholischen Sakramente von der Taufe über Kommunion, Beichte, Firmung, Heirat bis zum Sterbesakrament den eigenen Lebensweg vor und lassen ihn als einen wohlgegliederten Etappengang erscheinen wie die Tour de France. Rituale weisen einem den Weg und führen einen auf den rechten Pfad zurück, sollte man ihn einmal verlassen haben. Sie begleiten einen und prägen das eigene Verhalten tief und nachhaltig.

Idole sind die Kernerreger von Zustimmung oder Ablehnung in einer Geistesgemeinschaft. Sie demonstrieren, wie man den gemeinsamen Geist ausdrückt, lebt und in die Welt trägt. Als wandelndes Manifest für die entsprechende Weltanschauung werden sie zum imitierbaren Leitbild für alle, die sich vom repräsentierten Erregungsmuster angezogen fühlen. Alexander und Wilhelm von Humboldt waren nicht nur wegweisende Erneuerer des Humanismus, sondern durch Alexanders weltumspannenden Forscherdrang und Wilhelms Universalgelehrtheit auch das lebende Paradebeispiel für diese klassische Geisteshaltung. Alice Schwarzer ist zwar nicht die Erfinderin des Feminismus, aber, vor allem in Deutschland, eine der wichtigsten Vorleberinnen der Bewegung. An ihrer Unerschrockenheit konnten sich nun schon mehrere Generationen von Frauen ein Beispiel nehmen. Und Anhänger der Techno-Szene orientierten sich in ihrer Euphorielust während der gesamten 90er Jahre am

Ekstasemeister Sven Väth. Idole praktizieren, sie provozieren und sie polarisieren. Immer kann ich über sie ganz einfach für oder gegen etwas Stellung beziehen.

Die Erregungsmuster aus Gesetzen, Begriffen, Symbolen und Ritualen neigen dazu, sich immer weiter auszudifferenzieren. Neue Probleme und Herausforderungen führen mit der Zeit immer wieder zu neuen Elementen. Die Komplexität und Unübersichtlichkeit wächst. Deshalb sind für das langfristige Funktionieren der Gemeinschaft und das erfolgreiche Begeistern der Anhänger Persönlichkeiten unabdingbar, die wie ein Leuchtturm den Weg weisen. In diesen Leitfiguren kommt alles zusammen, was die Geistesgemeinschaft ausmacht. Sie veranschaulichen ihr Wesen, ihre Gestalt und ihre Attraktivität. Ohne ihre Ausstrahlung geht das Einfachste und deshalb Durchschlagende verloren.

Jede Band, jede Partei, jede Kunstrichtung, jede Fußballmanschaft und jede philosophische Schule hat ihre Helden und Vorbilder, die vormachen, wie das Große und Ganze anzugehen ist, die eine Haltung vorgeben, an der sich die anderen orientieren können. Im einfachsten Fall sind Idole Wegweiser und Musterbeispiele, im besten Fall wird an ihnen die Verwirklichung der eigenen Träume und Sehnsüchte sichtbar.

Sokrates war nicht nur Vorbild aller Lebensschulen, er ist bis heute der Archetyp eines maßvollen, unbeugsamen und hellwachen Weisen, der sein Leben ganz dem Geist gewidmet hat. Nicht ohne Grund wurde immer wieder geraten, sich auf ihn zu besinnen, wenn man in eine Lebenssituation gerät, in der man nicht mehr weiterweiß. Aristoteles ebenso wie Leonardo da Vinci oder die Humboldt-Brüder sind bis heute Leitbilder für alle Universalgelehrten, die sich nicht auf Expertenwissen und Fachidiotie beschränken, sondern Erkenntnis im Kontext eines übergreifenden Entwurfs verorten wollen. Sie haben gezeigt, wie fruchtbar Multidisziplinarität für jede einzelne Disziplin sein kann, und auf diese Weise einen weiten Denkraum eröffnet. Als geistige Vorbilder haben sie über Jahrhunderte den Glauben an neue und spannende Denkmöglichkeiten wachgehalten, für den ohne sie wahrscheinlich der Mut gefehlt hätte.

Idole erzeugen Begeisterung, indem sie Hoffnung verbreiten. Hier ist etwas wirklich, das man nur bedingt für möglich hielt. Dass es tatsächlich realisierbar ist, weckt Wünsche, Kräfte und Zuversicht. Dass man es erreichen kann, zeigt sich an denen, die es erreicht haben. So kann man seine Idole als Vorbildchen im Bewusstsein tragen, wie eine Schatzkarte, die man ständig dabeihat, die einem eine glänzende Zukunft verspricht und die einem darüber hinaus permanent anzeigt, wie weit man auf dem Weg gekommen ist.

Symbole, Rituale, Gesetze, Begriffe und Idole sind die Instrumente der Begeisterung. In ihrem besonderen Zusammenhang bilden sie für jede lebensfähige Gemeinschaft ein erkennbares und anwendbares Erregungsmuster, das den Beteiligten immer wieder Zugang zur Begeisterung eröffnet. Auf diese Weise wird die Anwendung des Musters belohnt und auf Dauer gestellt. Man kann das Erregungsmuster also mit Fug und Recht als Gemeinschaftsgedächtnis bezeichnen. Es behält und bewahrt, was die Gemeinschaft »im Innersten zusammenhält«, und gießt es in eine lebendige Form, die jedes einzelne und jedes neue Mitglied erlernen kann. Da Gemeinschaften sich nicht unmittelbar in Gehirnen oder auf Datenträgern verewigen können, manifestieren sie sich in Ritualen, Symbolen und Idolen.

Das war schon so bei den ersten Naturvölkern, bei den alten Ägyptern und den Urchristen. Bei Britpoppern, Rosenkreuzern oder der amerikanischen Partei der Demokraten ist das bis heute nicht anders. Der Unterschied besteht im Aufbau des Erregungsmusters der jeweiligen Gemeinschaft. Während die christliche Messe seit 2000 Jahren sehr erfolgreich an Leben und Tod Jesu Christi erinnert, ruft der Pyjama-Tag bei Google regelmäßig den Unternehmensgeist von Neugier und Staunen wach, und das traditionelle Ruderrennen zwischen Cambridge und Oxford zelebriert den ehrgeizigen, aber edlen Sportsgeist der Elitestudenten.

In der Kombination seiner Elemente erreicht das gemeinsame Erregungsmuster ein hohes Maß an Gemeinschaftsbildung. Durch das gemeinsame Begehen von Festen und Wettbewerben, das Schwenken von Flaggen und Tragen von Abzeichen, das Leben von Idealen und das Befolgen von Kodizes erzeugt das musterhafte Gemeinschaftsgedächtnis eine substanzielle Gruppenidentität, ein über alle Unwegsamkeiten verbindendes Wir-Gefühl. Erst die Existenz eines gemeinsamen Gedächtnisses macht Gruppen zu Gemeinschaften. Der Kulturforscher Jan Assmann zieht in seinem Werk *Das kulturelle Gedächtnis* das Fazit: »Ebenso wie ein Individuum eine personale Identität nur kraft seines Gedächtnisses ausbilden und über die Folge der Tage und Jahre hinweg aufrechterhalten kann, so vermag auch eine Gruppe ihre Gruppenidentität nur durch ihr Gedächtnis zu reproduzieren. Der Unterschied besteht darin, dass das Gruppengedächtnis keine neuronale Basis hat. An deren Stelle tritt die Kultur: ein Komplex identitätssichernden Wissens, der in Gestalt symbolischer Formen wie Mythen, Liedern, Tänzen, Sprichwörtern, Gesetzen, heiligen Texten, Bildern, Ornamenten, Malen, Wegen, ja – wie im Falle der Australier – ganzer Landschaften objektiviert ist.«

Wie das individuelle beruht auch das Gemeinschaftsgedächtnis auf den Grundfunktionen der Wiederholung und Vergegenwärtigung. In allen Weltreligionen, Parteien, Philosophien oder Schulen werden bestimmte Handlungen immer wieder vollzogen, bestimmte Koryphäen immer wieder zitiert, bestimmte Lieder immer wieder gesungen und bestimmte Orte immer wieder besucht. In diesem Punkt treffen sich der Gang nach Mekka und die gregorianischen Gesänge benediktinischer Mönche: Beides überführt Inhalte des jeweiligen gemeinsamen Geistes in das Denken und Handeln des einzelnen Gläubigen. Beides vergegenwärtigt das Gefühl des Aufgehobenseins in einer großen Gemeinschaft. So versorgt mich meine Gemeinschaft permanent mit Wissen, Sicherheit und begeisternden Erlebnissen und ist deshalb zu Recht meine bevorzugte mentale Heimat.

In der Gestaltwerdung des gemeinsamen Geistes liegt ein entscheidender Teil des Erfolgsgeheimnisses der Geistesgemeinschaften. Das Christentum hat hier weit über die regelmäßigen Messen hinaus mit der Bibel, der Kreuzsymbolik, Gedenktafeln, Sakramenten, Gebeten, sakralen Kunstwerken und heiligen Stätten ein ganzes Arsenal an Instrumenten zur Hand, um den »Opfertod des menschgewordenen Gottes« immer wieder neu, immer wieder anders und dennoch immer wieder großartig zu vergegenwärtigen. Bei Jan Assmann heißt es: »Ideen müssen versinnlicht werden, bevor sie als Gegenstand ins Gedächtnis Einlass finden können.« Und genau das haben Geistesgemeinschaften über die gesamte Menschheitsgeschichte in unterschiedlicher Form getan.

Konnten sprachlose Urvölker die Versinnlichung von Ideen nur über festgelegte rituelle Handlungen zur Herbeiführung von Regen oder Gesundheit erreichen, nutzten sie im weiteren Verlauf schon Zickzack- und Wellenlinien, um Gegenstände mit dem heiligen Urmeer in symbolische Verbindung zu bringen. Am Anfang der Sprache stehen die mythischen Erzählungen und die Anrufung des Göttlichen. Schrift, Buchdruck und Massenmedien haben die Möglichkeiten der Gestaltwerdung gemeinsamer Ideen enorm potenziert. Hatte die Versinnlichung des Gedanklichen zunächst überwiegend religiösen Charakter, so ist sie mittlerweile allen Arten von Gemeinschaften zugänglich. Tätowierungen zeigen heute eher den Glauben an einen lustbetonten Lebensstil als den an Dämonen, die es durch Körperbemalungen zu beschwichtigen gilt.

Am Horizont

Mindless.

Die Krise der Gegenwart.

Was Menschen begeistert, hängt in starkem Maße von der Zeit ab, in der sie leben. Schwärmte man im 16. Jahrhundert für den sogenannten spanischen Stil, der für Männer enge Stiefel, starre Krause, Puffhose, Wams und Degen vorsah, entdeckte man im Barock gepuderte Perücken und überschminkte Gesichter. Huldigten die Menschen im Mittelalter noch dem tiefen Aberglauben, glaubten sie zu Beginn des 19. Jahrhunderts mehrheitlich an Zivilisiertheit und Vernunft. Jede Zeit hat ihren Geist, den gemeinsamen Geist der Menschen, die in dieser Zeit leben. Deshalb lassen sich Geistesgemeinschaften nicht nur über ihre Intention und Form in Bewegungen, Bünde, Szenen und Schulen unterteilen. Sie sind auch durch die Epoche geprägt, aus der sie kommen und in der sie existieren.

Die Menschen einer bestimmten Zeit sind immer auch Zeitgenossen. Sie gehören zu einer Gemeinschaft, die bestimmte Auffassungen, Ideen, Hoffnungen und Sehnsüchte teilt, den gemeinsamen Geist dieser Zeit. So hat jede Epoche ihren Zeitgeist, und auch er verkörpert sich in einem gemeinsamen Erregungsmuster aus Gesetzen, Begriffen, Symbolen, Ritualen und Idolen. Stilepochen ergeben sich gerade daraus, dass die Menschen einer Zeit sich für ähnliche Dinge begeistern, und das findet sich entsprechend in allen sinnlichen Erzeugnissen dieser Zeit. Ein Archäologe kann schon anhand des Stils einer Vase sehr schnell bestimmen, aus welcher Zeit sie stammt. Hört ein Musikwissenschaftler ein Musikstück, kann er sagen, in welcher Zeit die Musik komponiert wurde. Dasselbe gilt für Bücher, Mode, Architektur, Redewendungen und bestimmte Handlungsweisen. Jedes Zeitalter lässt sich als eine Geistesgemeinschaft verstehen, jede Epoche lässt sich über ihren gemeinsamen Geist und die ihn verkörpernden Symbole, Rituale und Idole begreifen.

Wir können also recht gut identifizieren, was die Menschen einer bestimmten Ära beseelen konnte, und auf die gleiche Weise finden wir auch heraus, was die Menschen in der Gegenwart wirklich begeistern kann. Wenn Begeisterung aus der erhofften oder tatsächlichen Erfüllung von Sehnsüchten resultiert und diese Sehnsüchte auf die Behebung von Missständen zielen, ergibt sich ein manifester Schlüssel zum Zeitverständnis. Anhand der bestehenden Missstände lässt sich ermitteln, wovon Menschen träumen und was sie begeistert. Anhand von Defiziten und Problemen ergibt sich das, was euphorisiert. Um zu verstehen, was die Menschen einer Zeit beseelt, muss man also ihre Sehnsüchte begreifen, und dies kann man nur, wenn man sich anschaut, mit welchen Missständen sie sich konfrontiert sehen. Da heute ein zunehmendes Bewusstsein globaler, lokaler und individueller Missstände zu beobachten ist, erscheint es logisch, dass wir zunehmend sehnsüchtiger nach Lösungen suchen, nach Veränderung und neuen Möglichkeiten. Und je mehr dies der Fall ist, desto größer wird auch das Potenzial unserer Begeisterung.

Erste Risse im Universum der unendlichen Möglichkeiten wurden bereits kurz nach dem Rausch des Wiederaufbaus und des »Wirtschaftswunders« sichtbar. Die atomare Aufrüstung entzweite die Welt. Die unbedachte Verschwendung der Ressourcen erhielt durch Umweltkatastrophen und die Ölkrise erste Dämpfer. Der Club of Rome prophezeite den Fortschrittsgläubigen die

Grenzen des Wachstums und seitdem hat sich die Verunsicherung zu einer allgemeinen Krise ausgewachsen. Der drohende Kollaps des Finanzsystems hat nun auch dem letzten Bürger ins Bewusstsein gebracht, dass eine Ära zu Ende geht. Die Aussicht auf eine rosige Zukunft, die vorangegangene Generationen beflügelt hat, ist einer Armada ungelöster Zukunftsfragen gewichen. Die Zeiten, in denen Eltern davon ausgehen konnten, dass ihre Kinder es einmal besser haben würden als sie selbst, sind vorbei. Die Expansion des Wohlstandes hat sich nicht wie erwartet als unaufhaltsamer Selbstläufer erwiesen. Stattdessen steht er nun unter Verdacht, für die bestehenden Probleme verantwortlich zu sein.

Die Missstände sind so gewaltig wie die Sehnsucht nach ihrer Aufhebung. Gesellschaftlich drückt der Schuh inzwischen an jeder Stelle. Der Terrorismus deutet auf einen möglichen »Kampf der Kulturen«, der Weltklimabericht auf eine Zunahme der Durchschnittstemperaturen mit der Folge unabsehbarer Klimakatastrophen. Überfischung, »Gammelfleisch« und andere Lebensmittelskandale offenbaren Fehler im Wirtschaftssystem, das über den Markt angeblich den größten Nutzen für den Konsumenten bringen soll. In die gleiche Kerbe schlagen die enormen Spekulationsrisiken entfesselter Finanzmärkte und die kartellartige Selbstbedienungsmentalität einiger Wirtschaftsgrößen. Eine sich rapide öffnende Wohlstandsschere, Armut, Arbeitslosigkeit und die Angst vor weiteren Globalisierungsschüben werden fast schon schicksalsergeben in Kauf genommen, ebenso wie die allgegenwärtige Verknappung der Ressourcen, von Energieträgern wie Öl und Kohle über primäre Lebensmittel wie Wasser und Getreide bis zur Jugend in alternden Gesellschaften. Vermeintliche Optionen wie Atomkraft, Genmanipulation und neue Märkte in China und Indien sind nicht dazu angetan, die allgemeine Verunsicherung der Zeitgenossen zu beheben. Nicht ohne Grund werden hier tickende Zeitbomben vermutet, deren Folgeprobleme weit größer sein könnten als die kurzfristigen Lösungen, die sie heute vielleicht bieten.

Im individuellen Lebensbereich zeigen sich die Grenzen des Wachstums auch in der zunehmenden Erkenntnis, dass mehr Geld ab einer bestimmten Schwelle nicht mehr Glück bedeutet. Im Gegenteil: Viele fühlen sich inzwischen im Hamsterrad des rasenden Stillstands gefangen. Statt einer fruchtbaren Perspektive für den Einzelnen besteht aus Sicht einer kritischen Gesellschaftsbetrachtung die Gefahr des »eindimensionalen Menschen« und des »Sich-zu-Tode-Amüsierens«. Viel hilft eben nicht viel. Vor allem erscheint es mittlerweile als zu viel des Gleichen. Und die Menschen antworten auf die Übersättigung mit der Suche nach Orientierung.

In der Wahrnehmung vieler Zeitgenossen droht die Welt in jeder Hinsicht aus den Fugen zu geraten, sie droht ihre Balance zu verlieren: ökologisch, ökonomisch, sozial und kulturell. Es ist offensichtlich, dass im Puzzle der Gegenwart ein entscheidendes Gegenstück fehlt. In allen Teilen der Gesellschaft mehren sich die Indizien für eine neue Sehnsucht. Ob Hybridmotoren, Work-Life-Balance, Al Gore, Biodiversität oder Change-Versprechen, ob Downshifting, Jakobsweg, Nachhaltigkeit, Corporate Social Responsibility oder Fair Trade, die Reaktion unserer Zeit auf ihre allgemeine Verunsicherung besteht darin, sich für eine neue Balance zu begeistern.

Das Wachstum als Leitbild der vergangenen Epoche hat seine Unschuld verloren. Da deutlich geworden ist, dass der Wohlstandsdrang sich seiner eigenen Grundlagen beraubt, erhalten Produkte, politische Missionen und persönliche Lebensentwürfe nun ein anderes Gesicht. Anstelle materieller Werte wie

Reichtum, Ruhm und Wachstum rücken jetzt idealistische wie Gerechtigkeit, Bildung und Zusammenhalt ins Zentrum. Das Ergebnis ist ein Perspektivenwechsel – von der Eroberung der Welt auf die Sorge um das Selbst, das Selbst der Gesellschaft, das Selbst der Individuen. Bei allem Drang nach dem Größer, Besser, Weiter, beim Vordringen des Menschen in Welt und Weltall ist das Selbst aus dem Blick geraten. Und das merken wir nun. Michel Foucault nannte diesen Wechsel der Blickrichtung »Konversion«, die alten Griechen nannten ihn »Metanoia«. Beides bedeutet, sich um sich selbst zu sammeln, sich selbst zuzuwenden, Herr seiner selbst zu sein. Es geht nicht mehr darum, die Welt auszubeuten, die Fremde zu erobern, die Natur untertan zu machen. Es geht darum, sich selbst zu kultivieren, Einfluss auf sich selbst zu nehmen, die eigene Natur zum Blühen zu bringen. Für die Griechen und Foucault war das die größte Lebenskunst: die Sorge um sich.

Äußerer Reichtum, Prassen und Protzen haben uns das Glück nicht erschlossen. Nun sind der innere Reichtum, die Großzügigkeit der Gedanken, das intensive Aufgehen im Begrenzten und Bescheidenen an der Reihe. Und dieser Wechsel der Blickrichtung muss nicht auf das Individuum beschränkt sein, wie es das ursprüngliche Konzept vorsah. Für eine Gesellschaft, deren Bewusstsein der Missstände rapide wächst und deren Sehnsüchte nach einem Ausweg streben, bedeutet die ersehnte Balance vor allem, dass die Gesellschaft und ihre Mitglieder die Macht über sich selbst zurückgewinnen. Das wird zunehmend ihren gemeinsamen Geist ausmachen.

Der erste Schritt in diese Richtung ist eine erhöhte Achtsamkeit, eine innere Haltung, die von der Harvard-Psychologin Ellen J. Langer »Mindfulness« genannt wird. Gemeint ist damit Geistesgegenwart, Bewusstheit, Wachsamkeit und kritisches

Hinterfragen. Die weit verbreitete »Mindlessness« besteht dagegen im ängstlichen Kleben am Althergebrachten, im blinden Befolgen von Routinen, im Nichtbeachten der vorliegenden Umstände und im sinnlosen Durchführen von Anweisungen. Langer illustriert diese Haltung anhand verblüffender Beispiele. Eine Frau, die gewohnheitsmäßig von einem Stück Fleisch eine Scheibe abschnitt, bevor sie es zum Braten in den Ofen schob, gab als Begründung an, dass ihre Mutter das immer so gemacht habe. Als die Mutter befragt wurde, erzählte sie, dass sie nur einen sehr schmalen Ofen hatte, als ihre Tochter klein war, und dass in der Regel ein Braten in ganzer Größe nicht hineinpasste. Eine andere Geschichte erlebte Langer selbst. Als sie zum Bezahlen ihre Kreditkarte abgab, stellte die Kassiererin fest, dass die Karte noch nicht unterschrieben war. Langer unterschrieb die Karte und danach den Beleg. Die Kassiererin verglich beides und gab die Karte ohne Einwand zurück.

»Mindlessness« trägt unwissentlich zu fatalen Entwicklungen bei, sie multipliziert Fehler und leistet unproduktiven Argumenten Vorschub: »Das machen aber alle so«, »Das haben wir schon immer so gemacht« und »Ich habe nur gemacht, was mir aufgetragen wurde.« »Mindlessness« bedeutet, in Stereotypen zu denken und zu handeln, Rezepten zu folgen, einseitige Perspektiven zu bevorzugen, kategorisch zu urteilen und sich automatisch zu verhalten. Ein Mensch mit dieser »Haltung« wird leicht zum Instrument eines anderen. Er führt aus und arbeitet ab, seinen Job, seine Freizeit, sein Leben. Gesellschaftlich entsteht eine gefährliche Eigendynamik. Alle machen, was alle machen, und wenn es das Falsche ist, führt das alle in den Orkus: beim Platzen einer Spekulationsblase, beim achtlosen Raubbau an der Natur, beim Verfolgen falscher Lebensziele.

Zu neuen Lösungen, zur Richtigstellung von Fehlern, zu

einem verantwortungsvollen Umgang mit anderen Menschen und den zur Verfügung stehenden Ressourcen, vor allem aber auch zu einer deutlich erhöhten Lebensqualität kommt man nach Langer weit besser mit einer Haltung der »Mindfulness«. In einem Altenheim in Connecticut führte die Psychologin ein Langzeitexperiment durch. Den Probanden einer Versuchsgruppe händigte sie jeweils eine Zimmerpflanze und ein paar Regeln zu ihrer Pflege aus; die Mitglieder der Kontrollgruppe kamen dagegen nicht in den Genuss der kleinen Gabe. Das Ergebnis war in dieser Ausprägung dann doch überraschend: »Eineinhalb Jahre später waren die Leute der Versuchsgruppe nicht nur heiterer, aktiver und munterer als die der Kontrollgruppe aus demselben Heim, die nicht diese Möglichkeiten und diese Verantwortung bekamen, es waren auch wesentlich mehr von ihnen am Leben«, berichtet Ellen J. Langer. Nach zehn Jahren war die Todesrate der Kontrollgruppe doppelt so hoch wie die der Versuchsgruppe. Die aufgetragene Verantwortung hatte den Probanden einen Lebenssinn gegeben. Die entstandene Achtsamkeit für die Pflanze stärkte die Eigeninitiative, das Leben wurde dadurch spannender und wacher.

Das Einzige, worauf wir direkten Einfluss haben und das in keiner Weise von etwas anderem abhängig ist als von uns selbst, sind wir selbst. Alle Arbeit am Selbst bewirkt, was uns niemand jemals wieder nehmen kann. Wir müssen erst wieder neu lernen, was die Weisen von Sokrates und Aristoteles bis zu Epiktet und Seneca bereits wussten: dass die intensive und langfristige Auseinandersetzung mit dem Selbst nicht nur die sinnvollste, sondern auch die glückbringendste aller möglichen menschlichen Tätigkeiten darstellt. Denn die Arbeit an der »Schönheit der eigenen Seele« ist nicht nur in hohem Maße befriedigend und beflügelnd, sie macht uns ein großes Stück weit unabhängig von äußeren Gütern, von der Anerkennung anderer und von den unvorhersehbaren Winkelzügen des Schicksals. Wenn wir uns alle mehr um uns selbst kümmern, müssen wir nicht länger den materialistischen Konsum mit all seinen Folgewirkungen in den Mittelpunkt unseres Lebens stellen. Wir können einen neuen, idealistischen Kapitalismus etablieren, dessen wichtigste Güter Wissen, Ideen und Kreativität sind.

Die Großzügigkeit der Selbstbeschäftigung ist direkt verknüpft mit der Bescheidenheit in Bezug auf die Befriedigung materieller Güter. Das haben wir nur seit 2000 Jahren immer wieder erfolgreich verdrängt. Michel Foucault hat gezeigt, dass die Tabuisierung der Selbstsorge ein Defizit im Verhältnis des Menschen zu sich selbst erzeugt, dass sie die Sucht nach äußeren Gütern, Macht und Anerkennung hervorbringt. Durch die Enttabuisierung, die wir gerade erleben, gerät ein Konzept in den Blick, das eine langfristige Lösung der Krise der Gegenwart ermöglichen könnte, weil es bei der Wurzel ihrer Entstehung ansetzt: das Konzept der Ich-Stärke, des selbstzweckhaften Tuns, des beseelten Idealismus und der moralischen Konsequenz, oder auf den Begriff gebracht, das Konzept des starken Charakters.

Der Weg in die CHARAKTERGESELLSCHAFT.

Wir brauchen einen neuen Geist! Einen Geist, der uns alle begeistert und beflügelt. Einen Geist, der uns dabei hilft, die Herausforderungen der Gegenwart zu meistern und die Fehler der Vergangenheit in Zukunft zu vermeiden. Wir brauchen einen Geist, der unsere bisherige Lebensausrichtung hinterfragt und verändert, der uns mit weniger Ressourcen glücklicher macht. Es ist Zeit, uns vom Fetisch des Wohlstands als Angelpunkt all unserer Ziele zu verabschieden und nicht länger alle Handlungen als Mittel zu diesem Zweck zu begreifen. Wir brauchen stattdessen einen Geist, der nicht irgendetwas anderem als Instrument dient, sondern der sich selbst genug ist. Einen Geist, der gegen Gier, Missgunst, Rücksichtslosigkeit und »Mindlessness« ebenso gewappnet ist wie gegen Verwaltungsmentalität, Besitzstandswahrung und Kleingeistigkeit. Das ist Geist der Bildung, der Stärke und des Auslebens des eigenen Charakters.

Wer Charakter hat, ist ein Individualist, der verantwortungsvoll in sich ruht, ein Idealist, der für seine Überzeugungen eintritt und auch Negatives in Kauf nimmt, um Positives ins Werk zu setzen. Wer Charakter hat, der begeistert sich am Möglichen, der ist beseelt von seinen Ideen und nimmt für deren Umsetzung Entbehrungen, Unmögliches und Rückschläge auf sich. Denn Charakter bedeutet nicht nur Eigenheit, Gewicht und Prägung, er bedeutet auch Ausdauer, Mut und eine erhebliche Frustrationstoleranz.

Die großen Menschen in der Geschichte waren immer auch große Charaktere: Platon, Marcus Aurelius, Christus, Buddha, Gandhi, Churchill, Bismarck, Lincoln, Shakespeare, da Vinci, Goethe, Einstein. Jeder von ihnen hatte Charakter und war ein Charakter. Alle diese Persönlichkeiten waren Idealisten. Ihre erste Frage lautete nie »Was springt für mich dabei heraus?«, sondern: »Wie können meine Ideen und Ideale Wirklichkeit werden?« Keiner von ihnen hat sich wie Dagobert Duck an einem Bad in seinem Vermögen begeistert, sie alle waren reine Enthusiasten, die für ihren Glauben alles gaben. Ihre Begeisterung und Überzeugungskraft schöpften sie aus ihrem inneren Vermögen, ihr Schaffens- und Tatendrang war Ausdruck ihres inneren Reichtums und brachte ihn durch ihr Wirken für alle sichtbar und nutzbar in die Welt.

Für ein gesteigertes Leben.

Ein beseeltes Leben ist ein gesteigertes Leben, ist ein glückliches Leben. Doch das Leben mit dem Leuchten in den Augen bedeutet auch hohen Einsatz und Leidensfähigkeit. Es ist vielfältig, intensiv und bereichernd im Inneren. Es ist aber auch oft riskant und unstetig im Äußeren. Jemand, der seine Überzeugungen lebt, wird damit oft anecken. Jemand, der das Große versucht, wird eventuell auch grandios scheitern. Doch das ist nicht entscheidend, denn bereits der Versuch erhebt und beflügelt das Dasein.

Der Künstler, der nicht die positive Lustbilanz anstrebt, sondern immer nur, seine Lebens- und Ausdrucksmöglichkeiten zu steigern, ist nach Friedrich Nietzsche das Musterbeispiel für den menschlichen »Willen zur Macht«, für die Begeisterung an der Möglichkeit zur Gestaltung. Für den Künstler sind seine Nöte und Entbehrungen eine selbstverständliche Voraussetzung des

»gesteigerten Menschseins«. Dieser Gestaltungswille ist umso fruchtbarer für den Einzelnen und die Gesellschaft, wenn er sich auf einen bestimmten Bereich bezieht: das Selbst. Denn wer sich selbst gestaltet, bildet seinen Charakter. Er sorgt sich um sich, kultiviert das Selbst wie ein Stück Land. Diese Selbstkultivierung ist eine Lebensaufgabe. Sie steigert die Lebensmöglichkeiten in einem doppelten Sinne, da sie ihr Glück nicht nur in der Tätigkeit der Gestaltung findet, sondern auch in der wachsenden Fülle des voranschreitenden Selbst.

Solche Selbstgestalter sind heute nötig, denn sie sind in der Regel nicht nur verantwortungsbewusst und unabhängig, sie sind aufgrund ihrer permanenten Charakterbildung auch überdurchschnittlich kompetent und umsichtig. Sie haben das Zeug zu Idolen, weil sie innerlich gefestigt einen klaren Kurs verfolgen können. So können sie andere für diesen Weg begeistern, sie auf diesem mitnehmen und den Grundstein zukunftsweisender Geistesgemeinschaften legen.

Für eine Vielfalt von Geistesgemeinschaften.

Geistesgemeinschaften sind die Begeisterungszentren der Gesellschaft. Sie verzahnen die individuelle Lebensintensität und Charakterbildung mit einem gemeinschaftlichen Nutzen und neuen gemeinsamen Möglichkeiten. Deshalb sind sie die entscheidenden Katalysatoren für unsere Zukunft. In ihnen wird entwickelt, was langfristig Bestand haben kann. Durch sie stoßen Menschen auf ihre Affinitäten und Präferenzen. In ihnen wachsen Leidenschaften und Lebensentwürfe. Sie sind deshalb Gewächshäuser für Idealisten.

Jede große gesellschaftliche Veränderung wurde durch Geistesgemeinschaften vorangetrieben: von der Scholastik über die Aufklärung bis zu den Hippies, vom Christentum über den Kommunismus bis zu den Monetaristen. Insofern muss ein Hauptaugenmerk bei der Gegenwartsanalyse auf einer Sichtung der bestehenden Schulen, Theorien, Szenen und Bewegungen liegen. Denn in ihnen liegt der Keim von dem, was kommen wird. Im Einfluss auf sie liegt die Möglichkeit zur Gestaltung dessen, was kommen soll.

Viel zu lange wurde übersehen, dass die Geistesgemeinschaften nicht nur für die Ausbildung geeignet sind, sondern einem enormen Spektrum an bildenden Aufgaben gerecht werden können. Sie können ihre Mitstreiter und Anhänger ebenso mit positiven Emotionen versorgen wie mit neuen Perspektiven, gemeinschaftlichen Gestaltungsmöglichkeiten und einem beträchtlich erweiterten Horizont. Den Geistesgemeinschaften wird immer mehr die Funktion zukommen, Charaktere zu bilden, schlagkräftige Initiativen zu organisieren und neue Konzepte zu entwickeln. Deshalb brauchen wir heute eine Pluralität an unterschiedlichen Geistesgemeinschaften, denn nur in der Vielfalt möglicher Perspektiven ergibt sich ein ganzheitliches Bild von dem, was kommen muss. Szenen, Schulen, Unternehmen, Bünde und Bewegungen sind die Geburtsstätten neuer Gedanken und Konzepte. Hier entspringt die Kreativität, die wir für die Umgestaltung der Welt benötigen.

Für eine Euphorologie.

Bislang fehlt es an den notwendigen Methoden zur Beobachtung von Geistesgemeinschaften. Es gibt auch schlicht und einfach zu wenig Material. Warum sich Menschen wofür begeistern und warum sie bereit sind, dafür eine Menge zu opfern, stand bisher weder im Zentrum des allgemeinen Interesses noch der wissenschaftlichen Forschung. Zwar liest man hier und da Artikel über Sekten, Motorradgangs und Geheimbünde, man findet zunehmend Bücher über die Mafia, Jugendszenen und Glücksforschung, doch wurde das Feld posttraditionaler Gemeinschaften und der Kern ihres Antriebs bislang nicht zusammenhängend untersucht.

Deshalb brauchen wir eine Disziplin, die systematisch die für die gesellschaftliche Entwicklung entscheidende Begeisterung und die durch sie hervorgebrachten Geistesgemeinschaften in den Blick nimmt. Eine Euphorologie, die gezielt analysiert, worin der gemeinsame Geist gegenwärtiger Gemeinschaften besteht, wie sie sich etablieren und zahlenmäßig entwickeln, welche Erregungsmuster sie für ihre Steigerungsdynamik nutzen und welche Wirkungen das bei ihren Anhängern zeitigt. Auf der Grundlage solcher Untersuchungen würde sich zuverlässig zeigen, welche Defizite die Gesellschaft gerade wahrnimmt, welche Sehnsüchte sich daraus für sie ergeben und wofür sie sich auf dieser Grundlage begeistert. Eine solche Euphorologie würde einen wichtigen Beitrag leisten, um den Bedeutungszuwachs von Communities und sozialen Bewegungen in der Gesellschaft zu verstehen. Sie könnte zur Basis für deren bewusste Förderung und Gestaltung werden und auf diese Weise die Forderung »Ab jetzt Begeisterung!« entschlossen und zielgerichtet verwirklichen.

Für eine Gesellschaft im Gleichgewicht.

Wir brauchen wieder mehr Charaktere! Wir brauchen wieder mehr Menschen, die den steinigen Weg gehen, ihre Ideale zu verwirklichen. Und wir brauchen wieder Ideen und Ideale, bei denen es sich auch lohnt, den steinigeren Weg zu wählen. Die Wahrnehmung der Menschen von heute, dass die Welt aus den Fugen zu geraten droht, hat sich in der Geschichte schon mehrfach wiederholt. Immer wieder erschienen an entscheidenden

Epochenschwellen die bestehenden Missstände und Defizite kaum überbrückbar. Aber gerade dadurch wurde auch immer wieder eine Begeisterung für Lösungen freigesetzt, die ein neues gesellschaftliches Gleichgewicht auf einer höheren Ebene erreicht hat.

Im ausgehenden Mittelalter gelangte die damalige Denkform in einem Untergangsszenario an die Grenzen ihrer Möglichkeiten. Die Allgegenwart des Pesttodes, düstere Geißlerfahrten und tiefe Zweifel an herrschendem Aberglauben und dogmatischer Gottesfurcht brachten die Gesellschaft aus dem Gleichgewicht. Doch im Kranken und Wanken des damaligen Gedanken- und Lebensgefüges brachen geburtswehenartig völlig neue Ideen und Ideale durch. Eine Welle von Idealismus gab den gewachsenen Sehnsüchten in einer neuen lichten Rationalität die Richtung. Eine der größten kulturellen Blüten der Menschheit war die Folge: die Renaissance. Eine unglaubliche Konzentration großer Charaktere wie Petrarca, Leonardo, Michelangelo, Raffael und die Medici sorgte im 15. Jahrhundert nicht nur auf ästhetischem Gebiet für eine großartige Formenvielfalt und einen neugeborenen Stilwillen, parallel entwickelten sich auch der ökonomische Bereich, insbesondere im Bankenwesen und im Handel, der wissenschaftliche und der gesellschaftliche Bereich in atemberaubendem Tempo, getragen von einer gemeinschaftlichen Begeisterung, wie sie die Welt lange nicht gesehen hatte.

Auch heute ist die Gesellschaft aus dem Gleichgewicht geraten. Auch heute stößt die dominierende Weltsicht unmissverständlich an die Grenzen ihrer Möglichkeiten. Das Unbehagen in der Kultur wächst. Die Eigenlogik der gesellschaftlichen Systeme führt zum »Kochen im eigenen Saft«, zu einer unbeirrbaren Selbstverwaltung gegeneinander abgeschotteter gesellschaftlicher Sektoren. Wirtschaft, Politik, Recht, Religion, Kultur und Wissenschaft haben sich längst voneinander entkoppelt, und in ihnen nimmt der einzelne Mensch, das Mitglied im System, allenfalls einen Posten in ihrer Verwaltung ein. So wächst der Missstand im Alleingang – aber ebenso die Sehnsucht nach etwas anderem.

Deshalb rückt der einzelne Mensch, das Subjekt und sein Selbst wieder in den Mittelpunkt des Interesses. Deshalb ist wieder Charakter gefragt: Verantwortung übernehmen, selber gestalten, an etwas glauben und danach handeln, nicht immer auf den eigenen Vorteil aus sein und damit die Systemlogik bestätigen, sondern Größe zeigen und sich ihr auch einmal entgegenstemmen. In diesem subversiven Keim des starken Charakters liegt das Gegengewicht zur funktionalen Gesellschaftsverwaltung. Sein Idealismus ermöglicht Neues, im System bisher nicht Vorgesehenes. Nur klar profilierte Persönlichkeiten können die Menschen durch ihre Eigenheit für echten Wandel und wirkliche Entwicklung begeistern. Nur sie können als Idole Geistesgemeinschaften prägen, die beherzt die Gegenwartsprobleme angehen und Breschen für neue Lösungswege schlagen. Und nur über eine große tragfähige gemeinsame Welle der Begeisterung werden wir zu einem neuen gesellschaftlichen Gleichgewicht finden. Deshalb gehört den Charakteren, den Enthusiasten und Idealisten die Zukunft.

Literaturhinweise

Aristoteles: *Die Nikomachische Ethik*, Zürich, München 2006

Jan Assmann: *Das kulturelle Gedächtnis. Schrift, Erinnerung und politische Identität in frühen Hochkulturen*, München 2007

Michael Balint: *Angstlust und Regression*, Stuttgart 1994

Sharon Begley: *Neue Gedanken – neues Gehirn. Die Wissenschaft der Neuroplastizität beweist, wie unser Bewusstsein das Gehirn verändert*, München 2007

Hans Blumenberg: *Paradigmen einer Metaphorologie*, Frankfurt am Main 1998

David Bowie: »Ich bin eine Frage«, in: *Der Spiegel*, 20.11.1995, S. 294–299

Ernst Cassirer: *Versuch über den Menschen. Einführung in eine Philosophie der Kultur*, Hamburg 1996

Mihaly Csikszentmihalyi: *Flow: Das Geheimnis des Glücks*, Stuttgart 1992

John Dickie: *Cosa Nostra. Die Geschichte der Mafia*, Frankfurt am Main 2007

Daniel Duane: *Surf: oder Bretter, die die Welt bedeuten*, Hamburg 2003

Hans Peter Duerr: *Traumzeit. Über die Grenze zwischen Wildnis und Zivilisation*, 6 Bde., Frankfurt am Main 1978–1985

Mircea Eliade: *Das Heilige und das Profane. Vom Wesen des Religiösen*, Frankfurt am Main 1998

Epiktet: *Handbüchlein der Moral*, Zürich 1996

Erich Follath: »Die Macht der Ohnmacht«, in: *Der Spiegel*, 29/2007, S. 80–93

Michel Foucault: *Hermeneutik des Subjekts*, Frankfurt am Main 2004

Michel Foucault: *Die Sorge um sich*, Sexualität und Wahrheit, Bd. 3, Frankfurt am Main 2004

Lucian Freud, Sebastian Smee: *Lucian Freud im Atelier*, München 2006

Bruno Frey: »Ein Ferrari macht nicht lange glücklich«, in: *Frankfurter Allgemeine Sonntagszeitung*, 21.11.2008, S. 51

Egon Fridell: *Kulturgeschichte der Neuzeit*, München 2000
Holm Friebe, Thomas Ramge: *Marke Eigenbau: Der Aufstand der Massen gegen die Massenproduktion*, Frankfurt am Main / New York 2008
Julia Friedrichs: *Gestatten: Elite. Auf den Spuren der Mächtigen von morgen*, Hamburg 2008
Erich Fromm: *Haben oder Sein. Die seelischen Grundlagen einer neuen Gesellschaft*, München 1976
Arnold Gehlen: *Urmensch und Spätkultur*, Wiesbaden 1986
Markus Günther: *Barack Obama. Amerikas neue Hoffnung*, Augsburg 2007
Martin Heidegger: *Sein und Zeit*, Tübingen 1986
Albert Heim: »Notizen über den Tod durch Absturz«, in: *Jahrbuch des Schweizer Alpenclub*, 27, 1891/92
James Hilton: *Der verlorene Horizont*, Frankfurt am Main 1979
Ronald Hitzler, Anne Honer, Michaela Pfadenhauer (Hrsg.): *Posttraditionale Gemeinschaften. Theoretische und ethnografische Erkundungen*, Wiesbaden 2008
Otfried Höffe: *Lebenskunst und Moral oder Macht Tugend glücklich?*, München 2007
Chistoph Horn: *Antike Lebenskunst. Glück und Moral von Sokrates bis zu den Neuplatonikern*, München 1998
Aldous Huxley: *Eiland*, München 2003
Drew Kampion, Bruce Brown: *Stoked. Die Geschichte des Surfens*, Köln 1998
Richard Layard: *Die glückliche Gesellschaft. Kurswechsel für Politik und Gesellschaft*, Frankfurt am Main 2005
Ellen J. Langer: *Mindfullness*, Cambridge, MA, 1989
Jack London: *Die Fahrt der Snark*, Berlin 1981
Niklas Luhmann: *Soziale Systeme. Grundriss einer allgemeinen Theorie*, Frankfurt am Main 1987
Sándor Márai: *Die Schule der Armen. Ein Essay*, Hamburg 1947
Christoph Matthies: *Think Tanks in den USA und ihr Einfluss als Instrumente der Politikberatung*, Norderstedt 2007
Michael J. McRae: *Shangrila. Die Suche nach dem letzten Paradies*, München 2003

Barry Miles: *Hippies*, München 2005
J. R. Moehringer: *Tender Bar*, Frankfurt am Main 2007
Barack Obama: *Hoffnung wagen. Gedanken zur Rückbesinnung auf den American Dream*, München 2007
Chuck Palahniuk: *Fight Club*, München 1997
Vilayanur Ramachandran: *Eine kurze Reise durch Geist und Gehirn*, Reinbek bei Hamburg 2005
Ayn Rand: *Der Ursprung*, Hamburg 2000
Joachim Raschke: *Soziale Bewegungen. Ein historisch-systematischer Grundriß*, Frankfurt am Main 1988
David Rensin: *All For a Few Perfect Waves. The Audacious Life and Legend of Rebel Surfer Miki Dora*, London 2008
Morton Rhue: *Die Welle. Bericht über einen Unterrichtsversuch, der zu weit ging*, Ravensburg 1987
Richard Rorty: *Kontingenz, Ironie und Solidarität*, Frankfurt am Main 1991
Gerald Roscoe: *Das gute Leben. Ein Wegweiser zum Buddhismus für den Westen*, Zürich 2008
Wilhelm Schmid: *Auf der Suche nach einer neuen Lebenskunst. Die Frage nach dem Grund und die Neubegründung der Ethik bei Foucault*, Frankfurt am Main 2000
Ulrich Schreiterer: *Traumfabrik Harvard. Warum amerikanische Hochschulen anders sind*, Frankfurt am Main / New York 2008
Heimo Schwilk: *Ernst Jünger. Ein Jahrhundertleben*, München 2007
Kelly Slater (mit Jason Borte): *Pipe Dreams: A Surfer's Journey*, New York 2003
Peter Sloterdijk: *Kritik der zynischen Vernunft*, 2 Bde., Frankfurt am Main 1983
Sebastian Smee: *Lucian Freud*, Köln 2007
Henry David Thoreau: *Walden oder Leben in den Wäldern*, Zürich 2007
Franz Walter: *Baustelle Deutschland. Politik ohne Lagerbindung*, Frankfurt am Main 2008
Wolfgang Weinkauf (Hrsg.): *Die Philosophie der Stoa*, Stuttgart 2001
Michael Young: *Es lebe die Ungleichheit: Auf dem Wege zur Meritokratie*, Düsseldorf 1961

Dank

Meiner Herzallerliebsten, Kristin Lüders, für alles.

Dem grandiosen Lektor Christian Weller für eine begeisternde Arbeit.

Meinen Lieblingsstrateginnen Friederike Hanke, Christel Schulze, Betty Siegel und Saika Tumpach für Anregungen, Material und viele Hilfen. Bernhard Fischer-Appelt, Stefan Baumann, Frank Michael Schmidt, Florian Bolte, Peter Strahlendorf und Franz Liebl für Engagement und Diskussion.

Meinen Geschäftspartnern Stefan Kolle und Stephan Rebbe für die Rückendeckung.

Meinen Eltern Bert und Petra Veken für eine Erziehung zur Freiheit.

Über den Autor

© Giovanni Castell

Dominic Veken ist Chefstratege und geschäftsführender Gesellschafter der Kommunikationsagentur Kolle Rebbe, die zu den kreativsten Agenturen Deutschlands gehört. Der studierte Philosoph arbeitet hier für Kunden wie Bionade, OTTO, Google oder das ZDF. Zuvor war Veken etliche Jahre als strategischer Planer in unterschiedlichen Agenturen und Unternehmensberatungen tätig. Er ist Herausgeber der Strategiezeitschrift *Bonaparte*.

Wolf Lotter

Die kreative Revolution

Was kommt nach dem Industriekapitalismus?

184 Seiten, ISBN 978-3-86774-062-3

Kreative Wirtschaft ist die Ökonomie der Ideen, die wertvoller und nachhaltiger sind als Produkte und Waren. Noch hat sie viele Namen, aber eines ist heute schon gewiss: die Kreativwirtschaft boomt. Und ist damit der Taktgeber von morgen, der Unternehmen auch in Zukunft Gewinne und der Gesellschaft Wohlstand garantiert. Schöpferischer Geist und Unternehmertum wachsen immer stärker zusammen.

WOLF LOTTER hat Kreativexperten eingeladen, mit ihm eine Landkarte dieser neuen Wirtschaft zu zeichnen. In den Beiträgen von Lutz Engelke, Peter Felixberger, Dieter Gorny, Matthias Horx, Ralf Langwost und Gesa Ziemer spiegelt sich das wichtigste Kapital der Ideenwirtschaft: Vielfalt.